REISENDE IN AUSTRALIEN
1623 – 1990
Herausgegeben von Ulrike Keller

Die Deutsche Bibliothek - CIP-Einheitsaufnahme

Reisende in Australien : 1623 - 1990;
ein kulturhistorisches Lesebuch ; [das andere Reisebuch]
hrsg. von Ulrike Keller
Wien : Promedia, 2000
ISBN 3-85371-162-6

Gestaltung: Hans-Georg Köhl
Lektorat: Gabriele Habinger
Druck: WB-Druck
Printed in Austria
ISBN 3-85371-162-6

***Reisende* in Australien**

Ein kulturhistorisches Lesebuch

Herausgegeben von Ulrike Keller

PROMEDIA

Inhalt

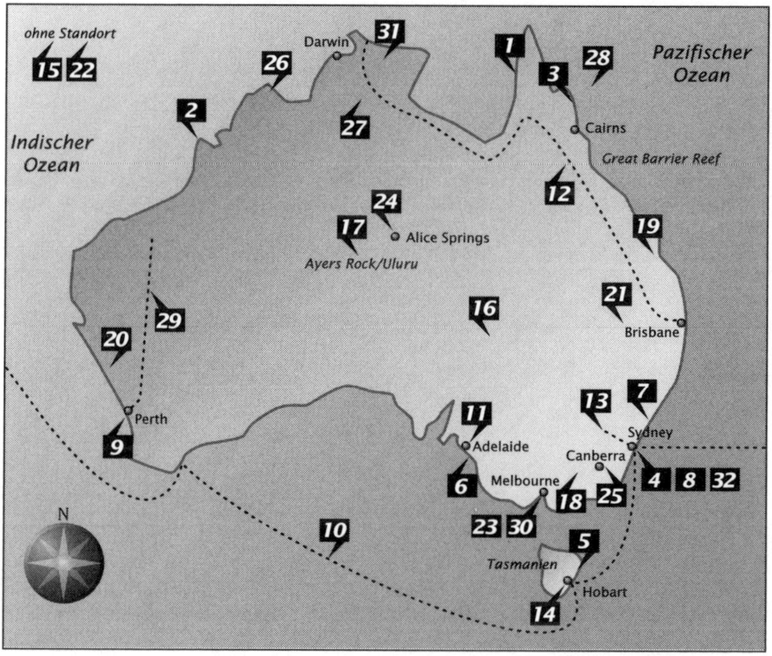
ohne Standort
15 22
Darwin
31
26
1
3
28
Pazifischer Ozean
2
27
Cairns
Indischer Ozean
Great Barrier Reef
12
24
17
Alice Springs
Ayers Rock/Uluru
19
21
16
29
20
Brisbane
13
7
11
Perth
Sydney
9
Adelaide
Canberra
6
Melbourne
18
25
4 8 32
N
23 30
10
5
Tasmanien
Hobart
14

Vorwort

Das Land am anderen Ende der Welt, das Land, in dem zu leben eine Strafe war, wird in diesem Band von Autoren aus vier Jahrhunderten beschrieben. Was sie in diesem Land erlebt und wie sie es dargestellt haben, entspricht der Sichtweise ihrer Zeit, ihrer Herkunft und Bildung – es erscheint manchmal aus heutiger Sicht etwas eigentümlich. Über unsere Ansichten wird man eines Tages vermutlich auch den Kopf schütteln.

Die Leserinnen und Leser können nachvollziehen, wie die mühsame Inbesitznahme eines Kontinents vor sich gegangen ist und mit welcher Selbstverständlichkeit die Aborigines aus ihrem eigenen Land und jenseits der Grenzen ihrer Existenzfähigkeit gedrängt wurden.

Aber der Mut der europäischen Ankömmlinge, in einem fremden Land heimisch zu werden, der Mut, das eigene Leben einzusetzen, um Unbekanntes zu erforschen, und die Tatkraft, sich ein Land nutzbar zu machen, das unzugänglich und unberechenbar ist, verdienen Respekt.

Für uns moderne Reisende, die wir schon Paß- und Zollkontrolle im klimatisierten Flughafengebäude als lästig empfinden, sind diese Geschichten eine spannende und lehrreiche Lektüre.

Ulrike Keller
Stuttgart, im Mai 2000

1623 · Jan Carstensz

Landung am Cape Keer-Weer

1 *Um die Mitte des 16. Jahrhunderts tauchte auf den Weltkarten das »Große Java« auf. Seither streiten sich die Gelehrten, ob es sich dabei um Australien handelt oder ob es ein Phantasiegebilde ist, das aus der Vorstellung geboren war, daß den Landmassen auf der Nordhalbkugel ein Pendant auf der Südhalbkugel gegenüberstehen müsse – diese Vorstellung hat die Suche nach dem unbekannten Südkontinent in Gang gehalten, bis James Cook auf seinen drei Weltreisen im 18. Jahrhundert nachweisen konnte, daß es diesen Kontinent in der erwarteten Form nicht gab.*

Portugiesen und Franzosen könnten Australien im 16. Jahrhundert erreicht haben, es wurden aber bisher keine eindeutigen Nachweise gefunden. Das eigentliche Java und die Molukken waren seit 1512 bekannt. 1919 wurden Kanonen an der Nordküste gefunden, die um das Jahr 1600 gegossen worden sind. Man vermutet einen Schiffbruch; Überlebende, die davon berichteten, scheint es nicht gegeben zu haben.

Das erste Schiff, das nachweislich Australien oder »Neu-Holland« besuchte, war die niederländische »Duyfken«, die 1606 vor Cape York erschien. 1616 hinterließ Dirk Hartog eine Zinnplatte auf Eendrachtsland, das den Namen seines Schiffes trägt.

Das Interesse der Niederländer an einem kargen Land mit Bewohnern, die nichts zu bieten hatten, womit zu handeln sich lohnte, hielt sich in engen Grenzen. Viele ›Besuche‹ fanden nur statt, weil die Schiffe auf dem Weg nach Batavia (heute Jakarta, Indonesien) vom rechten Kurs abgekommen waren.

Jan Carstensz war der erste Europäer, der eine Beschreibung der Aborigines hinterlassen hat. Der Golf von Carpentaria und Arnhem Land verdanken ihm ihre Namen.

Am Morgen des 7. [März] setzten wir wieder Segel; der Wind kam von Nordosten; wir hielten westlichen Kurs, um von Land wegzukommen; nach einer Meile Fahrt ließen wir den Anker bei 5 ½ Faden fallen, und ich ging selbst mit zwei gut bemannten und bewaffneten Pinassen [Beibooten] an Land, denn am 6. hatten wir vier oder fünf Kanus gesehen, die vom Ufer auf die Schiffe zuhielten. Als wir nahe dem Land waren, sahen wir ein kleines Kanu mit drei Schwarzen; als wir ihnen entgegenruderten, kehrten sie um und setzten einen von den dreien an Land ab, um, wie wir vermuteten, den Eingeborenen zu sagen, daß sie in großer Zahl kommen sollten, um unsere Pinassen anzugreifen und einzunehmen; denn sobald wir in ihre Richtung kamen, versuchten sie, uns anzulocken, und paddelten langsam in Richtung Land. Schließlich schwamm jemand von uns zu ihnen mit ein paar Perlenketten, aber sie ließen ihn nicht nahe genug herankommen; also machten wir Zeichen und riefen sie an, aber sie schenkten dem wenig oder keine Aufmerksamkeit. Daraufhin machten wir uns auf den Rückweg zum Schiff, ohne irgend etwas erreicht zu haben. Sobald die Schwarzen oder Wilden das sahen, folgten sie uns langsam nach, und als wir ihnen Perlen und Gegenstände aus Eisen zeigten, näherten sie sich vorsichtig einer Pinasse. Als einer der Matrosen in der Pinasse aus Versehen das Kanu mit einem seiner Ruder berührte, griffen die Schwarzen unsere Leute an und warfen mehrere Callaways [wahrscheinlich Stöcke oder Keulen] in die Pinasse, ohne jedoch Schaden anzurichten, weil die Männer im Boot sehr vorsichtig waren. Um sie abzuschrecken, feuerte der Korporal seine Muskete ab, die beide traf, so daß sie auf der Stelle starben; dann ruderten wir zurück zu den Schiffen. Dem Ort, an dem dieser Zwischenfall stattfand, haben wir in der neuen Karte den Namen Keer-Weer gegeben, weil wir merkten, daß das Land hier gegen Südwest und West geht; die Breite ist 7 Grad.

Am Morgen des 9. war das Wetter gut und der Wind westlich, so daß wir mit Kurs NNW unter Segel gingen; nach einer Meile Fahrt sahen wir zwei Gruppen von Kanus von Land ablegen und auf uns zuhalten; eine Gruppe bestand aus sieben, die andere aus acht kleinen Kanus; da wir dicht am Wind lagen und nicht von Land freikommen konnten, gingen wir bei 3 Faden vor Anker. Eins der genannten Kanus kam so nahe, daß wir es anrufen konnten, aber die zweite Gruppe hielt sich zurück, worauf das Kanu, das sich uns genähert hatte, zu der zweiten Gruppe paddelte. Aus ihren verschiedenen Gesten wurde uns klar genug, daß ihre Absichten von Anfang an alles andere als freundlich waren, aber Gottes Vorsehung hinderte sie an der Ausführung ihres bösen Plans. Am Abend gingen wir mit der Strömung unter Segel bei Westwind und mit Kurs NNW. Während der ersten Wache änderten wir unseren Kurs nach SW und SW bei W und segelten so die ganze Nacht, bis wir bei Tagesanbruch feststellten, daß das Wasser flacher wurde; wir ankerten nach 5 Meilen bei 2 ½ Faden.

Am Morgen des 10. setzten wir wieder Segel bei Wind aus WNW mit Kurs SW; mittags waren wir bei 7° 35'. Am Abend ankerten wir bei 3 Faden über schlammigem Grund, etwa 1 ½ Meilen von Land entfernt.

Anmerkung: Wegen des lehmigen und schlammigen Grundes ist es hier unmöglich, mit Pinassen oder Booten zu landen; ein Mann würde bis zur Mitte einsinken. Das Wasser ist nicht tiefer als 3 bis 4 Faden in 3 bis 4 Meilen Entfernung von Land. Das Land ist niedrig und halb unter Wasser, bei Flut ist es ganz überspült. Es ist bedeckt mit wild wachsenden Bäumen; die am Ufer ähneln den Tannenbäumen bei uns daheim, scheinen aber keine Früchte zu tragen. Die Eingeborenen sind kohlschwarz wie die Kaffern. Sie laufen splitternackt herum und tragen ihre Männlichkeit in einer kleinen Schale von Schneckenmuscheln, die mit Faden an den Körper gebunden ist; in der Mitte der Nase haben sie zwei Löcher mit Borsten oder Stacheln von Schweinen oder Schwertfischen darin, die auf jeder Seite mindestens drei Finger breit hervorstehen, so daß sie mehr wie Monstren denn wie Menschen aussehen. Sie scheinen bösartig und böswillig zu sein. Ihre Kanus sind klein und können nicht mehr als drei oder vier Leute aufnehmen; sie sind aus einem Stück Holz gemacht, und die Eingeborenen stehen darin und paddeln mit langen Rudern. Ihre Waffen sind Pfeil und Bogen, Assegays [Wurfspeere] und Callaways, die sie sehr behende und geschickt benutzen; Eisenstücke, Parangs [große malaiische Dolche] und Messer sind bei ihnen besonders beliebt. Das Land, an dem wir entlanggesegelt sind, ist nicht nur öde und von Wilden bewohnt, auch die See gibt in dieser Gegend nichts her als Haie und Schwertfische und ähnlich unnatürliche Monstren. Und die Vögel sind genauso unzugänglich und scheu wie die Menschen.

In Karrakatta Bay

Bei Lombadina, Kimberleys

2

Die Expeditionsberichte der holländischen Seefahrer verschwanden als Wirtschaftsgeheimnisse in den Archiven der Holländisch-Ostindischen Kompanie und kamen erst wieder ans Licht, als die Kompanie nicht mehr bestand. In England dagegen wurden derartige Reiseberichte publiziert, und der Glanz der nicht immer ruhmreichen Taten von Sir Francis Drake, Sir Walter Raleigh und auch von William Dampier strahlt bis in unsere Tage.

William Dampiers Bericht über seine erste Weltreise von 1688 bis 1691 wurde ein Bestseller und erschien auch als deutsche Übersetzung, aus der der folgende Text stammt. Weitere zwei Male hat er die Welt umrundet.

Die erste Weltreise trat Dampier als Freibeuter an, aber er war ein merkwürdiger Pirat, der sich lieber mit Tinte und Papier als mit Pulver, Blei und geraubten Schätzen beschäftigte.
Sein Buch machte ihn so berühmt, daß er von der britischen Admiralität ein Schiff, die Roebuck, bekam und den Auftrag, die australische Küste und Teile der ostindischen Inseln zu erforschen. 1699 war er das zweite Mal in Australien; auf dieser Reise hat er Houtman Rocks, Shark Bay, Dampier's Archipelago und Roebuck Bay besucht.

Seine Beschreibung des Landes war nicht dazu angetan, weitere Expeditionen anzuziehen, und so blieben die Aborigines noch ein Jahrhundert von den Europäern verschont, bis Kapitän Cook an der Küste Australiens erschien.

Den 4. Januar 1688 kamen wir bei Neu-Holland auf 16 Grad 50 Minuten südlicher Breite an und hatten seit dem letzten Dezember unseren Weg stets nach Süden genommen. Wir konnten ganz nahe ans Land fahren, aber keinen Ort zum Ankern finden, weil alles gegen Nordwest frei liegt; wir gingen also an der Ostseite hin und hielten unseren Strich nach Nordost/Ost, wie es die Lage des Landes erforderte. Wir fuhren so ungefähr zwölf Meilen weiter und kamen an eine Landspitze, an der sich das Land zehn oder zwölf Meilen von Morgen gegen Mittag erstreckt; wie es aber weiter weg beschaffen ist, kann ich nicht sagen. Von dieser Spitze ungefähr drei Meilen weit gegen Morgen ist eine ziemlich lange Bucht mit vielen Inseln und einem sehr guten Ort, Anker zu werfen oder die Schiffe an Land zu ziehen. Hier ankerten wir am 5. Januar, ungefähr eine Meile von der erwähnten Landspitze ostwärts, zwei Meilen vor der Küste, auf 29 Klaftern Wasser und einem guten, harten, reinen, sandigen Grund.

Neu-Holland ist ein großes, weitläufiges Land. Ob es eine Insel ist oder ein Kontinent, kann man noch nicht recht sagen; dessen bin ich aber gewiß, daß es weder an Asien noch Afrika oder Amerika anhängt. Der Teil, den wir sahen, ist niedrig und eben. Nahe der See sind Sandbänke, die Vorgebirge aber bestehen aus Felsen wie auch einige von den Inseln in unserer Landebucht. Es gibt hier lauter dürren sandigen Boden und kein Wasser, es wäre denn, man grübe danach. Indessen wachsen hier doch unterschiedliche Arten von Bäumen, wenn sie auch nicht groß sind; wir haben auch nicht viel Wald gesehen. Die meisten und größten Bäume waren Drachenblutbäume. Sie sind ungefähr so stark und hoch wie unsere großen Apfelbäume. Die Rinde ist weißlich und nicht sehr hart, die Blätter aber schwarz. Aus den Knorren und Spalten des Stammes dringt ein Harz, welches wir mit einem anderen Gummi oder Drachenblut, das wir bei uns hatten, verglichen und fanden, daß beides einerlei Farbe und Geschmack hatte. Von den anderen Bäumen kannte niemand von uns auch nur einen einzigen. Unter den Bäumen wächst langes, aber ganz schwaches Gras. Von Fruchtbäumen haben wir gar nichts gesehen.

Wir sahen auch keine vierfüßigen Tiere oder Fußspuren davon, außer einmal, wo es so aussah wie die Spur eines Schäferhundes. Es gibt wohl einige Landvögel, sie sind aber nicht größer als etwa eine Amsel, und Seevögel gibt es auch sehr wenig. Die See ist auch gar nicht fischreich, es wäre denn, daß man die Seekuh und die Schildkröte zu den Fischen rechnete, denn von diesen Arten gibt es sehr viele Tiere; sie sind aber überaus scheu, obwohl sie doch von den Eingeborenen, die weder Schiffe noch Eisen haben, wenig verfolgt werden.

Die Bewohner dieser Gegenden sind wohl die allerelendesten Menschen von der ganzen Welt. Die Hottentotten von Monomotapa [in Ostafrika] mögen so bettelarm sein, wie sie wollen, so sind sie doch gegen die hiesigen Eingeborenen reiche Herren, denn sie haben doch Häuser, Kleider aus Fell, Schafe, Geflügel, Früchte, Straußeneier und dergleichen, was diese hier alles nicht haben, die sich auch – die menschliche Gestalt ausgenommen – vom dummen Vieh nur wenig unterscheiden. Sie haben einen großen, langen und schlanken Leib und schlanke Glieder, einen dicken Kopf, eine runde Stirn und große Augenbrauen. Die Augenlider halten sie stets halb geschlossen wegen der Fliegen, daß sie nicht in die Augen kriechen, denn diese sind dort so unerträglich, daß man sie auch durch Wedeln nicht vom Gesicht fernhalten kann; ja, wenn man nicht beide Hände gebrauchte, würden die Fliegen in die Nasenlöcher kriechen, oder, wenn man die Lippen nicht schließen wollte, gar auch ins Maul. Daher kommt es nun, daß diese Leute, die von Jugend auf durch Ungeziefer geplagt sind, nicht wie andere Leute die Augen offen haben, und daher können sie auch nicht anders in die Weite sehen, als indem sie den Kopf in die Höhe heben, so als wollten sie nach etwas gucken, das über ihnen schwebt.

Sie haben eine große Nase, dicke Lippen und einen weiten Mund. Ich weiß zwar nicht, ob sie die beiden vordersten Zähne am oberen Kinnbacken mit Absicht ausreißen, aber gewiß ist, daß sie allen Manns- und Weibspersonen, alt und jung, fehlen. Bärte haben sie auch nicht, und ihr Gesicht ist lang und sehr häßlich anzusehen, so daß niemand an ihrem Anblick das Geringste gefallen kann. Ihre Haare sind schwarz, kurz und kraus wie das der Mohren, nicht lang und glatt, wie es die Indianer sonst allgemein zu haben pflegen. Im übrigen sind ihr Gesicht und die anderen Teile ihres Leibes ganz schwarz wie bei den Mohren in Guinea.

Sie tragen keine Kleider, sondern bloß mitten um den Leib einen Gürtel von Baumrinde und an demselben eine Handvoll langes Gras oder drei bis vier Zweige mit Blättern, um ihre Scham zu bedecken.

Sie wohnen auch nicht in Häusern, sondern schlafen in der freien Luft und haben kein anderes Unterbett als die Erde und keine andere Decke als den Himmel. Ob ein jeder sein eigenes Weib hat oder ob sie mit allen verkehren, weiß ich nicht, sondern nur so viel, daß ihrer eine Anzahl von 20 oder 30 Personen beisammen zu sein pflegen und Männer, Weiber und Kinder durcheinander laufen. Ihre einzige Nahrung besteht in einigen kleinen Fischlein, die sie in gewissen Behältnissen fangen, welche sie in den kleinen Meeresarmen mit quer übereinandergelegten Steinen machen. Die Flut bringt jedesmal etliche dieser Fischlein mit sich, welche dann nach abgelaufener See oder Ebbe in den genannten Behältnissen zurückbleiben müssen, und von den Indianern fleißig zusammengesucht werden; dies ist wohl ihr größter Fischfang. Und wenn auch große Fische vorhanden wären, welche nur selten zurückbleiben, wenn das Wasser abläuft, so könnten sie diese doch nicht fangen, weil sie gar kein Werkzeug dazu haben. Wir konnten ebenfalls, so lange wir hier waren, weder mit der Angel noch der Leine den kleinsten Fisch fangen. Bei niedrigem Wasser gibt es andere Orte, wo sie Austern, Muscheln oder Schnecken finden, aber davon gibt es nur wenig. Also muß hauptsächlicher Unterhalt das sein, was ihnen die See in diesen Behältnissen läßt. Mag es nun viel oder wenig sein, die Eingeborenen sammeln es und tragen es nach ihrem Wohnplatze, wo die Alten und die Kinder, die aus Altersgründen nicht mitgehen können, auf sie warten. Sobald sie angelangt sind, legen sie das, was ihnen die göttliche Fürsorge beschert hat, auf Kohlen, lassen es da ein wenig braten und essen alle miteinander davon. Zuweilen fangen sie so viel, daß alle im Überfluß davon erhalten können, zu mancher Zeit aber nur so wenig, daß jeder einzelne kaum etwas zu kosten bekommt; sei es nun viel oder wenig, so erhält doch jeder seinen Teil davon, die Alten und die Kinder, die nicht auf Fischfang gehen können, sowohl wie die anderen. Wenn sie gegessen haben, legen sie sich schlafen, bis die Ebbe wieder kommt; dann ist wieder alles auf den Beinen, ob es Tag oder Nacht, Regen oder Sonnenschein ist, gilt gleich viel, denn sie müssen es tun oder Hunger leiden. Die Erde trägt, soviel wir gesehen haben, weder Kraut noch Hülsenfrüchte noch Korn noch sonst etwas, wovon sie sich unterhalten könnten. So sind auch weder Vögel noch wilde Tiere vorhanden, die sie ja nicht einmal fangen könnten, weil sie kein Werkzeug dazu haben.

Ich habe auch niemals gemerkt, daß sie einigen Dingen göttliche Ehre antäten. Einige Waffen haben sie, um ihre Fischbehälter zu beschützen oder ihre Feinde anzugreifen, wenn jemand käme, der sie bei ihrem armseligen Fischfang beunruhigen wollte. Als wir ausgestiegen waren, sie also an die gewohnten Stellen, wo sie die Fische zusammenlasen, nicht herankommen konnten, stellten sie sich, als wollten sie uns erschrecken. Einige hatten hölzerne Schwerter, andere hölzerne Spieße: das Schwert war in Gestalt eines Säbels gemacht, der Spieß aber ein langer gerader Stock, an dem einen Ende spitz gemacht und, damit er desto härter werde, hernach im Feuer noch etwas gebrannt. Weder Eisen noch Metalle habe ich dort gesehen, und es scheint, daß sie sich gleichfalls solcher steinernen Äxte bedienen, wie sie gewisse Indianer in Amerika zu gebrauchen pflegen.

Wie sie Feuer machen, weiß ich nicht genau, doch scheint es, daß sie, wo wir Stahl und Feuersteine verwenden, statt dessen gleich anderen Indianern Holz dafür gebrauchen. Auf der Insel Bon Air [Bonaire in der Karibik?] habe ich das einmal Indianer machen sehen und es auch selbst versucht. Man nimmt ein flaches und hartes Stück Holz und macht auf einer Seite ein Loch hinein, darauf muß man noch ein anderes rundes und hartes Holz von der Dicke ungefähr eines kleines Fingers nehmen und es an einer Seite spitz machen, diese Spitze dann in das Loch des breiten Holzes stecken und es mit der Hand so lange herumdrehen und in das breite Holz hineinbohren, bis es anfängt zu rauchen und endlich Feuer zu fassen.

Diese Leute haben eine kehlige Sprache, und wir konnten kein Wort verstehen. Als wir nun, wie schon gesagt, am 5. Januar Anker warfen und Leute an der Küste sahen, schickten wir sogleich ein Kanu dahin, um mit ihnen Bekanntschaft zu machen und in der Hoffnung, einige Lebensmittel von ihnen zu erhalten; als sie aber das Kanu herankommen sahen, flohen sie und verbargen sich. Wir suchten hierauf drei Tage lang ihre Wohnungen, fanden aber nichts außer etlichen Plätzen, wo sie Feuer gemacht hatten. Endlich hörten wir auf zu suchen, ließen aber allerhand Kleinigkeiten an den Stellen liegen, wo wir meinten, daß sie wieder hinkommen würden. Wir fanden auch an den Orten, wo wir waren, kein Wasser, außer in den sandigen Buchten alte Brunnen.

Endlich gingen wir nach den Inseln und trafen einen Haufen Einwohner darauf an; ich glaube, auf der einen waren es wohl mehr als 40

Männer, Weiber und Kinder. Anfangs, als wir landeten, drohten uns die Männer mit ihren Spießen und Schwertern; wir scheuchten sie aber durch einen Kanonenschuß, den wir sie zu erschrecken taten, schnell auseinander. Die Insel war so klein, daß sie sich nicht verbergen konnten, aus welchem Grunde sie auch, und insbesondere die Weiber und Kinder, in größtem Kummer zu sein schienen, als sie sahen, daß wir dennoch ausstiegen und gerade auf sie zukamen. Die hurtigsten Weiber nahmen einige von ihren Kindern und liefen mit großem Geheul fort, so daß ihnen die anderen Kinder schreiend folgten; die Männer aber blieben stehen. Etliche Weiber, die nicht fliehen konnten, blieben bei dem Feuer und stellten sich so jämmerlich an, als ob wir gekommen wären, sie zu fressen. Als sie aber sahen, daß wir nicht willens waren, ihnen etwas Böses zu tun, besänftigten sie sich wieder, und die Fortgelaufenen kamen auch bald wieder zurück. Bei diesem Wohnplatze war nur ein einziges Feuer, das auf der Seite, wo der Wind herkam, mit einigen Baumreisern bedeckt war.

Nachdem wir nun eine Weile dort gelegen hatten, wurden die Männer gut bekannt mit uns, und wir kleideten etliche von ihnen in der Hoffnung, sie würden uns dafür ihrerseits wiederum einen Dienst erweisen. Denn weil wir dort Brunnen gefunden hatten, wollten wir zwei oder drei Fässer Wasser daraus zu unserem Schiffe bringen lassen. Es war jedoch ziemlich beschwerlich, die Fässer bis an unsere Kanus heranzubringen, und wir suchten durch die Kleidung diese Leute zu bewegen, es uns dorthin zu tragen. Einem gaben wir ein Paar alte Hosen, dem anderen ein schlechtes Hemd, dem dritten einen Rock, der zwar nichts mehr taugte, aber doch an anderen Orten, wo wir gewesen waren, mit großer Freude angenommen worden wäre. Und genau so, dachten wir, würden es diese Leute auch annehmen. Wir zogen ihnen diese Lumpen auch selbst an in der Meinung, sie durch diese Auszierung dahin zu bringen, daß sie rechtschaffen für uns arbeiteten. Darauf also führten wir unsere neuen Knechte zu den Brunnen, und weil wir das Wasser bereits in längliche Gefäße eingefüllt hatten, deren jedes ungefähr sechs Töpfe hielt und zum Wassertragen zurechtgemacht war, so legten wir einem jeden ein solches Gefäß auf den Buckel und zeigten ihm, daß er es zum Kanu tragen sollte; aber alle Zeichen, die wir nur machen konnten, halfen nichts. Sie blieben vielmehr unbeweglich wie die Stöcke stehen, bleckten die Zähne wie die Affen und sahen einander an; denn die armen Leute waren das Tragen von Lasten gar nicht gewohnt, und ich glaube, daß ein zehnjähriger Schiffsjunge von uns eine ebenso schwere Last getragen hätte wie sie. Also mußten wir unser Wasser selber tragen, sie aber zogen ihre Kleider wieder aus und taten sie weg, gleichsam als wären sie bloß um der Arbeit willen gemacht. Ich merkte auch nicht, daß sie die Kleider sonderlich schätzten oder daß ihnen auch von den anderen Dingen, die wir an Bord des Schiffes hatten, etwas besonders gefallen hätte.

Als ein anderes Mal unser Kanu zwischen den Inseln zum Fischfang ausgefahren war, trafen sie Leute, die von einer Insel zur anderen schwammen, denn sie haben weder Kanu noch Schiff noch Barke. Von diesen fingen die Unsrigen ihrer viere auf, zwei von mittlerem Alter und zwei 18 bis 20 Jahre alt, und brachten sie zu uns an Bord. Wir gaben ihnen Reis und gekochtes Schildkröten- und Seekuhfleisch, welches sie alles gierig hineinschluckten. Sie sahen aber weder das Schiff noch was darauf war ein einziges Mal an, und sobald wir sie wieder an Land ließen, flohen sie so geschwinde von dannen, wie sie nur konnten. Es kam auch bei unserer ersten Ankunft, ehe sie uns und wir sie kannten, ein Haufen von denen, die auf dem Festland wohnen, ganz nahe an unser Schiff, stieg auf eine ziemlich hohe Sandbank und bedrohte uns durch Schwingen ihrer Spieße und Schwerter. Um sie zu erschrecken, ließ unser Kapitän plötzlich sehr stark die Trommel schlagen, und kaum hörten sie das, als sie aufs geschwindeste davonliefen, wobei sie durch die Kehle »Gury gury« schrien. Diese Leute vom Festland liefen stets vor uns davon; dennoch fingen wir einige von ihnen ein, denn, wie ich schon erwähnt habe, haben sie so schlechte Augen, daß sie uns nicht sahen, bis wir schon ganz nahe bei ihnen waren. Wir gaben ihnen immer etwas zu essen und ließen sie dann wieder gehen. Es wurden auch, nachdem wir kurze Zeit dagewesen waren, die Leute auf den Inseln ganz beherzt und liefen vor uns nicht mehr weg.

Nachdem wir eine Woche dagewesen, zogen wir unser Schiff in eine kleine sandige Bucht; das ließ sich mit der Flut ganz gut machen. Wenn nun die Ebbe kam, blieb es auf dem Trockenen liegen, und fast eine halbe Meile im Umkreis war nichts anderes als harter Sand zu sehen, denn die See steigt und fällt hier ungefähr fünf Faden. Die Flut geht nach Nord/Ost und die Ebbe nach Süden/West. So oft nun Ebbe war, waren wir auf dem Trockenen und ungefähr 100 Ruten von der See entfernt, so daß wir Zeit hatten, den Boden unseres Schiffes zu kalfatern, was wir auch mit allem Fleiß taten. Inzwischen waren die meisten von unseren Leuten an Land unter einem Gezelt und besserten dort die Segel aus; die Fischer an Land brachten uns alle Tage Schildkröten und Manaten [Seekühe], so daß wir genug zu essen hatten.

Während wir hier lagen, suchte ich unsere Leute dazu zu überreden, nach einem englischen Handelsplatze zu segeln. Man drohte mir aber, man würde mich auf das Festland bringen und dort zurücklassen, so daß ich lieber schwieg. Ich nahm mir aber vor, mit Geduld eine bessere Zeit und Gelegenheit abzuwarten, um die Gesellschaft zu verlassen, und weil sie bei der Abreise vorhatten, nach dem Vorgebirge Comorin [an der Südspitze von Indien] zu segeln, hoffte ich, beides in Bälde zu finden. Sie nahmen sich auch vor, unterwegs die Kokosinsel zu besuchen, die nach unseren Karten auf dem 12. Grad südlicher Breite liegt, weil sie hofften, dort die Früchte zu finden, von denen die Insel ihren Namen hat. [Die Cocos Keeling Islands im Indischen Ozean gehören heute zu Australien.]

Am 12. März 1688 segelten wir bei Nordnordwestwind und schönem Wetter von Neu-Holland ab.

Hinter dem Great Barrier Reef

Heute Cooktown

3

James Cook ging 1768 mit der »Endeavour« auf seine erste Weltreise, um den unbekannten Südkontinent Terra australis incognita zu suchen. Nach einem Aufenthalt von etwa drei Monaten auf Tahiti zu astronomischen Beobachtungen – von dort war der Tahitianer Tupia, der im Text erwähnt ist, mitgekommen –, segelte er weiter nach Neuseeland und stellte fest, daß es aus zwei Inseln besteht und mit dem australischen Kontinent nicht zusammenhängt.

Dann nahm er Kurs auf die australische Küste: Botany Bay wurde entdeckt. Joseph Banks, der Naturwissenschaftler der Expedition, empfahl nach seiner Rückkehr diese Bucht für die Ansiedlung von Sträflingen.

Auf der weiteren Fahrt nach Norden geriet die »Endeavour« in das Great Barrier Reef, wurde in der Nähe des heutigen Cooktown auf die Korallen getrieben und schlug leck. Die Kanonen wurden über Bord geworfen, damit das Schiff vom Riff loskam. (Im Zusammenhang mit dem Text von Hans Hass kommen wir auf diese Kanonen zurück.) Die »Endeavour« wurde auf den Strand gesetzt und wieder seetüchtig gemacht. Die Reise endete im Jahr 1771 glücklich im Heimathafen in England.

Während die Mannschaft damit beschäftigt war, das Schiff für die Heimreise zu reparieren und auszurüsten, hatten die Wissenschaftler Zeit für Landausflüge. Der folgende Abschnitt aus Cooks Tagebuch ist in diesem Zeitraum entstanden.

Schon 1629 hatte ein holländischer Kapitän in einem Geheimbericht Känguruhs erwähnt und die Ansicht vertreten, sie wüchsen aus den Zitzen im Beutel der Mutter; hier folgt die Beschreibung, die lange als die erste dieser Tiere galt.

Herr Banks ruderte mit dem Leutnant, Herrn Gore, und mit drei Matrosen in einem kleinen Boot den Fluß hinauf; er hatte sich vorgenommen, zwei oder drei Tage auszubleiben und in dieser Zeit das Land zu durchstreifen, zu untersuchen und womöglich eines der Tiere zu schießen, die man schon so oft, aber immer nur von weitem gesehen hatte.

Am siebten [Juli] schickte ich den Schiffer nochmals aus, um die Untiefen sondieren zu lassen, denn der Bericht, den er vor einigen Tagen von der gen Norden hin befindlichen Durchfahrt mitgebracht hatte, war mir bei weitem noch nicht genügend; wir anderen brachten unterdessen den Überrest dieses und den Morgen des folgenden Tages mit Fischfang und anderen nötigen Geschäften zu.

Um vier Uhr nachmittags kam Herr Banks mit seiner Gruppe zurück und erzählte uns, was er unterdessen gesehen und gefunden hatte. Auf beiden Seiten des Flusses, sagte er, war das Land sumpfig und mit Mangroven bewachsen. Nachdem sie ungefähr drei Seemeilen weit den Fluß hinaufgefahren waren, stiegen sie aus und gingen ins Land hinein, da sie aber fanden, daß es hier fast ebenso aussah, wie sie es bisher überall angetroffen hatten, so ruderten sie weiter und gelangten endlich an einen Ort, wo der Fluß sich zu einem schmalen Bach verringerte und nicht mehr von Sümpfen und Mangrovengehölz, sondern von steilen Ufern eingeschlossen wurde, die mit ungemein schönen und angenehm grünenden Bäumen bewachsen waren; unter diesen befand sich auch der in Westindien sogenannte Mohoe- oder Rindenbaum, welcher eigentlich ein Hibiscus tiliaceus ist. Tiefer ins Land hinein war der Boden größtenteils niedrig und mit langem Gras dick bewachsen. Das Erdreich hatte alle Anzeichen von Fruchtbarkeit und schien seinen künftigen Bearbeitern reiche Ernte zu versprechen. An demselben Tage sah Tupia ein Tier, welches Herr Banks, nach der Beschreibung, die ihm davon gemacht wurde, für einen Wolf hielt. Sie sahen auch drei andere Tiere, konnten aber keines derselben fangen oder schießen; desgleichen stellten sie einer Art von Fledermaus nach, die so groß war wie ein Rebhuhn [Flughund]; aber auch diese entkam ihnen trotz aller angewandten Mühe und Geschicklichkeit.

Als es finster wurde, schlugen sie ihr Nachtquartier hart an dem Ufer des Flusses auf und zündeten ein Feuer an; allein die Moskitos schwärmten hier in solcher Menge um sie her, daß es fast nicht auszuhalten war. Sie konnten sich ihrer nicht einmal durch den Rauch erwehren (deswegen hatten sie ein Feuer als das bewährteste Hilfsmittel angezündet), denn dies Geschmeiß verfolgte sie überall und scheute fast die Flammen selbst nicht. So heiß es in diesem Himmelsstriche auch ist, so fanden sie es doch noch leidlicher, dicht am Feuer zu sitzen, als sich den unerträglich schmerzhaften Stichen dieser Insekten preiszugeben. Das Feuer, die Fliegen und der Mangel eines besseren Bettes als die bloße Erde machten ihnen die Nacht so lang, daß sie solche nicht mit Schlafen, sondern in rastloser Sehnsucht nach der Rückkehr des Tages zubrachten.

Bei der ersten Morgendämmerung machten sie sich wieder auf und gingen auf die Jagd. Sie gingen viele Meilen weit herum, und es fielen ihnen unterwegs nach und nach vier Tiere von einerlei Art auf. Herrn Banks' Windhund jagte zwei derselben sehr ordentlich und schön, er mußte aber bald zurückbleiben, denn das Gras stand hier so hoch und so dick, daß er nicht hindurch konnte; die Tiere hingegen liefen nicht auf vier Füßen, sondern hüpften beständig auf zwei Füßen fort und immer über das Gras hinweg. Am Mittag kehrte die Gesellschaft nach dem Boot zurück und ruderte noch weiter den Fluß hinauf; dieser wurde immer schmäler, bis zuletzt gar nur ein Bach frischen Wassers übrig blieb, in dem jedoch die Flut noch ziemlich hoch stieg.

Als der Abend herannahte, stellte sich die Ebbe ein, und dadurch wurde der Bach so seicht, daß sie aus dem Boot steigen und es so lange an einem Strick nachschleppen mußten, bis sie einen Platz finden konnten, an dem sie hoffen durften, die Nacht über Ruhe zu genießen. Endlich trafen sie einen solchen Ort an, und als sie eben ihre Sachen aus dem Boot nahmen, um sich ein Nachtlager zu bereiten, sahen sie Rauch aufsteigen. Da sie nicht zweifelten, daß dort einige von den Eingeborenen bei einem Feuer sein würden, und sie schon so lange und so sehnlich gewünscht hatten, persönlich mit denselben bekannt zu werden, so gingen einige, jedoch nicht mehr als drei Personen auf einmal, nach der Gegend hin, damit sich die Wilden weniger vor ihnen fürchten sollten: Als sie aber an den Ort gelangten, war niemand mehr da, und folglich mußten die Indianer sie vermutlich eher erblickt haben als sie die Indianer. In dem hohlen

Stamme eines alten Baumes, der ganz zu Zunderholz geworden war, brannte das Feuer noch, und verschiedene frisch abgebrochene Baumzweige, mit welchen Kinder gespielt zu haben schienen, lagen daneben; auch waren an den Orten, wo das Wasser jetzt zur Ebbezeit zurückgetreten war, viele Fußstapfen im Sande zu sehen; lauter unfehlbare Anzeichen, daß die Indianer vor ganz kurzem noch hier gewesen sein mußten. Nicht weit davon fanden sie verschiedene Häuser und einige nach der Art von Tahiti in die Erde gegrabene Öfen, worin dem Anschein nach noch an diesem Morgen Lebensmittel zubereitet worden waren. Neben den Öfen lagen etliche Schalen von einer Art Muscheln und einige weggeworfene Stücke von Wurzeln als Überbleibsel oder vielmehr als die Reste einer Mahlzeit.

Ganz unzufrieden, daß ihnen die Hoffnung fehlgeschlagen war, hier mit den Eingeborenen Bekanntschaft zu machen, kehrten sie nunmehr nach ihrem Nachtquartier zurück, das diesmal eine breite, von Gebüsch beschattete Sandbank war. Ihre Betten bestanden aus Plantanen-Blättern [Bananenblättern], die, auf den Sand ausgebreitet, ihnen so weich wie eine Matratze dünkten. Ihre Oberröcke dienten ihnen statt der Decken und einige Bündel Gras als Kopfkissen. Mit diesen Bequemlichkeiten versehen, hofften sie, diese Nacht ruhiger als die vergangene hinzubringen, insbesondere, da zu ihrem großen Trost nicht ein Moskito zum Vorschein kam. Hier legten sie sich also nieder und (so viel tut die Gewohnheit) überließen sich dem Schlaf, ohne nur im geringsten an die Möglichkeit und Größe der Gefahr zu denken, falls die Indianer sie in diesem Zustand überraschen sollten. Kommt diese Sorglosigkeit einem oder dem anderen meiner Leser befremdlich vor, so denke der nur ein wenig nach, ob man nicht mit jeder Gefahr und mit jedem Unglück, die eine Zeitlang fortwähren, endlich bekannt wird und derselben zuletzt nicht mehr achtet?

Nachdem unsere Reisenden, ohne auch nur einmal zu erwachen, bis in den hellen lichten Morgen geschlafen hatten, so untersuchten sie, wie es jetzt mit dem Wasser im Fluß aussah, und weil sie fanden, daß die Ebbe eben eingetreten war, mit deren Strömung sie bequem wieder zum Schiff zurückkehren konnten, so entschlossen sie sich, den Rückweg anzutreten, und zwar umso mehr, als das Land dem Ansehen nach nicht viel versprach, das einer weiteren Nachforschung wert gewesen wäre; sie gingen folglich in ihr Boot und kamen hierauf wieder zu uns an Bord.

Bald nach Ankunft dieser Gesellschaft langte auch der Schiffer an; er war sieben Seemeilen weit in die See hinaus gewesen und war nach dieser neuen Untersuchung ganz anderer Meinung als zuvor, denn er versicherte, daß man an dem Orte, wo er zuvor einen Kanal gefunden zu haben glaubte, nicht durchkommen könne. Indessen war seine Reise doch in einer anderen Absicht keineswegs fruchtlos gewesen; als er nämlich gestern wieder auf dem Felsen ausstieg, auf welchem er das vorige Mal die großen Meerschnecken gefunden hatte, traf er dort eine Menge Schildkröten an und fing, obwohl er kein besseres Werkzeug als einen Bootshaken bei sich hatte, doch drei derselben, die ganz ansehnlich waren und zusammen siebenhunderteinundneunzig Pfund wogen.

Am folgenden Morgen schickte ich ihn demnach, mit besseren Werkzeugen versehen, wiederum auf Schildkrötenfang aus, und Herr Banks ging mit ihm; allein der Erfolg entsprach unseren Erwartungen nicht im geringsten; denn der Schiffer führte sich, als kommandierender Offizier, so sonderbar bei der Sache auf, daß nicht ein Stück gefangen wurde; und er ließ sich auch am Ende nicht bewegen, wieder nach dem Schiff zurückzukehren. Herr Banks indessen landete auf dem Riff und sah daselbst verschiedene große Meerschnecken. Er machte sich diese Gelegenheit auch zunutze, um allerhand Muschelschalen und Seegewächse einzusammeln, und kehrte um elf Uhr nachts in seinem eigenen kleinen Boot zurück; der Schiffer hingegen blieb mit dem großen Boot weiter auf dem Felsen.

Am Nachmittag dieses Tages waren sieben von den Eingeborenen an der Südseite des Flusses zum Vorschein gekommen, und zwei hatten sich bis an die sandige Spitze herabgewagt, die dem Schiff gerade gegenüber lag. Da ich nun gerne mit ihnen gesprochen hätte, so ruderte ich in einem Boot nach der Stelle hin; sobald sie mich aber näherkommen sahen, liefen sie alle in größter Eile davon.

Der Schiffer hatte indessen für gut befunden, die ganze Nacht über auszubleiben, und da er heute früh noch nicht wieder da war, so war ich genötigt, den zweiten Leutnant nunmehr in der Jolle abzuschicken, um ihn abholen zu lassen; bald nachdem diese abgefertigt war, ließen sich vier von den Eingeborenen auf der sandigen Landspitze sehen, die an der nördlichen Küste des Flusses hervorragte. Sie hatten einen kleinen Kahn bei sich, der nicht aus Baumrinde, sondern ordentlich von Holz gemacht und mit Seitenrahmen versehen war. Eine ganze Weile ließen sie es sich sehr angelegen sein, mit der Fischgabel zu fischen. Einige von unseren Leuten hatten große Lust, in einem Boot zu ihnen hinüber zu rudern; dies gestattete ich aber keineswegs, denn ich wußte jetzt schon aus Erfahrung, daß man es gar nicht so anfangen dürfe, um sie zu einer Unterredung zu bewegen; zu ihnen hin zu gehen war gerade der Weg, sie zu verscheuchen. Ich wollte daher einmal ein ganz entgegengesetztes Mittel versuchen und ließ sie weiter fischen, ohne mich, dem Anschein nach, im geringsten um sie zu kümmern. Dieser Einfall erfüllte seinen Zweck nach Wunsch, denn zwei kamen endlich ganz von selbst in ihrem Kahn bis innerhalb eines Musketenschusses zu uns an das Schiff und sprachen daselbst sehr lange und sehr laut. Wir verstanden zwar nicht ein Wort von dem, was sie sagten, und konnten ihnen daher auch nicht anders als mit einem lauten, fröhlichen Zuruf antworten, doch wendeten wir zugleich alle erdenklichen Zeichen an, um sie zu uns einzuladen und ihnen zu verstehen zu geben, daß sie nichts von uns zu befürchten hätten. Während dieser mangelhaften Unterredung kamen sie unvermerkt immer näher heran und hielten dabei ihre Lanzen empor; jedoch nicht auf eine drohende Art, sondern um uns gleichsam zu verstehen zu geben, daß, wenn wir ihnen etwas zuleide tun sollten, sie Waffen hätten, sich zu rächen. Als sie auf solche Art fast ganz dicht an das Schiff herangekommen waren, warfen wir ihnen kleine Stückchen Tuch, Nägel, Glaskorallen, Papier und andere Kleinigkeiten zu; alles dieses nahmen sie zwar an, ließen aber nicht die geringste Freude darüber erkennen; endlich warf ihnen einer von unseren Leuten einen kleinen Fisch zu, und dieses Geschenk schien ihrer Beurteilungskraft oder ihren Bedürfnissen angemessener zu sein, denn sie äußerten nicht nur die lebhafteste Freude darüber, sondern gaben uns auch durch Zeichen zu verstehen, daß sie ihre Mitgefährten ebenfalls herbeiholen wollten, und ruderten unverzüglich nach dem Strande hin.

Mittlerweile gingen einige von unseren Leuten, darunter auch Tupia, auf der gegenüberliegenden Seite des Flusses an Land. Unsere Indianer fanden sich bald wieder bei dem Schiffe ein und hatten ihre Kameraden mitgebracht, so daß nunmehr ihrer vier im Kahn waren, und sie wagten sich jetzt, ohne im geringsten Furcht oder Mißtrauen zu äußern, ganz dicht an uns heran. Wir teilten noch einige Geschenke an sie aus, und nicht lange danach ruderten sie wieder weg und landeten auf eben der Seite des Flusses, auf der unsere Leute vorher gleichfalls ausgestiegen waren. Ein jeder von ihnen trug zwei Lanzen und einen Stock, vermittelst dessen sie geworfen werden, in der Hand, und in dieser Rüstung näherten sie sich dem Ort, wo Tupia und die übrigen von unseren Leuten sich niedergesetzt hatten. Tupia brachte es bald dahin, daß sie ihre Waffen niederlegten und ohne dieselben näher herankamen. Alsdann lud er sie durch Zeichen ein, daß sie sich zu ihm hinsetzen möchten; sie taten es auch wirklich, und zwar dem Anschein nach ganz unbesorgt und ohne Mißtrauen. Um diese Zeit gingen von uns noch verschiedene mehr an Land; als die Indianer sahen, daß wir dem Ufer näher kamen, äußerten sie einige Besorgnis, daß wir etwa im Sinn haben möchten, ihnen den Weg zu ihren Waffen abzuschneiden: Allein wir ließen es uns sehr angelegen sein, sie zu überzeugen, daß dies unsre Absicht gar nicht sei; und sobald wir an sie herankamen, machten wir ihnen von neuem wieder Geschenke, damit sie sehen sollten, wie gut wir es mit ihnen meinten und wie sehr wir wünschten, daß sie es auch mit uns wohlmeinen möchten.

Hierauf blieben wir bis an den Mittag ganz vertraut und freundschaftlich beieinander; und als wir um diese Zeit zum Essen gehen wollten, gaben wir ihnen zu verstehen, daß sie mit uns kommen möchten; sie nahmen aber die Einladung nicht an, sondern ruderten, sobald wir fort waren, in ihrem Kahn ebenfalls weg.

Der eine von diesen Männern war schon über das mittlere Alter hinaus, die drei anderen hingegen waren noch jung und alle von gewöhnlicher Statur, hatten aber besonders kleine Gliedmaßen. Die Farbe ihrer Haut war so schwarz wie Ruß oder wenigstens so dunkelbraun wie eine ganz dunkle Schokoladenfarbe; ihr Haar war schwarz, aber nicht wollig, dabei kurz geschnitten und bei einigen gerade, bei anderen hingegen kraus. Dampier sagt, daß den Leuten, welche er auf der Westseite dieses Landes gesehen, zwei Vorderzähne gefehlt hätten; diese Leute aber hatten die ihrigen ganz vollzählig und vollständig. Sie hatten sich den Leib an manchen Stellen mit einer roten Farbe angestrichen, und einer unter ihnen hatte sich die Oberlippe und die Brust mit weißen Streifen, die er *Carbanda* nannte, bemalt. Ihre Gesichtszüge waren sehr angenehm, ihre Augen lebhaft, ihre Zähne weiß und wohl gesetzt und ihre Stimmen wohlklingend und biegsam, so daß sie uns ohne die geringste Mühe allerlei Worte nachsprechen konnten.

Am Abend kehrten Herr Gore und auch der Schiffer endlich mit dem langen Boot zurück und brachten nun eine Schildkröte nebst einigen wenigen Schalentieren mit. Die Jolle hatten sie aber mit sechs Mann auf der Klippe zurückgelassen, um den Fang noch fortzusetzen.

Am folgenden Morgen hatten wir wiederum von vier Indianern Besuch. Drei von ihnen waren schon gestern bei uns gewesen; der vierte hingegen war ein Fremder und wurde uns von seinen Mitgefährten unter Anzeige seines Namens, der Yaparico war, ordentlich vorgestellt. Dieser Herr zeichnete sich durch einen sehr in die Augen fallenden Putz aus. Er hatte sich nämlich den Nasenknorpel durchbohrt und in das Loch einen Knochen von einem Vogel gesteckt, der ungefähr einen starken Finger dick und fünf bis sechs Zoll [12,5 bis 15 cm] lang war. Von einem solchen Staate hatten wir bisher nur erst ein einziges Beispiel, und zwar in Neuseeland, gefunden; als wir aber genauer nachsahen, wurden wir bald gewahr, daß unter diesem Volke hier der erwähnte Teil der Nase durchgängig durchbohrt und folglich zu einem solchen Zierrat ordentlich zubereitet war. Sie hatten auch Ohrenlöcher, trugen aber, als wir sie sahen, kein Gehänge darin; dagegen schmückten sie den Oberteil des Armes mit einem Band von geflochtenem Haar. Und obwohl sie wie die Einwohner von Feuerland völlig unbekleidet gingen, so schienen sie doch nicht weniger als jene auf ihren Putz zu halten. Einer von ihnen, dem ich ein Stück von einem alten Hemd geschenkt hatte, band es, anstatt einen Teil des Leibes damit zu bedecken, wie einen Turban um den Kopf.

Sie hatten einen Fisch mitgebracht und machten uns ein Geschenk damit, wahrscheinlich als Vergeltung desjenigen, das sie gestern von uns empfangen hatten. Sie schienen überhaupt sehr vergnügt und gar nicht gesonnen zu sein, uns so bald zu verlassen. Als sie aber sahen, daß einer von unseren Herren Reisenden ihren Kahn sehr aufmerksam und neugierig betrachtete, so erschraken sie dermaßen, daß sie augenblicklich in denselben hinabsprangen und eiligst fortruderten, ohne ein Wort zu sagen.

Am folgenden Morgen um zwei Uhr kam die Jolle, welche die Nacht über auf der Klippe geblieben war, mit drei Schildkröten und einem großen glatten Rochen zurück. Da es sich nun allerdings so anließ, als ob diese Fischerei mit Vorteil fortgesetzt werden könnte, so säumte ich nicht lange und schickte sie gleich nach dem Frühstück wiederum fort, um womöglich noch mehr zu holen. Nicht lange nachher wagten sich drei Indianer bis an Tupias Zelt, und sie waren mit der guten Aufnahme, die ihnen dort widerfuhr, so zufrieden, daß einer von ihnen in dem Kahn fortruderte, um zwei andere zu holen, die wir noch nicht gesehen hatten. Als er mit diesen beiden Landsleuten ankam, stellte er sie uns mit Namen vor, eine Zeremonie, die bei dergleichen Gelegenheiten sehr sorgfältig beobachtet und nie unterlassen wurde. Da sie über den Fisch, der ihnen bei ihrer ersten Annäherung gegen das Schiff zugeworfen worden war, dem Ansehen nach so viel Vergnügen gezeigt hatten, so boten wir ihnen heute von neuem welchen an; allein zu unserer Verwunderung taten sie jetzt ganz gleichgültig; doch winkten sie einigen von unseren Leuten zu, daß sie ihnen solchen zubereiten möchten; dies geschah augenblicklich, nachdem sie aber ein wenig davon gegessen hatten, warfen sie das übrige Herrn Banks' Windspiel vor.

Sie blieben den ganzen Vormittag bei uns, wollten sich aber niemals über sechzig Fuß [etwa 20 m] weit von ihrem Kahn wagen. Wir wurden nun gewahr, daß die Farbe ihrer Haut nicht wirklich so schwarz war, wie sie zu sein schien, und fanden, daß das, was wir bisher für ihre natürliche Farbe angesehen hatten, nur von Kot und Rauch herrührte; denn so heiß es auch hierzulande ist, so sind sie doch gleichsam gezwungen, ihre Zuflucht zum Feuer zu nehmen, um wenigstens des Nachts vor den Moskitos Ruhe zu haben. Unter anderen Sachen, die wir ihnen bei unserer ersten Zusammenkunft geschenkt hatten, befanden sich auch einige Rechenpfennige, die wir ihnen an einem Bande um den Hals gehängt hatten; diese Bänder aber waren durch den Rauch so zugerichtet, daß wir Mühe hatten zu unterscheiden, von welcher Farbe sie ehemals gewesen waren. Und ebendieser Umstand veranlaßte uns, die Farbe ihrer Haut ein wenig genauer zu untersuchen.

Während diese Leute bei uns waren, sahen wir auf der jenseitigen Landspitze des Flusses zwei andere, ungefähr 600 Fuß weit von uns, und entdeckten vermittelst unserer Ferngläser, daß es eine Frau nebst einem Knaben war und daß die Frau gleich allen übrigen Leuten splitternackt ging. Wir beobachteten, daß dieses Volk durchgängig sehr zart von Gliedmaßen und bei allem, was es vornahm, ungemein tätig und hurtig war. Einer der beiden Fremden, die wir erst heute kennengelernt hatten, trug ein sehr artig gemachtes Halsband von Muscheln und ein Armband, das aus verschiedenen Schnüren zusammengeflochten war und ungefähr so wie unsere seidenen Kordon-Schnüre aussah. Sie trugen beide ein Stück Baumrinde vor die Stirn gebunden, allein der Knochen, den sie in dem Nasenknorpel stecken hatten, verunstaltete sie ungemein. Ihre Sprache ist rauher als jene, welche die Einwohner der Südseeinseln reden; diese hier wiederholten sehr oft das Wort *Cercau*, und der Art nach zu urteilen, wie sie dasselbe aussprachen, sollte es wohl eine Verwunderung andeuten; auch pflegten sie, so oft ihnen etwas Neues in die Augen fiel, auszurufen: *Tscher, tut, tut, tut, tut*, welches ungefähr eben die Bedeutung haben mochte. Ihr Kahn war nicht über zehn Fuß lang, aber mit einem Seitenrahmen versehen, und von gleicher Bauart und Anordnung wie in der Südsee üblich, aber ungleich schlechter gemacht. In seichtem Wasser stießen sie ihn mit Stangen fort, und da, wo es tiefer war, gebrauchten sie Ruder, die ungefähr vier Fuß lang sein mochten. Das Fahrzeug war kaum für vier Personen groß genug, weshalb auch die Leute, welche uns jetzt besuchten, zweimal nach dem Lande ruderten. Ihre Lanzen waren von eben der Art wie jene, die wir in der Botany Bay gesehen hatten, doch hatten sie hier nur eine einzige Spitze; diese bestand manchmal aus dem Stachel eines Rochen und war mit zwei oder drei scharfen Gräten eben dieses Fisches als Widerhaken versehen. Auf solche Weise war es in der Tat eine sehr fürchterliche Waffe. Das Instrument, dessen sie sich zum Werfen dieser Lanzen bedienten, war kunstfertiger als irgend etwas, das wir je zuvor gesehen hatten. Am Mittag des folgenden Tages kam die Jolle mit noch einer Schildkröte und einem großen Stechrochen zurück und wurde am Abend wiederum ausgeschickt.

Am folgenden Morgen besuchten uns zwei von den Indianern an Bord des Schiffes, sie blieben aber nicht lange bei uns, sondern gingen bald wieder weg und die Küste entlang, wo sie sehr emsig waren, mit der Fischergabel etwas zu fangen. Herr Gore, der an diesem Tage mit seiner Kugelbüchse ausging, war so glücklich, eines von den Tieren zu schießen, die wir so lange schon näher zu betrachten gewünscht hatten. An Gestalt kommt es der Gerbua am nächsten, welcher es auch in der Art, sich von einem Ort zum anderen zu bewegen, am ähnlichsten ist; an Größe ist es von derselben sehr verschieden; die Gerbua ist nicht größer als eine gemeine Ratte, dieses Tier hingegen, wenn es ausgewachsen ist, so groß wie ein Schaf. Dasjenige, welches Herr Gore eben erlegt hatte, war noch jung, bei weitem nicht völlig erwachsen und wog daher nicht mehr als 38 Pfund. Der Kopf, der Hals und die Schultern sind im Verhältnis zu den anderen Teilen seines Leibes klein; der Schwanz ist ungefähr so lang wie der Leib, am Rumpf dick und gegen das Ende hin immer dünner. Die Vorderfüße waren bei diesem nur acht Zoll und die Hinterfüße 22 Zoll lang. Wenn es sich von einem Ort nach dem anderen hin bewegen will, so springt oder hüpft es, anstatt zu laufen; die Sätze, die es dabei macht, sind sehr groß, dabei hält es sich immer aufrecht auf den Hinterbeinen, die Vorderfüße aber behält es hart an die Brust gebogen; sie scheinen ihm auch bloß zum Graben oder Scharren zu dienen. Die Haut ist mit einem dunkel mausfarbigen Haar bedeckt, nur der Kopf und die Ohren nicht, die fast wie bei einem Hasen aussehen. Bei den Eingeborenen heißt dieses Tier Känguruh.

Am folgenden Tage wurde unser Känguruh zum Mittagessen zurecht gemacht, und wir fanden das Fleisch von ungemein leckerem Geschmack.

1788 · ANONYMUS

Die ersten Sträflinge in Sydney

4 *Nachdem die Kolonien Nordamerikas 1776 unabhängig geworden waren, brauchte die britische Regierung einen neuen Ort, um sich ihrer Gefangenen zu entledigen. Da kam Joseph Banks' Empfehlung der Botany Bay beim heutigen Sydney gerade recht.*

Die »first fleet« segelte mit elf Schiffen und 700 Gefangenen nach Australien. Insgesamt sind in den folgenden 80 Jahren etwa 160.000 Sträflinge auf den Kontinent deportiert worden.

Gouverneur Phillip war der Flotte von Norfolk Island aus um einige Tage vorausgesegelt, um das Landungsgebiet zu inspizieren. Er fand Botany Bay ungeeignet, entschied sich für die Ansiedlung in Port Jackson, später umbenannt in Sydney Cove, und traf Vorbereitungen für die Ankunft der übrigen Schiffe, zu deren Besatzung auch unser Berichterstatter gehörte.

Im Vereinigten Königreich waren die Gefängisse überfüllt, man mußte nicht viel verbrochen haben, um deportiert zu werden. Der Diebstahl einer Flasche Schnaps reichte schon. Auch für politische Gefangene, die hauptsächlich aus Irland kamen, war Australien ein Aufenthaltsort in angenehm großer Entfernung – aus der Sicht der Regierung. Die Deportation wurde für sieben oder vierzehn Jahre ausgesprochen oder galt lebenslänglich. In vielen Fällen lief das aber auf das Gleiche hinaus, weil die Rückreise nach Europa von den Sträflingen selbst bezahlt werden mußte.

Der folgende Bericht stammt von einem Begleitoffizier, der es vorzog, ungenannt zu bleiben: Kritik an den Behörden in der Heimat, Mitleid mit den Sträflingen und Verständnis für die überrumpelten Aborigines konnten so freier geäußert werden.

Nach der Einnahme von Wasser und frischem Gemüse segelten die Schiffe nach Port Jackson, wo sie am 19. März in gutem Zustand ankamen. Die Besatzungen wurden von ihren Kameraden freundlich in Empfang genommen, und nun waren alle in Freundschaft vereint, um dieses national bedeutsame Unternehmen, mit dem sie betraut worden waren, durchzuführen.

Der Grund war bereits vermessen und abgesteckt, und nun wurden ein bewegliches Wohnhaus für den Gouverneur und eine Krankenstation, die beide in England vorgefertigt worden waren, aufgebaut; dazu Zelte zur Unterbringung der Offiziere und Handwerker und Hütten für die Werkstätten.

Der Bau von Lagergebäuden und Wohnungen wurde sofort in Angriff genommen, aber es stellte sich heraus, daß alle Bemühungen bei den Vorbereitungen in England bei weitem nicht ausgereicht hatten, um die junge Kolonie mit allem, was sie unbedingt brauchte, auszustatten.

Sobald alle Seesoldaten an Land waren und einige Begrenzungs- und Markierungslinien gezogen waren, wurden die Sträflinge nach und nach in kleinen Gruppen an Land gebracht. Zuerst kamen die Handwerker mit den Schiffshandwerkern; sie fällten Bäume, um Wohnhütten zu bauen. Diese Arbeit dauerte einige Zeit; abends kamen Schiffshandwerker und Sträflinge zurück an Bord; an Land blieben nur eine Abteilung Marinesoldaten und eine Gruppe Seeleute zur Bewachung der Baustellen.

Es war schon interessant, all die verschiedenen Tätigkeiten zu beobachten; jeder war eifrig am Werk, und einem unbeteiligten Zuschauer wäre es sehr malerisch und fröhlich vorgekommen. An einer Stelle wurde Holz gefällt; an einer anderen wurde eine Schmiede aufgebaut; an einer dritten wurden schwere Steinlasten und Vorräte geschleppt. Hier baute ein Offizier sein Zelt auf, dort brannte ein helles Küchenfeuer, und in der Nähe paradierte eine Abteilung Soldaten.

Als die Eingeborenen merkten, daß ihre Besucher wohl bleiben würden, zeigten sie deutliche Zeichen der Unzufriedenheit und schienen nicht abgeneigt, weitere Verrichtungen der Weißen zu verhindern, wenn sie nur genügend Leute zusammenbrächten; und wer kann ihnen das verdenken? Hätten sie gewußt, welch blutige Zerstörung und welches Elend Christen in andere arglose Teile der Welt gebracht haben, wären sie sicherlich lieber in ihrem Naturzustand geblieben, ungeschliffen und unzivilisiert, als von solch herrschsüchtigen und gerissenen Herren versklavt zu werden.

In Anbetracht der Länge der Überfahrt, die 36 Wochen betrug, und der Anzahl Menschen auf den Schiffen der Flotte sowie des Mangels an einigen lebensnotwendigen Dingen, für die die Regierung nicht hatte sorgen können, da es bisher kein vergleichbares Unternehmen gegeben hatte, überrascht nicht wenig, daß von 212 Seesoldaten nur einer ums Leben kam; von 725 Sträflingen, die an Bord gegangen waren, starben 24 (nach den offiziellen Berichten 40, aber das ist nicht richtig); 40 Kinder wurden während der Überfahrt geboren – das zeigt, daß Korbbettchen nicht nur auf dem festen Land gemacht werden, sondern auch in Neptuns Reich.

Da Jackson Bay am besten geeignet war, hatte Commodore Phillip diesen Platz für die Ansiedlung der Kolonie bestimmt. Als nun die Arbeiten an Land eine Pause erlaubten, befahl er, alle Sträflinge auszuschiffen; er befahl auch, seine Einsetzung zum Gouverneur sowie eine gekürzte Fassung der gesetzlichen Regeln zu verkünden, nach denen die Kolonie geleitet werden sollte. Damit wurde den Siedlern bekanntgegeben, daß von Zeit zu Zeit vier Gerichte tagen würden, die alle Vorfälle, gleich welcher Art, behandeln würden und deren Entscheidungen nicht anfechtbar seien. Die Gerichte wurden bezeichnet als Zivilgericht, Strafgericht, Militärgericht und Seegericht.

Vor den versammelten Leuten sprach der Gouverneur mit leisem Tadel, aber freundlich im Ton über die Verfehlungen, die sie hierher gebracht hätten, und bemerkte, daß die Menschenfreundlichkeit der englischen Gesetze ihnen Gelegenheit gäbe, ihre Vergehen zu sühnen. Es sei zu ihrem Vorteil, daß sie nun nicht mehr in Versuchung geführt werden könnten und sie hier auch Gelegenheit hätten, sich zu bessern und sogar reich zu werden, denn viele der ersten Siedler in den Ländern des Westens wären auch Sträflinge gewesen. Geläuterte und nützliche Mitglieder der Gesellschaft müßten keine Schande mehr tragen, da sie ihre Vergehen gutgemacht hätten.

Er wies auch darauf hin, daß es vollständig in ihrer eigenen Macht läge, die Missetaten von daheim gutzumachen. Nur die Wiederholung ihrer

Vergehen würde sie die Härte des Gesetzes spüren lassen, das er vertrete, und er hoffe, daß keine anderen Ermahnungen nötig seien, als sie sich selbst geben könnten, um Veränderung zum Guten und Glück und Wohlstand in diesem neuen Land zu erreichen.

Aber so lasterhaft ist nun einmal die Natur des Menschen, daß weder milde Strafen noch Schläge, Einkerkerung und Degradierung auf die gefühllosen Herzen einiger Schufte so einwirken, daß Diebereien unterbleiben. Deshalb wurden strengere Maßnahmen ergriffen, und nach einem ordentlichen Verfahren vor dem Strafgericht wurden an einem Tag zwei Verurteilte am Galgen aufgehängt; bald darauf erlitten zwei weitere das gleiche schändliche Ende. Das bestätigte das alte Sprichwort, daß vom Galgen so schnell keiner loskommt.

Drei Sträflinge reizte das offene Land so sehr, daß sie sich zu einem Ausflug aufmachten. Sie wurden aber nicht gerade willkommen geheißen; zwei wurden von den Eingeborenen getötet, der dritte lebte eine Zeitlang von den Wurzeln des Waldes und kehrte halbverhungert in die Siedlung zurück. Trotz der Mühsale, die er hatte erdulden müssen, verurteilte ihn der Gouverneur zu einem Monat Gefängnis mit einer harten Prügelstrafe am Ende seiner Haft, damit andere von solchem Vergehen abgeschreckt würden.

Der Gouverneur hatte neben Port Jackson noch eine Kolonie auf Norfolk Island gegründet. Er hatte Leutnant King und zwei Unteroffiziere dort gelassen mit Vorräten für sechs Monate. Die Siedler, die mit ihm gingen, nur neun Männer und sechs Frauen, wurden für am besten geeignet gehalten; und als die *Prince of Wales* sie wieder aufsuchte, ging es ihnen besser als den anderen [in Sydney].

Während die Flotte [der Sträflingsschiffe] unterwegs war zu ihrem endgültigen Bestimmungsort, erschienen zwei fremde Segel am Horizont; kurz darauf wurde der Gouverneur von einer Gruppe Franzosen aufgesucht. Es stellte sich heraus, daß sie zu zwei französischen Fregatten gehörten, die Europa im August 1785 zu einer Entdeckungsreise in die Südsee verlassen hatten. Sie waren knapp an Vorräten und hatten zwei Boote mit Mannschaft verloren. Sie blieben fünf Wochen in Botany Bay. Während dieser Zeit besuchten sie den Gouverneur häufig, und viele Höflichkeiten wurden ausgetauscht, denn sie waren nur zehn Meilen über Land entfernt. [Die Schiffe standen unter dem Kommando von La

Pérouse und gingen später in der Südsee verloren. Es gab keine Überlebenden. Überreste der Expedition wurden um 1830 gefunden.]

Während dieser Zeit wurden die Sträflinge mit Arbeiten beschäftigt, wie es gerade erforderlich war: Die einen schlugen Holz für Zäune, andere sägten Dachschindeln, und wieder andere waren unterwegs in der Umgebung, um Grünzeug für das Vieh einzusammeln. Die Weide war nicht gut, obwohl es Hochsommer war. Abneigung gegen die Arbeit verführte einige der neuen Siedler jedoch dazu, mit den Franzosen Kontakt aufzunehmen, damit die sie mitnähmen nach Europa. Zur Ehre der Franzosen muß gesagt werden, daß sie nicht darauf eingingen, so daß derartige Absichten nicht verwirklicht werden konnten. Zwei Ladendiebe jedoch überredeten die Franzosen; sie wurden zwei Tage nach der Abreise der Franzosen vermißt.

Die Planung für die Siedlung sieht vor, mit dem aus England mitgebrachten Material und mit dem Material, das das Land hergibt, eine große Stadt zu bauen. Aber bisher ist keine Baumart entdeckt worden, die als Bauholz geeignet ist. Versuchsgrabungen förderten eine Erde zutage, aus der so gute Ziegel gemacht werden konnten, daß bereits mehrere Häuser fertiggestellt sind. Es wurde auch ein Marmor oder Kalkstein gefunden, aus dem Kalk gebrannt werden kann.

Die Hauptstraße der neuen Stadt soll 200 Fuß breit werden und alles andere in der entsprechenden Größe gebaut werden. Aber das allerwichtigste ist zur Zeit der Aufbau von Befestigungen zur Verteidigung.

Die armen Sträflinge waren in schlechtem Zustand, denn sie hatten kein Bettzeug – ein schlimmes Versäumnis der Behörden daheim. Einige der Vorarbeiter verhielten sich ausgezeichnet. Einer von vier Sträflingen, die gehenkt werden sollten, floh nach seiner Verurteilung in den Wald, wo er mehrere Tage blieb. Er kam aber schließlich zurück, fast verhungert, um sich seinem Schicksal zu stellen, und der Gouverneur befahl seine sofortige Hinrichtung. Auf einem Felsen nahe am Strand ist ein Gefängnis eingerichtet; dorthin werden Übeltäter geschickt, dem Wetter preisgegeben und nur mit Brot als Nahrung. Dadurch erreicht man in manchen Fällen Einkehr und Besserung.

Der Nachteil der neuen Siedlung ist die große Entfernung zum Mutterland, daß Hanf fehlt, wie es ihn auf Neuseeland gibt, daß es in diesem großen Land nicht auch große Ströme gibt und daß kein gutes

Bauholz vorhanden ist. Dafür aber gibt es guten Boden, ein gutes Klima, vermutlich Bodenschätze – nach den Erzproben, die man gefunden hat – und lagebedingte Vorteile für Handel und Politik. So ist damit zu rechnen, daß die Regierung das Unternehmen mit Kraft und Entschlossenheit weiter verfolgt.

Da die öffentliche Neugier zu einem nicht unerheblichen Grad angefacht wurde, wäre es unverzeihlich, den Leser ohne die folgende Beschreibung der Kolonie zu lassen, da alles, was mit ihr zusammenhängt, allgemeines Interesse zu finden scheint.

Haustiere angelandet in Port Jackson, Neu-Holland:
1 Hengst, 3 Stuten, 3 Füllen;
1 Ochse, 3 Kühe, 1 Kalb;
4 Schafböcke, 40 Schafe;
2 Eber, 26 Sauen.

Fünf Schweine wurden vom Blitz erschlagen, ebenso einige Schafe, die dem Gouverneur gehörten. Viele weitere Tiere kamen um wegen des Mangels an Futter; wo die Weide gut war, gab es zu wenig, und wo es viel Grün gab, war es zu grob und zu sauer, und die Tiere wollten es nicht fressen. Den Pferden geht es gut, weil man sich sehr um sie kümmert. Die einzige Kuh, die übrig geblieben war, wurde gehegt und gepflegt, denn sie war trächtig; sie ist dem Schicksal ihrer zwei Genossinnen entgangen, hat inzwischen gekalbt und erfüllt alle in sie gesetzten Erwartungen.

Das Stück Land, das zum Garten werden soll, sieht im Moment noch nicht sehr nach Garten aus. Rettich und Rüben sind noch am vielversprechendsten. Erbsen und Bohnen geht es mittelmäßig. Petersilie, Balm, ein dem Salbei ähnliches Kraut, und einige andere europäische Kräuter hat man wild gefunden.

Ungewöhnliche Büsche sind entdeckt worden, aber da noch nicht bekannt ist, welchen Nutzen sie bringen können, wäre es Papierverschwendung, sie hier zu beschreiben; zu ihrer Nützlichkeit wird man sich später äußern.

Blitze richten großen Schaden an in diesem Klima. Während des Sturms, in dem die Tiere umkamen, schlugen sie in jeden Hügel ein. Innerhalb der ersten sechs Monate Aufenthalt gab es drei Erdbeben, und die Berge sehen so aus, als ob man vulkanische Ausbrüche erwarten müßte.

So ist die allgemeine Beschaffenheit und der augenblickliche Zustand des Landes; um der Unglücklichen willen, die vielleicht dazu verurteilt sind, bis zum Ende ihrer Tage zu bleiben, wünschte ich, es wäre besser; aber wenn sie darüber nachdenken, haben sie den Trost, daß sie in der Hand der allmächtigen Vorsehung sind, denn von Gott unbemerkt fällt nicht einmal ein Sperling zur Erde.

Port Jackson liegt auf 33° 52' Breite und 151° östlicher Länge. Gouverneur Phillip hat es als Cumberland County benannt am 4. Juni, einem denkwürdigen Tag, der zu Ehren Seiner Majestät Geburtstag so heiter wie möglich begangen wurde.

Am Morgen hielt Reverend Mr. Charles Thompson eine Predigt vor der ganzen Versammlung; danach feuerten die Schiffe seiner Majestät *Sirius* und *Supply* drei königliche Salute; jeder Soldat bekam ein Pint Porterbier, hier verurteilte Sträflinge wurden amnestiert; jeder Mann bekam ein Pint Rum, jede Frau ein halbes; und da es reichlich Holz gab, machten sie am Abend Freudenfeuer, wie es in England seit langem der Brauch ist. Alle dienstfreien Offiziere aßen beim Gouverneur zu Abend, und der Tag ging in der allergrößten Harmonie zu Ende.

Französische Besucher auf Tasmanien

5

Im Jahr 1800 – es war gerade Friede zwischen Napoleon und den Engländern – lief Nicolas Baudin mit zwei Schiffen, der »Naturaliste« und der »Géographe«, von Frankreich zu einer Erkundungsfahrt in den Pazifik aus. Die französischen und englischen Reisen dieser Zeit waren zwischen den beiden Ländern abgestimmt; die Schiffe verfügten über eine Art Paß der jeweils anderen Regierung.

Die Vermessung der Küsten und die Benennung der besuchten Landstriche dienten nicht nur wissenschaftlichen Zielen, sondern auch der Vergrößerung der Einflußsphäre des eigenen Staates. Baudins Zusammentreffen mit dem Engländer Flinders im April 1802, das im darauffolgenden Abschnitt von Flinders selbst beschrieben wird, war deshalb nicht eben spannungsfrei – inzwischen herrschte auch wieder Krieg.

Van Diemen's Land ist die alte Bezeichnung für Tasmanien. Die Insel wurde 1856 umbenannt, nicht nur um Abel Tasman zu ehren, der sie 1642 als erster Weißer betreten hatte, sondern hauptsächlich, um die gewalttätige Vergangenheit der Insel mit ihren Sträflingslagern vergessen zu machen.

Nicolas Baudin starb auf der Rückreise auf Mauritius – siehe dazu den einleitenden Text zu Flinders' Tagebuchauszug. Der mehrbändige Reisebericht der Baudinschen Gruppe wurde von zwei Mitgliedern der Expedition zusammengestellt.

Häufiger als bei anderen Nationen finden sich bei den französischen Entdeckern unterhaltsame Beschreibungen von Land und Leuten mit besonderem Augenmerk auf Frauen – hier folgt dafür ein vergnügliches Beispiel.

Um neun Uhr fuhren wir an der kleinen Insel vorbei, welche zunächst dem Eingang des Hafens liegt und deren Oberfläche ganz mit Grün, Gesträuchen und Bäumen bedeckt ist, so daß sie einem hübschen Lustwalde gleicht. Um halb zehn Uhr waren wir an dem Eingange des Schwanenhafens. Eine malerisch-schönere, angenehmere Stelle habe ich auf der ganzen langen Reise nicht gesehen. Den Hintergrund der Ansicht des Hafens bilden sieben Gebirgsrücken, die sich stufenweise hintereinander gegen das Innere der Insel hin erheben; rechts und links fassen hohe Hügel den ganzen Hafen ein, und ihre Zweige laufen in hübsch abgerundete Vorgebirge aus und bilden romantische Buchten. Überall zeigt sich die üppigste Vegetation; immergrüne, starke, hochstämmige Bäume bedecken die Ufer und stehen so dicht beisammen, daß es beinah unmöglich ist, in die Wälder einzudringen, die sie bilden. Zahllose Schwärme von kostbar gefiederten Papageien und Kakadus flatterten um die Wipfel, und die schönen Meisen mit ultramarinblauen Kragen scherzten unter ihren Zweigen. Der Wasserspiegel des Hafens war vollkommen ruhig, und ganze Legionen von stattlichen schwarzen Schwänen schwammen umher.

Während uns die süße Betrachtung des reizenden Naturgemäldes, das vor uns aufgestellt war, ganz beschäftigte, zog uns ein Geschrei davon ab, das uns von dem rechten Ufer des Hafens, welchem wir am nächsten waren, entgegenschallte. Wir wandten unsere Blicke dahin und sahen zwei Wilde, die beide durch gewaltige Gestikulationen Erstaunen und Verwunderung ausdrückten. Der eine trug eine Art Fackel von brennender Rinde in der Hand. Wir beantworteten ihr Schreien, aber da wir uns dem Ufer zu nähern suchten, so erwarteten sie uns nicht, sondern flohen in den Wald und verschwanden.

Wir setzten unsere Fahrt weiter fort bis in eine kleine Bucht, in deren Hintergrund sich ein hübsches Tal zeigte, das irgendeinen Bach von süßem Wasser zu enthalten schien; deswegen entschloß sich Herr Freycinet [einer der Offiziere], hier zu landen. Kaum waren wir ans Ufer gestiegen, als sich uns zwei Eingeborene auf einem beinahe senkrecht abgeschnittenen Hügel zeigten. Wir winkten ihnen freundschaftlich zu, und sogleich sprang einer, man hätte sagen können, er stürzte sich von dem Felsen herab, und in einem Augenblick war er bei uns. Er war ein junger Mensch von 22 bis 24 Jahren von durchgehend starkem Körperbau, nur hatte er den seiner ganzen Nation gemeinschaftlichen Fehler, nämlich dünne Arme und dünne Beine. In seiner Gesichtsbildung war nichts düsteres oder wildes; seine Augen waren lebhaft und geistreich, und seine Miene drückte zugleich Wohlwollen und Erstaunen aus. Herr Freycinet umarmte ihn, und ich tat desgleichen; aber die Gleichgültigkeit, mit welcher er dieses Freundschaftszeichen annahm, bewies uns, daß es für ihn keine Bedeutung hatte. Was ihn zuerst am meisten zu interessieren schien, war die weiße Farbe unserer Haut; um sich zu überzeugen, ob sie am ganzen Leibe dieselbe sei, öffnete er uns nacheinander die Weste und das Hemd, und da er sie überall gleich fand, so drückte er sein Erstaunen durch Aufschreien und besonders durch ein äußerst lebhaftes Stampfen mit den Füßen aus.

Inzwischen schien unsere Schaluppe noch mehr seine Aufmerksamkeit auf sich zu ziehen als unsere Personen. Nachdem er sie einige Augenblicke betrachtet hatte, schien er ganz in die Untersuchung dieses neuen Gegenstandes vertieft zu sein. Die Dicke der Planken und Spanten, die Dauerhaftigkeit der Bauart, das Steuerruder, die Bootsruder, die Masten und Segel, alles besah er sich genau, stillschweigend und mit der angestrengtesten Aufmerksamkeit, welche das unzweideutige Kennzeichen der Teilnahme und des überlegten Erstaunens ist. In diesem Augenblick wollte einer unserer Bootsleute wahrscheinlich sein Erstaunen noch höher spannen und bot ihm eine Glasflasche an, mit Arrack gefüllt, der zu unseren Lebensmittelrationen gehörte. Der Glanz des Glases überraschte den Wilden so sehr, daß er einen lauten Schrei ausstieß, als er die Bouteille in die Hand nahm; er besah sie aber nur einige Augenblicke, und da die Schaluppe seine Aufmerksamkeit weit mehr anzog, so schleuderte er sie als ein Ding, das ihn nur von wichtigeren Betrachtungen abhielt, ins Meer hinaus und setzte seine Untersuchung ruhig fort. Weder das Geschrei des Matrosen, der sich über den Verlust der Arrackflasche ärgerte, noch die Eile, mit welcher ein anderer ins Meer sprang, um sie wieder aufzufischen, schienen den mindesten Eindruck auf ihn zu machen. Er versuchte mehrere Male, die Schaluppe vom Land abzustoßen; aber da das Tau, womit sie angelegt war, seine Bemühungen vergeblich machte, so gab er sie endlich auf und kam wieder zu uns an Land, nachdem er uns das auffallendste Beispiel von der Aufmerksamkeit und dem Nachdenken eines Wilden gegeben hatte, das uns je vorgekommen war.

Herr Freycinet und ich stiegen nun den erwähnten Hügel hinan, auf welchem wir den zweiten Eingeborenen, einen alten Mann von etwa 50 Jahren, fanden, dessen Bart und Haare zum Teil grau waren. Seine Gesichtsbildung war offen und frei; zwischen einigen unzweideutigen Merkmalen von Angst und Schrecken schimmerten jedoch Gutherzigkeit und Biederkeit hindurch. Dieser Alte betrachtete und betastete uns mit gleichem Erstaunen und Vergnügen wie der Junge; er öffnete unsere Westen und Hemden, um die Haut auf unserer Brust zu besehen; dann winkte er zwei Weibern, die sich in einiger Entfernung hielten, herbeizukommen. Sie zögerten einige Augenblicke; doch näherte sich uns hierauf die ältere, und die jüngere, die weit erschrockener und furchtsamer schien, folgte ihr nach. Jene mochte ungefähr 40 Jahre alt sein; breite Runzeln auf der Haut ihres Bauches waren unverkennbare Zeichen, daß sie schon mehrere Kinder geboren hatte; sie war völlig nackt und schien, so wie der Alte, gut und wohlwollend zu sein. Die junge Frau, die ungefähr 26 bis 28 Jahre alt zu sein schien und einen ziemlich robusten Körperbau hatte, war ebenfalls ganz nackt, bis auf ein kleines Känguruhfell, worin sie ihr kleines Mädchen trug, das sie noch stillte. Ihre Brust, obgleich schon etwas welk, war gut geformt und schien reichlich mit Milch versehen zu sein. Diese junge Frau hatte wie die beiden Alten, für deren Tochter wir sie hielten, eine interessante Physiognomie; ihre Augen hatten viel Ausdruck und etwas Geistreiches, das wir später bei keinem Zweige dieses Volkes wieder gefunden haben. Sie äußerte sehr viel Liebe für ihr Kind, und ihre mütterliche Sorgfalt war so zärtlich, wie sie immer bei unverdorbenen Weibern ist.

Herr Freycinet und ich wetteiferten, diese gute, interessante Familie mit Geschenken zu überhäufen; aber alles, was wir diesen Leuten anboten, wurde mit einer Gleichgültigkeit aufgenommen, die uns sehr auffiel, die wir aber nachher noch öfters bei Individuen derselben Menschenrasse wahrzunehmen Gelegenheit hatten.

Da nun Herr Freycinet sobald wie möglich unsere Vermutungen wegen des Daseins eines Süßwasserbaches im Grunde des Tales, das vor uns lag, zu bestätigen suchte, so ging er deshalb mit einigen Leuten fort;

Herr Lesueur zog in den Wald auf die Jagd, und ich blieb bei den Wilden zurück, um sie noch weiter zu beobachten und ihre physische Konstitution zu untersuchen und einige Wörter ihrer Sprache zu erlernen. Da der junge Mann sah, daß unsere Matrosen Feuer anmachen wollten, so eilte er, Baumzweige um uns herum einzusammeln, und dann ergriff er eine Art von Fackel, die er nicht weit von dem Orte, wo wir uns befanden, niedergelegt hatte, und in wenigen Augenblicken verschaffte er uns ein sehr großes Feuer, das uns um so mehr Vergnügen machte, da das Thermometer sich kaum auf 9° C halten konnte. In diesem Augenblicke hatte die junge Frau einen Schrecken, dessen Ursache zwar lächerlich scheint, aber nicht zu übergangen werden verdient. Nämlich einer unserer Matrosen hatte gefütterte Handschuhe an, die er auszog und in die Tasche steckte, als er sich dem Feuer näherte; bei diesem Anblick tat die junge Frau einen so lauten Schrei, daß wir anfangs dadurch beunruhigt waren; bald aber erkannten wir, was ihr Entsetzten veranlaßt hatte: Sie hielt, wie sich aus ihren Gebärden und Zeichen schließen ließ, die Handschuhe für doppelte Hände oder wenigstens für eine zweite Haut, die man von der unteren abstreifen konnte. Wir lachten herzlich über diesen sonderbaren Irrtum; aber unser Lachen hörte bald auf, als uns der Alte sogleich eine Arrackflasche wegnahm, die wir nicht missen konnten, da sie einen Teil unseres Vorrats an Lebensmitteln ausmachte, und die er uns demnach zurückgeben mußte; dies machte ihn, wie es schien, ärgerlich; denn er zog bald darauf mit seiner Familie ab, so dringend ich ihn auch bat, noch länger zu verweilen.

Nun ging ich wieder an das Ufer hinab; das Meer stand niedrig, und in weniger als zwei Stunden sammelte ich mehr als vierzig neue Arten von sogenannten Weichtieren oder Mollusken, Muscheln, Schalentieren und Fischen.

Als ich zu unserer Schaluppe zurückkam, erfuhr ich von Herrn Freycinet, daß er vergebens den mühsamen Weg das Tal hinauf gemacht und lange fortgesetzt, aber auch nicht die mindeste Spur von süßem Wasser gefunden habe. Herr Lesueur war dagegen in seinen Bemühungen glücklicher gewesen, denn er hatte Vögel von zwölferlei Arten mitgebracht; darunter waren außer drei Arten von Papageien auch eine Meise mit blauem Kopf und Kragen. Da die Matrosen während unserer Abwesenheit unser kärgliches Mahl zubereitet hatten, so aßen wir eiligst und fuhren ab, um einen Teil des Ufers zu besuchen, wo wir süßes Wasser zu finden hofften. Wir kamen bald zu einer Hütte von Eingeborenen; es war bloß ein halbrunder Windschirm von Baumrinden, der von einigen dürren Ästen gestützt wurde; er schien keinen anderen Zweck zu haben, als gegen die ungestümsten Winde zu schützen, die hier gewöhnlich aus Südwesten wehen, weswegen das armselige Obdach seinen Rücken jener Gegend zukehrte. Vor dieser elenden Hütte fanden wir die Überreste eines kürzlich erst ausgelöschten Feuers; und nicht weit davon lagen große Haufen von Austernschalen und riesenhaften Ohrschnecken (Haliotis gigantes), die einen fauligen, ekelhaften Geruch ausdünsteten, weil wahrscheinlich noch Reste von Tieren in denselben waren. Am Rande des Ufers lagen zwei Pirogen (Kähne von Wilden), deren jede aus drei plump zusammengefügten Rollen von Rinden bestand und die von Riemen derselben Art zusammengehalten wurden. Herr Lesueur hat diese rohen Kunstprodukte abgezeichnet.

Diese Hütte, dieses kürzlich erst erloschene Feuer, diese Muscheln und Pirogen ließen uns keinen Zweifel darüber, da die Familie, mit welcher wir soeben eine Zusammenkunft gehabt hatten, diesen Teil des Ufers bewohne; auch dauerte es wirklich nicht lange, so sahen wir sie längs dem Strande zu uns herkommen. Sobald sie uns erblickten, erhoben sie ein großes Freudengeschrei und verdoppelten ihre Schritte, um desto schneller zu uns zu gelangen. Ihre Zahl war nun um ein Mädchen von 16 bis 17 Jahren, eines von 4 bis 5 und ein kleines Mädchen von 3 bis 4 Jahren vermehrt. Sie bestand demnach aus neun Personen, von welchen die beiden ältesten Vater und Mutter, der junge Mann und seine Frau Eheleute und zugleich Geschwister, das junge Mädchen die Schwester und die Kleinen die Kinder derselben zu sein schienen.

Diese Familie kam soeben vom Fischfang zurück, der wohl ergiebig gewesen sein mochte; denn beinahe alle waren mit großen Seeohrschnecken beladen, von der Art, welche diesen Ufern eigen ist. Der Alte nahm den Herrn Freycinet bei der Hand und winkte uns, ihm zu folgen; er führte uns zu der erbärmlichen Hütte, die wir soeben verlassen hatten. Das Feuer wurde in einem Augenblicke wieder angezündet; man rief uns zu wiederholten Malen zu: *Medi, medi* (setzt euch, setzt euch); wir setzten uns; die Wilden kauerten sich auf ihre eigenen Fersen nieder, und jeder machte nun Anstalt, den Ertrag der Fischerei zu verzehren. Die Zubereitung des Essens erforderte weder lange Zeit noch viel Mühe. Die großen Schnecken wurden auf das Feuer gesetzt, das Tier wurde in seiner eigenen Schale gebraten und dann ohne weitere Würze oder Zubereitung verschluckt. Wir kosteten auch von den auf diese Weise zubereiteten Schnecken und fanden sie zart und saftig.

Während unsere guten Van-Diemens-Länder ihr einfaches Mahl verzehrten, gerieten wir auf den Einfall, ihnen etwas vorzusingen, nicht nur, um sie zu belustigen, sondern auch, um zu sehen, welchen Eindruck der Gesang auf ihre Organe und ihren Geist machen würde; wir stimmten daher das Lied an, das so ganz dazu gemacht ist, den Enthusiasten zu entflammen, obgleich es in der Revolution so herabgewürdigt worden ist [die Marseillaise]; denn wir hielten es für unsren jetzigen Zweck am passendsten. Im ersten Augenblick schienen die Wilden mehr bestürzt als erstaunt zu sein; doch bald erholten sie sich von der ersten Überraschung und hörten nun aufmerksam zu; das Essen wurde aufgeschoben; ihre Zufriedenheit drückte sich durch so seltsame Gesichtsverdrehungen aus, daß wir kaum das Lachen darüber verbeißen konnten, und sowie eine Strophe beendet war, brachen sie in laute Beweise ihres aufgereizten Feuereifers aus, die sie inzwischen nur mit Mühe zurückgehalten hatten, und alle schrien vor Entzücken; besonders machte dieser Gesang auf den jungen Mann einen gewaltigen Eindruck; er war beinahe außer sich; er riß sich bei den Haaren, kratzte mit beiden Händen am Kopfe, machte mancherlei Bewegungen und schrie dabei lange laut auf. Nachdem wir diesen ergreifenden Kriegsgesang beendet hatten, sangen wir einige von unseren leichten, zärtlichen Liedchen; die Wilden schienen zwar den Sinn derselben zu fassen; aber wir sahen bald, daß solche Töne ihre Organe allzu wenig erschütterten.

Nachdem nun die Mahlzeit beendet war, die wir durch unseren Gesang unterbrochen hatten, wurde die Szene plötzlich interessanter. Das junge Mädchen (sie hieß Ureh-Ureh) zeichnete sich immer mehr durch die sanftesten Gesichtszüge sowie durch den ebenso zärtlichen wie geistreichen Ausdruck ihrer Blicke aus; sie war wie ihre Eltern völlig nackt; aber sie schien gar nicht zu ahnen, daß man in dieser vollständigen Nacktheit irgend etwas Unanständiges oder Unschickliches finden könnte; sie war schwächer gebaut als ihre Schwester und ihr Bruder; aber sie war auch lebhafter und leidenschaftlicher als diese. Herr Freycinet, welcher neben ihr saß, schien hauptsächlich der Gegenstand ihrer Schäkereien zu sein, und das ungeübteste Auge würde in den Blicken dieses unschuldigen Naturkindes jenen feinen Ausdruck entdeckt haben, der dem einfachen Scherz einen ernsteren und mehr durchdachten Anstrich gibt. Auch die Koketterie mischte sich mit ins Spiel. Ureh-Ureh zeigte uns zum ersten Mal die hierzulande übliche Schminke. Sie nahm nämlich einige Kohlen, zerdrückte sie zu sehr feinem Staube und rieb sich Stirn und Backen damit, so daß sie in einem Augenblick schwarz wie eine Teufelsmaske war. Nun blickte sie uns triumphierend und mit innigstem Selbstgefallen an. So ist denn also Putzsucht und Koketterie den Weibern angeboren!

Während dies alles vorging, hatten die kleinen Kinder auch an allem teilgenommen und die Gebärden und Gesichtsverdrehungen der Alten nachgemacht; was uns aber am meisten auffiel, war, daß sie bei unserm Gesang vor Freude mit den Füßen trampelten; sie waren allmählich mit uns vertraut geworden, und am Ende nahmen sie sich bei uns Freiheiten heraus, als ob sie schon lange mit uns bekannt wären; jedes kleine Geschenk, das wir ihnen machten, erregte großes Vergnügen bei ihnen und reizte sie, ihre Zudringlichkeit zu verdoppeln; es waren lustige, lebhafte, schelmische Kinder, gerade so, wie auch bei uns die Kinder in diesem Alter sind. Ebenso ergibt sich aus unseren Beobachtungen auch die Bemerkung, daß der Charakter der Weiber wie der Kinder weit weniger durch den Einfluß des Klimas oder der physischen Bedürfnisse und der Verfeinerung des gesellschaftlichen Lebens verändert wird als der Charakter der Männer.

Die Gerätschaften und Werkzeuge dieser Familie waren ebenso einfach wie wenig zahlreich. Ein Blatt von handförmigem Tang (Fucus palmatus), das an beiden Enden vermittelst eines hölzernen Pflöckchens umgestülpt war, vertrat die Stelle eines Trinkgeschirrs; ein abgebrochener Granatsplitter diente statt des Messers, um die Rinde von den Bäumen abzuschälen und zum Schärfen der Speere; ein hölzerner Spatel wurde insbesondere zum Ablösen der Muscheln und Schnecken von den Klippen gebraucht. Ureh-Ureh allein trug einen Sack von Binsen so niedlich und sonderbar geflochten, daß ich ihn zu haben wünschte. Da dieses junge Mädchen sich auch gegen mich besonders freundlich betrug, so wagte ich es, um diesen Sack zu bitten; sogleich und ohne sich zu bedenken gab sie ihn mir in die Hand und begleitete dies Geschenk mit einem verbindlichen Lächeln und einigen zärtlichen Worten, welche nicht zu verstehen mir sehr ärgerlich war; ich gab ihr dagegen ein Halstuch und ein Hammerbeil, dessen Gebrauch ich ihrem Bruder wies, worüber die ganze Familie in Erstaunen geriet und laut aufschrie.

Inzwischen rückte die Nacht heran, und wir brachen auf, um mit unserer Schaluppe noch tiefer in den Hafen hineinzusegeln, wo wir übernachten wollten. Sowie unsere neuen Freunde unseren Entschluß bemerkten, standen sie alle auf, um uns zu begleiten; aber auf die Vorstellung des Alten blieben die beiden Weiber und die Kinder, die ältere ausgenommen, in der Hütte zurück; die übrigen gingen mit uns; Herr Freycinet nahm Ureh-Ureh am Arm, ich den Alten, Herr Lesueur den Sohn und Herr Brue, unser Seekadett, führte das Kind. Unser Weg war so sehr mit Gebüsch und Stauden bewachsen, daß die armen Wilden, da sie ganz nackt waren, viel davon leiden mußten; die junge Ureh-Ureh erregte besonders unser Mitleid, da sie an den Schenkeln und am Leibe sehr stark von den Zweigen geritzt wurde. Sie tat aber nicht, als ob sie etwas davon empfände, sondern schritt immer rasch durch die Gebüsche vorwärts und plauderte mit Herr Freycinet, ohne daß sie hoffen durfte, von ihm verstanden zu werden, und da sie endlich darüber ungeduldig wurde, so begleitete sie ihre Reden mit neckischen Gebärden und süßem Lächeln, dem die Koketterie nicht mehr Ausdruck hätte geben können.

Als wir unserem Landungsplatze nahe kamen, hörten wir einige Flintenschüsse fallen, die unsere biederen Begleiter in großen Schrecken versetzten; besonders war die gute Ureh-Ureh so sehr erschrocken, daß sie heftig zitterte und Herr Freycinet viel Mühe hatte, sie zu beruhigen; die Angst vergrößerte sich noch, als eine beträchtliche Zahl von der Mannschaft der *Naturaliste* herbeikam, die uns entgegenging und die wir nicht erwartet hatten. Es waren die Herren L. Freycinet, Faure, Breton und Bailly, welche einen anderen Hafen untersucht hatten, und da sie ebenso wenig wie wir süßes Wasser finden konnten, hierher gekommen waren. Wir meldeten nun diesen Herren, wie freundschaftlich uns die Wilden empfangen, und sie überhäuften diese nun ebenfalls mit Geschenken, von welchen aber keines so viel Eindruck machte wie ein langer roter Federbusch, welchen Herr Breton der jungen Ureh-Ureh darreichte. Sie hüpfte vor Freude; sie rief ihren Vater und ihre Brüder herbei; sie schrie, sie lachte, kurz, sie schien vor Entzücken über das große Glück ganz trunken zu sein.

Wir gingen nun an das Ufer hinab und stiegen in unsere beiden Schaluppen; die guten Van-Diemens-Länder wichen keinen Augenblick von uns, und als sie uns in das Meer hinausstechen sahen, drückten sie ihren Schmerz über unsere Entfernung auf die rührendste Weise aus; sie winkten uns, wieder zu ihnen zu kommen, und zündeten auf dem erwähnten Hügel ein großes Feuer an, als ob sie uns den Ort ihres Aufenthaltes anzeigen wollten; auch blieben sie wahrscheinlich die ganze Nacht dabei; denn wir sahen das Feuer bis zu Tagesanbruch brennen.

So endete unsere erste Zusammenkunft mit den Van-Diemens-Ländern. Alles, was ich hier davon erzählt habe, ist in jedem einzelnen Umstand wahr; ich konnte dem Vergnügen nicht widerstehen, diese rührenden Szenen ganz auszumalen.

Das Treffen mit Nicolas Baudin

Encounter Bay

Matthew Flinders war seit 1775 damit beschäftigt, die Küsten Australiens und Tasmaniens zu vermessen; er hat einen großen Teil des Kontinents umsegelt und vorgeschlagen, Neu-Holland in Australien umzubenennen. Wie wir wissen, hat sich sein Vorschlag durchgesetzt.

Im April 1802 trafen Baudins Expedition und Flinders in seiner »Investigator« an der Küste südlich der damals noch nicht existierenden Stadt Adelaide in der Encounter Bay aufeinander. Vorsicht und eisige Höflichkeit kennzeichneten dieses Treffen von Angehörigen zweier Länder, die auf der anderen Seite der Erdkugel Krieg gegeneinander führten.

Flinders und Baudin wären sich fast noch einmal begegnet: Der Brite geriet nach einem Schiffbruch auf der Heimreise im Jahr 1803 auf Mauritius in französische Gefangenschaft; dort war Baudin kurz vor Flinders' Ankunft gestorben, erschöpft von den Mühseligkeiten der Reise und Streitigkeiten mit der Besatzung – es hieß, er sei ein schlechter Kapitän gewesen.

Da Flinders sechs Jahre auf Mauritius festsaß, schrieb man zunächst Baudins Expedition, deren Ergebnisse schnell publiziert wurden, die Entdeckung weiter Küstenstriche zu.

Flinders starb 1814 in England, gerade als sein Buch erschien, aus dem der folgende Ausschnitt stammt. Nur durch die späte Veröffentlichung war es ihm überhaupt möglich, auf die Behauptungen in den Berichten der Expedition Baudins einzugehen, wie es im folgenden Text geschieht. Namentlich genannt wird auch François Péron, der Autor des vorangegangenen Textes.

Um vier Uhr nachmittags wurde vom Ausguck ein weißer Felsen voraus gemeldet. Beim Näherkommen erwies sich der Felsen als ein Schiff, das uns entgegenkam, und wir machten gefechtsklar, für den Fall eines Angriffs. Der Fremde war ein schwerfällig aussehendes Schiff ohne Bramstengen; und als unsere Flagge gehißt wurde, zeigte es die französische, danach vorn eine britische und wie wir eine weiße Flagge. Um halb sechs Uhr befand sich Land fünf Seemeilen nordöstlich, und ich drehte bei; als der Fremde in Lee passierte, stellte ich fest, daß es das staatliche französische Schiff *Le Géographe* unter dem Kommando von Kapitän Nicolas Baudin war. Während die *Géographe* passierte, drehten wir unser Schiff mit, so daß wir ihr immer die Breitseite zeigten, falls die Parlamentärsflagge eine Täuschung sei, und als wir auf dem anderen Bug wieder an den Wind kamen, wurde ein Boot ausgesetzt, und ich ging an Bord des französischen Schiffes, das ebenfalls beigedreht hatte.

Da ich kein Französisch verstand, kam Herr Brown, der Naturforscher, mit mir ins Boot. Wir wurden von einem Offizier empfangen, der auf den Kommandanten verwies, und von ihm wurden wir in die Kajüte geleitet. Ich ersuchte Kapitän Baudin, mir seinen Paß der Admiralität zu zeigen, und als der gefunden war und ich ihn gelesen hatte, bot ich ihm den meinen vom französischen Marineminister an, aber wir erhielten ihn unbesehen zurück. Dann teilte er mir mit, daß er einige Zeit damit verbracht habe, die südlichen und östlichen Teile des Van Diemen's Landes zu untersuchen, wo sein geographischer Ingenieur mit dem größten Boot zurückgelassen worden und wahrscheinlich verloren gegangen sei. In der Bass-Straße sei er auf einen heftigen Sturm getroffen, dem gleichen, den wir - wenn auch nicht so stark - am 21. März in der Investigator Strait zu spüren bekommen hatten. Er sei dann von seinem Begleitschiff *Le Naturaliste* getrennt worden, aber seither habe er günstigen Wind und gutes Wetter gehabt und die Südküste von Western Port bis zu unserem Treffpunkt erforscht, ohne einen Fluß, eine Bucht oder eine andere geschützte Stelle zu finden, an der er hätte ankern können. Ich fragte nach der großen Insel, die in der westlichen Einfahrt der Bass-Straße liegen sollte, aber er hatte sie nicht gesehen und schien ihre Existenz sehr zu bezweifeln.

Kapitän Baudin erzählte freimütig über seine Entdeckungen vor Van Diemen's Land; ebenso freimütig übte er Kritik an der im Jahre 1800 veröffentlichten englischen Karte der Bass-Straße. Er fand die Darstellung der Nordseite der Straße reichlich fehlerhaft, war aber mit der der Südseite und der dort liegenden Inseln einverstanden. Als ich ihn auf eine Anmerkung auf der Karte hinwies, die besagte, daß die Nordseite von Herrn Bass, der keine geeigneten Mittel gehabt habe, Breite oder Länge festzustellen, nur von einem offenen Boot aus gesichtet worden war, schien er überrascht zu sein, denn er hatte sie vorher nicht beachtet. Ich sagte ihm, daß einige weitere Karten der Bass-Straße und ihrer Umgebung seitdem erschienen seien und daß ich, falls er bis zum nächsten Morgen hier bliebe, ihm eine Kopie mit einem dazugehörigen kleinen Bericht bringen würde. So wurde es vereinbart, und ich kehrte mit Herrn Brown zur *Investigator* zurück.

Ich war doch überrascht, daß Kapitän Baudin sich nicht nach meinen Absichten an dieser unbekannten Küste erkundigte, aber da er sehr daran interessiert schien, Nachrichten mitzuteilen, war ich glücklich, sie zu bekommen. Am nächsten Morgen allerdings war er neugierig geworden, nachdem einige seiner Offiziere von meiner Bootsbesatzung erfahren hatten, daß auch unsere Aufgabe Entdeckung sei. Ich erklärte ihm in allgemeinen Zügen unser Vorgehen, besonders bei den beiden Golfen, und bis zu welcher geographischen Breite wir in den größeren derselben vorgedrungen waren, erklärte die Lage von Port Lincoln, wo frisches Wasser besorgt werden könnte, zeigte ihm Kap Jervis, das noch in Sicht war, und als Beweis der frischen Nahrungsmittel, die wir auf der dem Kap gegenüber liegenden Insel genossen hatten, wies ich auf die von meiner Bootsbesatzung getragenen Mützen aus Känguruhfell hin und erklärte ihm den Namen der Insel, der sich daraus ergab. Beim Abschied bat mich der Kapitän, mich seines Bootes und dessen Mannschaft anzunehmen, falls ich sie treffen sollte, und daß ich der *Naturaliste* sagen solle, daß sie beim Einsetzen des schlechten Wetters nach Port Jackson gehen solle. Als ich nach dem Namen des Kapitäns der *Naturaliste* fragte, besann er sich darauf, sich nach dem meinigen zu erkundigen, und als er feststellte, daß dieser der des Autors der Karte sei, die er kritisiert hatte, zeigte er doch eine gewisse Überraschung, besaß aber die Höflichkeit, sich selbst dazu zu gratulieren, daß er mit mir zusammengetroffen war.

Die Position der *Investigator* war, als ich beigedreht hatte, um mit Kapitän Baudin zu sprechen, 138° 58' Ost und 35° 40' Süd. Bei unseren Gespächen war niemand außer Herr Brown dabei, und sie wurden hauptsächlich in Englisch geführt, das der Kapitän so sprach, daß man es verstehen konnte. Außer den oben erwähnten Informationen gab er mir einige Nachrichten über seine Verluste an Männern, Trennungen von seinem Begleitschiff und über die unpassende Jahreszeit, zu der er diese Küste zu erforschen hatte; dazu auch über einige Felsen, auf die er bei 77° 1' getroffen war und die er für sehr gefährlich hielt.

Ich habe die Einzelheiten dieses Gesprächs wegen eines Umstandes eingehender geschildert, den an dieser Stelle zu erläutern mir angebracht scheint.

Die oben genannte Position 35° 40' Süd und 138° 58' Ost ist also die westliche Grenze der von Kapitän Baudin gemachten Entdeckungen an der Südküste im Westen, wie es für meine in der *Investigator* die östliche ist. Aber Herr Péron, Naturforscher der französischen Expedition, beansprucht für seine Nation die Entdeckung der gesamten Küste zwischen Western Port in der Bass-Straße und dem Nuyts-Archipel; und dieser Teil von New South Wales wurde Terre Napoléon genannt. Aus Kangaroo Island, dessen Name sie einfach übernommen haben, wurde in Paris L'Isle Decrés; Spencer Golf wurde zu Golfe Bonaparte, der Golf von St. Vincent zu Golfe Josephine und so weiter, die ganze Küste entlang bis nach Kap Nuyts; nicht einmal die kleinste Insel entging einer solchen Markierung französischer Entdeckung.

Herr Péron hat gesagt – und sich dabei auf mich berufen –, daß die *Investigator* nicht bis jenseits der Inseln St. Peter und St. Francis vorgedrungen sei; und – obwohl er es nicht direkt sagte – daß kein Teil der bis dahin unbekannten Küste von mir entdeckt worden sei; und die Grundaussage seines Kapitels XV macht den Leser glauben, daß ich nichts getan hätte, was den französischen Anspruch in Frage stellen könnte.

Herr Péron war aber später in Port Jackson dabei, als ich eine meiner Karten dieser Küste Kapitän Baudin zeigte und darauf die Grenzen seiner Entdeckungen angab. Damals erhoben sie keinen Anspruch auf Kangaroo Island und die westlich davon gelegenen Küsten, und die Offiziere der *Géographe* rechneten sie immer der *Investigator* zu. Der erste Leutnant, Herr Freycinet, gebrauchte sogar im Hause des Gouverneurs King und in

Gegenwart eines seiner Gefährten, ich glaube des Herrn Bonnefoy, folgenden denkwürdigen Ausspruch: »Kapitän! Hätten wir auf Van Diemen's Land nicht so lange mit dem Sammeln von Muscheln und Fangen von Schmetterlingen zugebracht, so hätten Sie die Südküste nicht vor uns entdeckt!«

Die englischen Offiziere und respektablen Einwohner von Port Jackson zu der Zeit können dazu Stellung nehmen, ob die frühere Entdeckung dieser Gegenden nicht allgemein anerkannt war. Wie konnte dann Herr Péron etwas der Wahrheit so Konträres verbreiten? War er ein Mann ohne jeden Grundsatz? Ich glaube, seine Rechtschaffenheit war seinen anerkannten Fähigkeiten gleich; aber er mußte das niederschreiben, was ihm eine übermächtige Autorität befahl, wenn ihm auch das Herz blutete: Er starb, bevor er den zweiten Band der Reisebeschreibung vollendet hatte.

Um halb neun Uhr morgens kehrte ich mit Herrn Brown an Bord der *Investigator* zurück, und wir trennten uns von der *Géographe*. Kapitän Baudin verfolgte einen Kurs Nordwest, wir gingen nach Süden; wir waren während der Nacht abgetrieben, und der Wind wehte nur schwach aus Ost, so daß das französische Schiff am Mittag noch in Sicht war; unsere Position war 35° 44' Süd, 138° 53' Ost. An der Stelle, wo wir am Morgen des 8. von Land abgehalten hatten, war das hohe Land von Kap Jervis landeinwärts zurückgewichen, das Ufer war niedrig und sandig und erstreckte sich nach Nordost; nach vier oder fünf Leguas Fahrt in dieser Richtung krümmte es sich nach Südost und bildete so eine große Bucht. Die Einfahrt zur Bucht hatte Kapitän Baudin vermutlich am Nachmittag gesichtet; und wegen unseres Treffens an dieser Stelle gab ich der Bucht den Namen »Encounter Bay«.

Der Missionar und das Essen der Eingeborenen

Lake Macquarie bei Newcastle

7 *Bei der Ankunft der ersten Flotte gab es, so schätzt man, eine knappe halbe Million Aborigines. Hundert Jahre später waren es nur noch etwa 50.000.*

Ein friedliches Miteinander von Schwarz und Weiß war nur selten möglich. Die Aborigines mußten mitansehen, wie ihre heiligen Stätten entweiht und ihnen ihre Nahrungsgrundlagen entzogen wurden. Nach ihrem Glauben gehört das, was die Erde bietet, allen – die Siedler waren natürlich anderer Meinung, wenn es dabei um ihre Schaf- und Rinderherden ging.

Bei dem Versuch, aus Aborigines, denen eine eigene Kultur abgesprochen wurde, nützliche Mitglieder der westlichen Zivilisation zu machen, spielten Missionare häufig eine unglückselige Rolle.

Lancelot Threlkeld war eine rühmliche Ausnahme. Die Regierung hatte ihm 2.500 Hektar Land für eine Missionsstation am Lake Macquarie zugewiesen; finanziert wurde er von der »London Missionary Society«, mit der er bald Probleme bekam, weil er zu viel Geld ausgab und seine Bekehrungsversuche erfolglos blieben. So sollte er nach England zurückberufen werden. Die Regierung von New South Wales übernahm jedoch zunächst die Kosten, im Jahr 1841 wurde die Station dann aber doch geschlossen.

Threlkelds Ansicht, daß Aborigines intelligente Menschen seien, teilten nur wenige. Er wurde bekannt für seine Studien der einheimischen Sprachen, und aufgrund seiner Sprachkenntnisse trat er als Vermittler zwischen Schwarzen und Weißen auf. Er galt als schwierig, aber der folgende Text zeigt, daß es ihm zumindest an Humor nicht gefehlt hat.

Wir fragen uns oft, wie es kommt, daß Europäer, die im Busch verloren gehen, so schnell verhungern, wo es doch den Schwarzen niemals an Nahrung mangelt. Ich war einmal mit einem Schwarzen in einem sehr ungastlichen Gelände unterwegs, und mein Führer beklagte sich, weil er hungrig war. Ich mahnte zur Geduld bis zur Rückkehr nach Hause, weil ich glaubte, daß es in dieser wüsten Gegend nichts Eßbares geben könnte. Nicht so der schwarze Sohn der Erde. Zu meinem Erstaunen ging er zu einem grasbewachsenen Baumstumpf, trat mit dem nackten Fuß dagegen, brach ihn in zwei Teile, nahm aus der Mitte der pflanzlichen Masse einige schöne große Maden, die gemeinhin *Cobra* genannt werden, und aß sie mit allem Vergnügen, das man an einer besonderen und seltenen Delikatesse haben kann. Als ich mich überrascht zeigte, daß er so scheußliche Nahrung zu sich nähme, sagte mein Führer: »Oh, das ist für mich wie eine Auster für Sie und genau so gut!«

Es ist erstaunlich, wie viele Dinge sie im Busch finden, die sie essen. Farnwurzeln werden geröstet und mit einem kleinen Stein auf einem größeren zerstoßen, wenn sie sie zu Brot machen wollen. Es gibt einen Zapfen, der wie eine Ananas aussieht und aus einem Stamm wächst und den ich zuerst für eine junge Kokospalme hielt. Die Zapfen sind größer als eine Walnuß, von gelblich-rötlicher Farbe, sehr hübsch anzusehen, aber roh sehr scharf. Um sie eßbar zu machen, weichen die Schwarzen die Samen für eine oder zwei Wochen in einem Sumpf ein und rösten dann die Kerne; dieses Nahrungsmittel könnte Pferden ganz gut statt Bohnen gegeben werden; für ein zivilisiertes Wesen sind sie bestenfalls eßbar, aber ganz bestimmt nicht schmackhaft.

Zu bestimmten Zeiten findet man im Busch eine Art von wilder Pflaume – ein hübscher Baum, in der Form wie ein englischer Pflaumenbaum; die Frucht enthält einen länglichen, etwa nierenförmigen Kern, und in der Farbe und der Form erinnert sie an eine Kastanie. Sobald diese Frucht reif ist, ist das Fleisch voller Maden, und für einen Engländer ist es keine kleine Enttäuschung, wenn er einen wunderschönen Baum mit diesen Früchten beladen findet; eine Freude für das Auge, von angenehmem Geruch und gut zu essen – aber mit dem ersten Biß krabbeln einem große eklige Maden im Mund herum! Der einzige Weg, dieses Übel zu vermeiden, ist, die Früchte auszuwählen, die noch nicht ganz reif sind.

Wenn man den Aborigines wegen ihres Geschmacks Vorhaltungen macht, so erwidern sie, sehr zu Recht: »Aber, Massa, Ihr eßt viele Maden im Käse!«

Wie recht unsere schwarzen Brüder doch hätten, wenn sie auf uns das Sprichwort anwendeten, weil wir sie überheblich als schmutzige Schwarze und wilde Barbaren bezeichnen:

Den Splitter im Auge des Nachbarn ich seh
doch der Balken im eigenen tut mir nicht weh.

Große Eidechsen sind ein besonderer Leckerbissen für die besseren Leute bei den Aborigines. Wenn sie gebraten werden, sieht das Fleisch aus – und schmeckt, so wird berichtet – wie Huhn. In Südamerika werden sie auf dem Markt verkauft und genauso geschätzt wie Geflügel. Ich habe gesehen, wie sie auf dem Markt in Rio de Janeiro angeboten wurden.

Geröstete Schlangen sind auch ein Leckerbissen für eine besondere Gruppe von Stammesältesten; und erst das Fleisch der wilden Hunde! Ein königliches Mahl! Keiner, der nicht zu den höheren Kreisen gehört, würde wagen, von den verbotenen Gerichten zu kosten – eine Strafe für die Verletzung dieses Privilegs wäre unvermeidlich.

Muscheln sind das tägliche Brot am See, nicht, weil sie so gut wären, sondern weil man sie zu allen Jahreszeiten am leichtesten bekommt. Sie werden geröstet, und man ißt sie, indem man sie zuerst mit der Hand ausdrückt, um den Überschuß an Flüssigkeit zu entfernen; etwas zäh sind sie schon. Zu einer bestimmten Jahreszeit ist der Mutton Bird hoch geschätzt; man findet ihn auf Nobby's Island, am Eingang zum Lake Macquarie, wo man fast auf die Nester dieser Vögel tritt. Sie nisten in kleinen Löchern, halb vergraben in einem Boden, der wie Schnupftabak aussieht; vielleicht ist es Vogelmist, bedeckt von einer besonderen Sorte von Seetang.

Ein auf den Strand gespülter Wal ist ein besonderes Ereignis; Boten werden an alle Nachbarstämme gesandt, damit sie sich einfinden und an dem Ungeheuer der Tiefe gütlich tun, bis nichts mehr da ist. Tümmler weist niemand jemals zurück. Wir haben mal einen oder zwei im See geschossen; die Schwarzen zogen den toten Fisch an Land. Da sogar Königin Elisabeth diesen Fisch auf ihrer königlichen Tafel hatte, dürfen wir nicht zu gering von den Aborgines von New South Wales denken, denn sie schätzen ähnliches wie die jungfräuliche Königin.

Die Schwarzen haben sich noch nicht zu dem hohen Luxusniveau aufgeschwungen, daß ihnen Frösche schmecken. Wenn sie einmal zu der Großen Nation der Südhalbkugel geworden sind, werden sich ihr Geschmack und ihre Kochkunst verfeinern.

Die Eingeborenen lieben unser Essen in jeder Form, ob pflanzlich oder tierisch. Um Mehl zu bekommen, geben sie bereitwillig wilde Enten, Gänse, Schwäne, Tauben, Känguruhs und anderes Wild her; aus dem Mehl machen sie dann Kuchen. Sie kneten den Teig auf einem Stück Baumrinde, das vorher die Hunde sauber geleckt haben, und backen es ohne Treibmittel am heißen Feuer.

Sie lieben Fett, und das Nierenfett eines Känguruhs ist besonders geschätzt. Weiter drinnen im Land, wo die Aborigines häufig Rinder und Schafe erlegt haben, wurden tote Tiere gefunden, denen nur das Nierenfett entnommen worden war, der Rest blieb übrig für die wilden Hunde. Das allerbeste Nierenfett stammt vom Menschen und wird für magische Zwecke benutzt.

Der Craw-fish [eine Art Languste] ist ein Lieblingsessen, und die Eingeborenen haben sich oft in Gefahr begeben, um an einen heranzukommen. Üblicherweise gehen sie an einem ruhigen Tag in einem ihrer zerbrechlichen Kanus auf See, tauchen an den Felsen entlang und ziehen sie an den langen Antennen aus dem Loch. Manchmal taucht ein Hai auf; dann ist höchste Geschicklichkeit vonnöten, um dem Ungeheuer zu entkommen, das genauso gern die Beine des Zweifüßlers haben will wie der Zweifüßler den Schwanz des Krustentieres. Ab und zu verlieren Aborigines durch einen Hai ihr Leben, aber nicht annähernd so oft, wie man angesichts der Gefährlichkeit meinen sollte.

John MacArthurs Schafe

Camden bei Sydney

8 *John MacArthur (1766–1834) war 1790 mit einem Transport aus England als Zahlmeister der Truppe nach Sydney gekommen. Dieser Posten muß sehr lukrativ gewesen sein, denn schon drei Jahre später baute er Elizabeth Farm in Paramatta, und 1803 entstand Camden Park, ein Gut mit 2.000 ha Land. 1805 verließ er die Armee, um sich nur noch seinen Schafen, der Politik und anderen Geschäften zu widmen.*

MacArthur war die treibende Kraft bei der Absetzung von Gouverneur Bligh, der »rum rebellion«. Bligh hatte schon einmal, mit der Bounty in der Südsee, eine Meuterei erlebt. Als Gouverneur von New South Wales wollte er gewisse Mißstände beseitigen, zum Beispiel die Verwendung von Schnaps als Zahlungs- bzw. Tauschmittel. Das konnte natürlich den Besitzern von Schnapsbrennereien wie MacArthur nicht passen.

John MacArthur war der erste, der einen systematischen Aufbau von Schafherden betrieb und Zuchttiere aus Europa einführte. Wolle wurde schnell zum größten Wirtschaftsfaktor in Australien und blieb es, bis die Goldexporte nach 1851 die Wirtschaft zeitweilig dominierten. Hundert Jahre nach dem Eintreffen der ersten Merinoschafe erbrachte Wolle etwa zwei Drittel der Exporteinnahmen Australiens. 1970 wurde mit 80 Millionen die größte Zahl an Schafen erreicht – 12 Stück pro Kopf der Bevölkerung.

Peter Cunningham war Schiffsarzt auf mehreren Sträflingstransporten und wollte auch gern Schafzüchter werden; bei ihm hat es aber nicht so gut geklappt wie bei John MacArthur. Nach zweijährigem Aufenthalt in Australien kehrte er zurück zur Seefahrt.

Über den Razor Hill geht es nach Argyle; hat man vier Meilen zurückgelegt, so führt links ab ein Weg zu Herrn John MacArthurs großem Landgut und Schafstation. Neu-Süd-Wales verdankt diesem patriotischen Mann die Einführung der höheren Schafzucht, wodurch die Kolonie fast ihren ganzen Ruf erlangt hat, den sie genießt. Neu-Süd-Wales und Merinowolle sind in der Tat so eng miteinander verbunden, daß ich mit keinem Fremden noch von ersterem gesprochen habe, ohne daß er das zweite erwähnt hätte. Dies Produkt allein ist es, was das auswärtige Ansehen der Kolonie in neuerer Zeit begründete und den Widerwillen bekämpfte, der im allgemeinen gegen diesen Zusammenfluß des englischen Auswurfs - wie man sie zu betrachten gewohnt war - vorherrschte. Eine halbe Meile vom Fluß abwärts liegen die Gebäude auf einer Anhöhe; ein Bach mit einzelnen, an seinen Ufern angebrachten Wasserbassins fließt langsam die Schlucht herab, durch die man zu dem Wohnhaus gelangt. Die Ländereien Herrn MacArthurs, die er teils von der Regierung erhalten, teils angekauft hat und die ein zusammenhängendes Ganzes bilden, betragen mehr als 30.000 Morgen, die hauptsächlich in dünn bewaldeten, wellenförmigen und mit schönem Rasen bedeckten Hügeln bestehen, welche vortreffliche, trockene Weideplätze abgeben, und aus den fruchtbarsten Ebenen am Ufer des Flusses, welche Weizen, dem besten englischen gleich an Quantität und Qualität, und vortrefflichen Mais hervorbringen. Gegen vierhundert Morgen in der Nähe des Flusses liegende Ländereien waren gleich von Anfang an mit Wald bewachsen und von Teichen unterbrochen, welche keinen eigentlichen Abfluß hatten. Bei jedem heftigen Regen wurde diese Gegend unter Wasser gesetzt und hatte vollkommen das Ansehen einer sehr guten englischen Wiese. Ein entsprungener Deportierter entdeckte hier zuerst eine Herde wildes Rindvieh, welche von einem entlaufenen Stier und zwei Kühen herrühren, von denen man noch Abkömmlinge in ansehnlichen Herden antrifft.

Dieser Umstand veranlaßte Herrn MacArthur, sich in dieser Gegend niederzulassen, da er voraussetzte, daß jene Tiere bestimmt nicht die magersten Triften zu ihrem Aufenthalt gewählt hätten. Allein vierzig Meilen von Sydney, und zwar durch gänzlich unbewohnte Strecken davon geschieden, sich niederzulassen, erschien in damaliger Zeit so unüberlegt und verwegen, daß einige den armen Mann bemitleideten, andere über seine Torheit lachten, als er sich an den Ort seiner Wahl begab. In Kürze sahen sie jedoch das schnelle Gedeihen seiner Herden, die keine nachbarliche Einzäunung auf den vortrefflichen Weideplätzen beschränkte, und lernten einsehen, daß der Mann doch nicht so töricht gewesen sei, sondern die eigentlichen Toren ihnen selbst viel näher verwandt waren.

Indem nun Herr MacArthur erwog, auf welche Weise er seine Ländereien am vorteilhaftesten nutzen könnte, gelangte er zu der Überzeugung, daß die Merino-Schafzucht hier unter sehr günstigen Aussichten betrieben werden könne. Er fand zugleich, daß seine Wolle ein sehr guter Ausfuhrartikel nach England sei, den es bisher aus dem Ausland bezog, und entschied sich daher für die Unternehmung um so mehr, als die natürlichen Produkte des Landes ihm wenig Hoffnung auf einen vorteilhaften überseeischen Absatz zu geben schienen. Im Geiste sah er das gröbere Vieh sich auf den schönen trockenen Weideplätzen in edleres verwandeln, und die Früchte seiner klugen und wohlüberlegten Unternehmung kommen uns jetzt zugute. Von drei Mutterschafen und einem Widder, mit welchen er seinen Stamm anfing, hat er bereits mehr als zweitausend reine Merinos und verkauft noch alljährlich vierzig Widder, im Durchschnitt für siebzehn Pfund das Stück; außerdem veredelt er auch seine übrigen Schafherden durch Kreuzen, bis sie dem feineren Vieh zum Teil gleichkommen. Vor einigen Jahren versuchte Herr MacArthur sowohl die Zahl als auch Güte seiner Herden zu vermehren, indem er die stärksten und feinsten Schafe und Widder aussuchte und eine besondere Rasse aus ihnen zog, und es bleibt wohl keinem Zweifel unterworfen, daß dieser Versuch gelingen wird. Allerdings verlieren die Gattungen Zuchtvieh anfänglich in einem neuen Lande, weil man mehr auf die Menge als die Güte der einzelnen Tiere zu sehen pflegt, was erst mit dem steigenden Wert der Ländereien und der Vermehrung selbst die besondere Aufmerksamkeit der Landwirte auf sich zieht.

Den gegenwärtigen blühenden Zustand verdankt die Kolonie hauptsächlich der feinen Schafwolle, und die Schafzucht muß daher ein Gegenstand besonderer Aufmerksamkeit des Kolonisten werden. Die Herden bestehen hier gewöhnlich der Zahl nach aus ungefähr dreihundert Mutterschafen oder aus vierhundert Widdern. Jede Herde hat einen besonderen Hirten, der sie bei Sonnenaufgang austreibt, nach Sonnenuntergang in die Hürden bringt und stets vor der Herde hergeht, damit sich diese langsamer und ruhiger bewege und den schwachen und kränklichen Tieren auch Zeit zum Fressen verbleibt. Im Sommer gehört es zu seinen Obliegenheiten, stets darauf bedacht zu sein, daß die Tiere während der Tageshitze hinlänglich Wasser haben und daß er sie bei zu großer Wärme so viel wie möglich in den Schatten bringe, sie dort möglichst einzeln lagern und nie zu lange auf einem Punkte ruhen lasse, weil daduch leicht Windbrüche bei den Tieren entstehen. Die Hirten führen ihre Nahrungsmittel bei sich und haben den ganzen Tag über die ihnen anvertraute Herde zu wachen. Macht man die Beobachtung, daß ein Schäfer unter der ihm übergebenen Herde umhergehen kann, ohne sie zu beunruhigen, so ist dies ein für seine gute Amtsführung sprechendes Zeichen. Des Nachts bringt man immer drei Herden in dicht nebeneinander stehende Hürden, über welche ein besonderer Wächter die Aufsicht hat, der die Schafe ebenso pünktlich des Abends - wie der Hirt beim Austreiben hinaus - zählt. Diesem steht ein guter Hund bei, ein kleines Wachhäuschen schützt ihn vor Regen, und ein gut unterhaltenes Feuer scheucht in der Regel die wilden Hunde von den Herden zurück, die deren einzige Feinde sind. Im November werden die Schafe geschoren und im Oktober zur Begattung der Widder zugelassen; die Lammzeit tritt im März und April ein, die dem europäischen September und Oktober gleichkommen. Das kommt daher, daß die Weideplätze im Herbst besonders gut sind, indem dann eine Art zweiter Frühling eintritt, die Lämmer leichter die Kälte als Wärme zu ertragen vermögen und weniger von den Bremsen beunruhigt werden.

Die Gründung von Perth und Fremantle

9 *In England waren freie Siedler für eine neue Kolonie in Westaustralien angeworben worden. Im Mai 1829 trafen die ersten Auswanderer und Truppen an der Mündung des Swan River ein, denen bald weitere folgten.*

Die rosigen Bilder, in denen den Siedlern das neue Land beschrieben worden war, hielten der Wirklichkeit nicht stand. Schnell machte sich Unzufriedenheit breit, die auch dadurch geschürt wurde, daß keinerlei Vorbereitungen für die Ankunft der Kolonisten getroffen worden waren. Die wollten mit Sack und Pack ein Stück Land in Besitz nehmen, roden, säen und Häuser bauen (oder zusammensetzen – manche hatten hölzerne »Fertighäuser« mitgebracht).

Die Landvermesser waren jedoch erst im September, fünf Monate nach der Ankunft, so weit, daß die ersten Grundstücke vergeben werden konnten. Es gab zeitaufwendige Meinungsverschiedenheiten, wo denn nun der beste Standort für die Stadt und das beste Acker- und Weideland zu finden sei. So mußten sich alle in schnell zusammengezimmerten Behausungen provisorisch einrichten. Bei Regen brauchte der Gouverneur auch in seiner »Residenz« einen Schirm, und die Siedler ließen ihre Kinder unter dem Tisch schlafen, weil das der einzige trockene Platz war. Vorräte verdarben, und mitgebrachtes Vieh verschwand im Busch.

Der folgende Text stammt von einem unparteiischen Beobachter, der im Oktober 1829 auf der Durchreise nach Sydney Fremantle und Perth (bzw. was es davon schon gab) besuchte und froh war, daß er nicht dableiben mußte.

Dieser Ort war den Franzosen schon lange bekannt, bevor die Engländer auch nur daran dachten, ihn zu besiedeln; aber sie haben wohl keine hohe Meinung von seiner Schönheit oder den Möglichkeiten gehabt, die er bot.

Die Küste sieht auf eine weite Strecke auf beiden Seiten der Flußmündung sehr armselig aus; es gibt nur nackte Felsen oder Sandstrand und dahinter eine eintönige Landschaft. Kurz gesagt, es läßt sich kaum ein weniger einladender Platz finden; und ein auf die Felsen getriebenes Schiff bot einen Anblick, der nicht dazu angetan war, die Szene zu erheitern.

Der Hafen oder die Reede, genannt Gage's Roads, liegt zum Teil im Schutz von Garden Island und zwei anderen Inseln mit Namen Rotten Nest und Pulo Carnac, ist aber sehr den Nordwestwinden ausgesetzt, die oft mit erheblicher Gewalt blasen.

Der beste Ankergrund findet sich in Cockburn Sound, zwischen Garden Island und dem Festland; er hat aber den Nachteil, daß man Meilen vom Landeplatz in Fremantle entfernt ist. Er ist deshalb sehr ungeeignet für die Boote der Kauffahrer und verursacht auch erhebliche Verspätungen beim Löschen der Ladung.

Gage's Roads, heißt es, ist vollkommen sicher von Oktober bis April, da während dieser Zeit Land- und Seebrisen vorherrschen.

Fremantle war zur Zeit meiner Ankunft (Oktober 1829) nur ein Lager, alle lebten in Zelten oder provisorischen Hütten. Es liegt auf ebenem Gelände, das nur aus Sand besteht, und der »bush« oder Wald ist sehr nah. Wasser war leicht zu bekommen, indem man ein paar Fuß tiefe Löcher grub; es war aber nicht sehr gut, und das Wasser, das wir bei unserer Abreise an Bord nahmen, war nicht trinkbar. Ich habe aber gehört, daß inzwischen reichliches und gutes Wasser gefunden worden ist. Die einzige Quelle in der Nähe war etwa eine Meile entfernt, und das Wasser lief schon nach ein paar Metern in den Fluß.

Einigen Berichten zufolge ist Fremantle jetzt fast völlig verlassen – die Kolonisten sind nach Perth gezogen oder auf das ihnen zugeteilte Land. Andere behaupten, es blühe und gedeihe! Wie dem auch sei, wenn man nach der Lage geht, so konnte kaum eine schlechter geeignete Stelle für eine Ortschaft gefunden werden. Auf sandigem Boden und einem unerträglichen blendenden Licht ausgesetzt, bietet sie nur wenig Anreiz, sich hier niederzulassen, es sei denn, die Umstände zwingen dazu.

Es war recht interessant, die Entwicklung der Stadt in den ersten Monaten zu verfolgen. Zelte und Hütten jeder Art; Waren aller Art unordentlich verstreut; die Siedler damit beschäftigt, Essen zu kochen, herumzustreifen oder ihre Habseligkeiten an Land zu bringen. Viele sahen sehr elend aus, aber nicht wenige sehr glücklich. Verschiedenen Arten von Tieren, gerade angelandet, sah man an, welche Strapazen sie auf einer so langen Reise hatten aushalten müssen. So sah das Bild aus, das sich mir bei der Landung an der Stelle bot, an der der zukünftige Haupthafen von Westaustralien einmal stehen soll.

An der Mündung des Swan in der Nähe von Fremantle ist eine Untiefe, wo das Wasser nicht tiefer ist als sechs oder sieben Fuß; und häufig, selbst bei wenig Wind, ist das Passieren dieser Untiefe recht gefährlich. Von dort bis nach Perth sind es ungefähr neun Meilen, und die Schiffahrt wird durch weitere seichte Stellen behindert, die sich an manchen Stellen fast ganz über den Fluß erstrecken.

Wenn man sich dem Ort nähert, kommt man an einen vom Fluß gebildeten See, der sich über mehrere Meilen erstreckt. Er würde einen guten Hafen abgeben, wenn man einen Kanal bauen könnte, der auch für große Schiffe geeignet wäre. Seine Ufer sind felsig und für den Landwirt ungeeignet. Perth, die zukünftige Hauptstadt, liegt auf einer Anhöhe; als ich da war, war diese Anhöhe baumbestanden, und zwischen den Bäumen hatten die Siedler ihre Zelte aufgeschlagen oder ihre Hütten gebaut. Die Lage ist nicht nur gut ausgewählt, sondern es gibt auch ausgesprochen interessante Ausblicke. Der Fluß ist an dieser Stelle etwa eine halbe Meile breit, vielleicht auch mehr, ist aber so seicht, daß er später mit einer Furt überquerbar gemacht werden kann. Ich habe gehört, daß der Arzt, der mit uns angekommen war, bei dem Versuch, über den Fluß zu kommen, in einem Loch steckengeblieben und ertrunken ist. Er war klein und korpulent und wurde ein oder zwei Tag später – wenn stimmt, was man mir erzählt hat – aufrecht stehend gefunden, mit dem Kopf nur ein paar Zentimeter unter der Wasseroberfläche; sein Gefährte ist sicher hinübergelangt.

Man hört viele und viele verschiedene Meinungen über den Boden in der unmittelbaren Nachbarschaft von Perth. Der Leser versteht sehr leicht, wie weit diese Verschiedenheit geht, wenn er liest, daß ein Herr sagte, es sei fetter Lehm mit einer oberen Sandschicht, und ein anderer, es sei reiner Sand bis zu einer Tiefe von mehreren Fuß! Beide waren vor Ort, weniger als 30 oder 40 Fuß auseinander, und keiner von beiden würde es mit Absicht falsch darstellen. Da kam mir eine Sägegrube gerade recht, die ich sorgfältig bis zu einer Tiefe von fast sieben Fuß untersuchte; ich stellte fest, daß die zweite Angabe völlig richtig war. Also muß einer der oben genannten Herren nur nach dem Hörensagen geurteilt haben.

Daraus kann man aber nicht schließen, daß das Land von den Kolonisten nicht kultiviert und in der einen oder anderen Weise nutzbar gemacht werden kann. Der Boden um Sydney ist viel trockener, und doch wachsen dort Früchte und Gemüse im Überfluß.

Eine oder zwei Meilen oberhalb von Perth gibt es mehrere Inseln, und an dieser Stelle ist der Fluß so seicht, daß wir aus unserem Boot aussteigen und es eine Strecke über den Schlamm ziehen oder tragen mußten. Dahinter war das Wasser wieder tief und wurde bald zu Süßwasser.

Von diesem Abschnitt des Flusses war auf eine Entfernung von geschätzten 25 oder 30 Meilen, so weit, wie wir mit dem Boot kommen konnten, die Landschaft an vielen Stellen wunderschön; die Ufer bestanden an vielen Stellen aus gutem Schwemmland, das von ausgezeichnetem Gras bedeckt war. Unglücklicherweise erstreckte sich dieser gute Boden nicht weiter als eine halbe Meile landeinwärts, häufig nicht weiter als fünfzig oder hundert Meter. In größerer Entfernung ist das Land vielleicht für die Landwirtschaft geeignet, aber die schwarze Erde verschwand, und statt dessen sahen wir nur Sand und Eisenstein.

An manchen Stellen war die Erde mit dichtem Forst bedeckt, an anderen sah sie aus wie ein schöner Park, in dem man kaum einen Baum fällen sollte. Vertraulichen Berichten zufolge ist das Land so dünn bewaldet, daß es nicht mehr als zwei Bäume pro Morgen gibt! Nichts könnte falscher sein; so ist es nur an wenigen Stellen, im allgemeinen ist das Land offenes Waldland mit Stellen, an denen die Bäume sehr dicht stehen.

Wir achteten darauf, überall dort zu landen, wo es nach gutem Boden aussah, und fanden häufig Löcher, die von Vorgängern gegraben worden waren, um den Boden zu untersuchen, und uns wurde sehr schnell klar, warum sich einige Leute so sehr getäuscht haben. Statt sich in einer geraden Linie vom Fluß wegzubewegen, waren sie in Unkenntnis des Flußverlaufs in die Nähe von Flußschlingen oder -biegungen gekommen, ohne zu merken, daß sie immer noch in der Nähe des Flusses waren; und deshalb glaubten sie, die schwarze Erde erstrecke sich mehrere Meilen weit ins Land hinein und nicht nur am Fluß entlang.

Nach etwa 40 Meilen landeinwärts, den Windungen des Flusses folgend, wurde unsere Fahrt durch umgestürzte Bäume beendet. Es heißt, die Franzosen hätten Erkundungen bis achtzig Meilen weit in das Landesinnere angestellt. Wenn das stimmt, müssen sie die Boote an dem Platz verlassen haben, wo wir hielten, und am Ufer weitergezogen sein. Zeitmangel hinderte uns, bis zur Quelle vorzudringen. Der Canning mündet wenig unterhalb von Perth auf der gegenüberliegenden Seite in den Swan und ist ihm sehr ähnlich, aber kleiner.

Wir zogen den Fluß hinauf, soweit es die umgestürzten Bäume erlaubten; das war nicht mehr als fünfzehn oder sechzehn Meilen weit von seinem Zusammentreffen mit dem Swan, schätze ich. Die Ufer sind sehr malerisch, oft romantisch; und es fiel mir auf, daß es hier mehr guten Boden gibt als am Swan. Aber selbst am Canning ist er nicht breiter als eine halbe bis eine drittel Meile, und häufig nicht einmal das. Ich kann nicht genau sagen, wie weit wir die zwei Flüsse hinaufgekommen sind, denn wir konnten es nur anhand unserer Geschwindigkeit im Rudern schätzen. Aber es kann nicht viel weiter gewesen sein, als ich angegeben habe, denn unser Ausflug dauerte nur neun Tage, von denen wir einen großen Teil mit Erkundungsgängen verbrachten oder auf der Jagd, und wir haben uns beim Rudern nicht besonders angestrengt. Vom landwirtschaftlichen Gesichtspunkt ist die Gegend zwischen Perth und Fremantle – mit Ausnahme einiger weniger und kleiner Stellen – so gut wie nutzlos, der größte Teil besteht aus Sand oder Sandstein mit Bäumen und Unterholz.

Drei Monate in Australien

Sydney, Bathurst, Tasmanien, King George Sound

10

Als Charles Darwin (1809–1882) im Jahr 1831 seine Reise um die Welt antrat, war er ein 22jähriger Geistlicher und »spätberufener« Naturwissenschaftler, der auf Vorschlag eines renommierten Cambridge-Professors als unbezahlter Forscher auf der »Beagle« mitfahren durfte.

Die »Beagle« ging unter Kapitän Fitzroy auf eine Vermessungsexpedition im Auftrag der britischen Admiralität. Auf dieser Reise legte Darwin die Grundlagen zu seiner Theorie von der Entstehung der Arten, die 1859, fast dreißig Jahre nach der Weltreise, veröffentlicht wurde.

Sein Theologiestudium betrachtete er im nachhinein als verschwendete Zeit – die Schriften Alexander von Humbolts hatten ihm die Faszination der Natur- und Geowissenschaften nahegebracht. Ganz in der Humboldtschen Tradition interessierte er sich für alle Zweige der Wissenschaft und führte sie in seinen Schriften zusammen: Botanik und Zoologie, Geographie und Geologie, Wetterkunde, Meereskunde und Völkerkunde in ihrer lokalen Ausprägung und ihrem Zusammenwirken in einem Gebiet waren sein Untersuchungsgegenstand.

Sein Aufenthalt in Australien ist nicht nur in dem folgenden Abschnitt aus seinem Reisebericht, sondern auch in wissenschaftlichen Werken dokumentiert.

Darwin, die Hauptstadt des Northern Territory, wurde nach dem Naturforscher benannt. Weil seine Evolutionstheorie christliche Gemüter erregte, hieß die Stadt jedoch zwischen 1869 und 1911 Palmerston.

12. Januar 1836. – Früh am Morgen brachte uns eine leichte Brise an den Eingang von Port Jackson. Statt ein blühendes Land zu erblicken mit blühenden Häusern besät, erinnerte uns eine gerade Linie gelblicher Küstenriffs an die Küste von Patagonien. Ein einsamer Leuchtturm aus weißem Stein erinnerte uns allein daran, daß wir in der Nähe einer großen bevölkerten Stadt seien. Ist man in den Hafen eingelaufen, so zeigt er sich als schön und geräumig, mit einer rifförmigen Küste von horizontal geschichtetem Sandstein. Das nahezu ebene Land ist mit einzeln stehenden, strauchartigen Bäumen bedeckt, die den Fluch der Unfruchtbarkeit andeuten. Kommt man weiter landeinwärts, so wird die Landschaft besser: Schöne Villen und nette Landhäuser sind hie und da am Strande entlang verstreut. In der Entfernung zeigten uns steinerne, zwei oder drei Stockwerke hohe Häuser und am Rand einer Hügelreihe stehende Windmühlen an, daß wir in der Nachbarschaft der Hauptstadt Australiens sind.

Endlich warfen wir in der Bucht von Sydney Anker. Wir fanden das kleine Wasserbecken von vielen großen Schiffen besetzt und von großen Lagerhäusern umgeben. Am Abend ging ich durch die Stadt und kehrte voll Bewunderung zurück. Sie ist ein äußerst großartiges Zeugnis für die Kraft der britischen Nation. Hier haben zwanzig Jahre in einem viel weniger versprechenden Land viele Male mehr getan, als eine gleiche Zahl von Jahrhunderten in Südamerika bewirkt hat. Mein erstes Gefühl war, daß ich mir gratulierte, als Engländer geboren zu sein. Nachdem ich später etwas mehr von der Stadt gesehen hatte, sank freilich meine Bewunderung etwas, aber dessen ungeachtet ist es immerhin eine schöne Stadt. Die Straßen sind regelmäßig, breit, reinlich und in ausgezeichneter Ordnung gehalten; die Häuser sind von einer gehörigen Größe und die Läden gut ausgestattet. Die Stadt kann ganz richtig mit den großen Vorstädten verglichen werden, welche sich von London aus und von einigen wenigen anderen großen Städten in England in das Land hinein erstrecken; aber nicht einmal in der Nähe von London oder Birmingham zeigt sich ein solches rapides Wachstum. Die Anzahl großer Häuser und anderer Gebäude, die eben vollendet worden waren, war in der Tat überraschend; nichtsdestoweniger beklagte sich doch jedermann über die hohen Mietpreise und über die Schwierigkeiten, sich ein Haus zu verschaffen. Von Südamerika kommend, wo in den Städten eine jede Person von Wohlstand bekannt ist, überraschte mich hier nichts mehr, als nicht sofort imstande zu sein, zu ermitteln, wem diese oder jene Equipage gehörte.

Ich mietete einen Mann und zwei Pferde, um mich nach Bathurst zu begeben, einem ungefähr hundertzwanzig Meilen im Innern gelegenen Dorfe, dem Mittelpunkt eines großen ländlichen Bezirks. Auf diese Weise hoffte ich, eine allgemeine Vorstellung von dem Ansehen des Landes zu erhalten. Am Morgen des 16. Januar brach ich zu meiner Exkursion auf. Die erste Station brachte uns bis Paramatta, einer kleinen Landstadt, der Bedeutung nach Sydney sehr nahestehend. Die Straßen waren ausgezeichnet, nach MacAdams Prinzipien gebaut und mit Basaltstein bedeckt, der zu diesem Zweck aus der Entfernung von mehreren Meilen herbeigeschafft worden war. In jeder Beziehung zeigte sich eine große Ähnlichkeit mit England. Vielleicht waren nur die Bierhäuser hier noch zahlreicher. Die Truppen von Menschen in Eisenketten oder die Haufen von Sträflingen, welche hier irgendein Vergehen begangen hatten, sahen am wenigsten englisch aus: Sie arbeiteten in Ketten unter der Aufsicht von Wachen mit geladenen Gewehren. Die Möglichkeit, die die Regierung besitzt, mittels Zwangsarbeit sofort gute Straßen durch das Land zu legen, ist, wie ich glaube, eine der hauptsächlichsten Ursachen des früh schon eintretenden Wohlstandes dieser Kolonie gewesen.

Ich schlief die Nacht in einem sehr komfortablen Gasthaus in Emu-Ferry, fünfunddreißig Meilen von Sydney in der Nähe des Fußes der Blauen Berge. Dieser Straßenzug ist der frequentierteste und der am längsten von allen bewohnte in der Kolonie gewesen. Das ganze Land wird von hohen Geländern eingeschlossen, da die Farmer es noch nicht dahin gebracht haben, Hecken zu ziehen. Es finden sich viele massive Häuser und gute Landwohnungen über die Landschaft verstreut; obschon aber beträchtliche Stücke Landes unter Kultur stehen, bleibt doch der größere Teil noch so, wie er bei seiner ersten Entdeckung war.

Die äußerste Gleichförmigkeit des Pflanzenwuchses ist der merkwürdigste Zug im landschaftlichen Bild des größeren Teils von Neu-Süd-Wales. Überall finden wir ein offenes Waldland, den Boden zum Teil mit einer äußerst dünnen Weide bedeckt mit nur sehr geringem Anflug von Grün. Die Bäume gehören nahezu sämtlich zu einer Familie, und meistens stehen ihre Blätter in einer senkrechten, anstatt wie in Europa in einer nahezu horizontalen Stellung; das Laub ist dürftig und von einem eigentümlich blaß-grünen Farbton ohne irgendwelchen Glanz. Daher sehen die Waldungen hell und schattenlos aus; obgleich das ein Verlust an Annehmlichkeit für den Reisenden ist unter den sengenden Strahlen der Sommersonne, so ist es doch für den Landmann von Bedeutung, da es ihm gestattet, Gras zu bauen, wo es im anderen Falle nicht wachsen würde. Die Blätter werden nicht periodisch abgeworfen: Dieser Charakter scheint der ganzen südlichen Hemisphäre gemein zu sein, nämlich Südamerika, Australien und dem Vorgebirge der Guten Hoffnung. Die Bewohner dieser Hemisphäre und der zwischen den Wendekreisen gelegenen Gegenden verlieren auf diese Weise vielleicht eines der prachtvollsten, wenn auch unserem Auge gewöhnlichen Schauspiele in der Welt, nämlich das erste Aufbrechen der Laubknospen an dem blattlosen Baum. Die Leute können uns indes dagegenhalten, daß wir dies Schauspiel teuer bezahlen, und zwar dadurch, daß wir das Land durch so viele Monate mit nackten Baumskeletten bedeckt sehen. Auch dies ist wohl richtig; aber unsere Sinne erlangen dadurch ein große Empfänglichkeit für das Ergötzen an dem ausgesuchten Grün des Frühjahrs, welches die Augen derjenigen, welche zwischen den Wendekreisen leben und das ganze Jahr hindurch mit den prachtvollen Erzeugnissen dieser glühenden Klimate gesättigt sind, niemals empfinden können. Die größere Anzahl der Bäume, mit Ausnahme einiger der blauen Gummibäume, erreichen keine bedeutende Größe; sie wachsen aber immerhin hoch und ziemlich gerade und stehen in gehöriger Entfernung voneinander. Die Rinde von einigen Eukalyptus-Arten fällt jährlich ab oder hängt in langen Streifen abgestorben herab, welche dann vom Wind umhergeweht werden und den Wäldern ein trauriges und unordentliches Ansehen geben. Ich kann mir keinen vollständigeren Kontrast vorstellen als zwischen den Wäldern von Valdivia oder Chiloé [in Chile] und den Waldungen von Australien.

Bei Sonnenuntergang begegneten wir einer Gesellschaft von etwa zwanzig schwarzen Eingeborenen, von denen jeder in ihrer herkömmlichen Art und Weise ein Bündel von Speeren und anderen Waffen trug. Dadurch, daß ich einem der anführenden jungen Männer einen Shilling gab, wurden sie leicht aufgehalten und warfen dann zu meiner Unterhaltung die Speere. Sie waren alle teilweise bekleidet, und mehrere konnten ein wenig englisch sprechen; ihre Gesichter waren freundlich und angenehm, und sie schienen bei weitem nicht so gänzlich herabgekommene Wesen zu sein, wie sie gewöhnlich dargestellt werden. In ihren eigenen Künsten sind sie bewundernswert. Eine Mütze wurde in dreißig Yards [knapp 30 m] Entfernung aufgestellt, und sie schossen mit dem Wurfstock einen Speer durch sie hindurch mit der Geschwindigkeit eines Pfeils, der vom Bogen eines geübten Bogenschützen abgesendet wird. Beim Verfolgen der Fährte von Tieren oder Menschen zeigen sie einen wunderbaren Scharfsinn, und ich sah aus mehreren ihrer Bemerkungen beträchtliche Schärfe des Verstandes herausleuchten. Sie wollen indes nicht den Boden kultivieren oder Häuser bauen oder seßhaft bleiben oder sich auch nur die Mühe machen, eine Schafherde zu besorgen, wenn sie ihnen gegeben wird. Im ganzen scheinen sie mir einige Grade höher zu stehen in der Zivilisation als die Feuerländer.

Es ist sehr merkwürdig, in dieser Weise mitten in einem zivilisierten Volk eine Gruppe harmloser Wilder zu sehen, die umherwandert, ohne zu wissen, wo sie die Nacht schlafen wird, und welche sich ihren Lebensunterhalt durch das Jagen in den Wäldern verschafft. Wie die Weißen allmählich vorgerückt sind, haben sie sich über das mehreren Stämmen gehörende Land verbreitet. Obgleich diese hierdurch von einer ihnen gleichen Bevölkerung eingeschlossen werden, halten sie doch ihre alten Unterscheidungsmerkmale aufrecht und führen zuweilen sogar Krieg miteinander. Bei einer derartigen Begegnung, welche vor kurzem stattfand, wählten sich die beiden Parteien, merkwürdig genug, die Mitte des Dorfes von Bathurst zum Schlachtfelde. Dies war der besiegten Partei zum Nutzen, denn die fliehenden Krieger nahmen ihre Zuflucht in den Baracken der Ansiedler.

Die Zahl der Eingeborenen nimmt reißend ab. Auf meinem ganzen Ritt sah ich mit Ausnahme einiger von Engländern aufgezogener Knaben nur noch eine einzige andere Gruppe. Diese Abnahme muß ohne Zweifel zum Teil eine Folge der Einführung von Spirituosen, von europäischen Krankheiten (denn selbst die milderen Formen derselben, wie z. B. die Masern, treten hier äußerst zerstörend auf) und zum Teil von der allmählichen Ausrottung der wild lebenden Tiere sein. Man gibt an, daß eine große Anzahl ihrer Kinder ausnahmslos in sehr früher Kindheit infolge des Einflusses ihres wandernden Lebens zugrunde geht; und da die Schwierigkeit, sich Nahrung zu verschaffen, zunimmt, so muß die Gewohnheit des Herumwanderns sich verbreiten, und daher wird die Bevölkerung ohne irgendwelche auffallende Sterblichkeit infolge von Hungersnöten in einer Weise reduziert, welche äußerst plötzlich erscheint im Vergleich mit dem, was in zivilisierten Ländern auftritt, wo der Vater, wenn er auch durch Übernahme von mehr Arbeit sich selbst schadet, doch nicht seine Nachkommen zerstört.

Außer diesen offenkundigen Ursachen der Zerstörung scheint ganz allgemein irgendein anderer geheimnisvoller Einfluß tätig zu sein. Wo nur immer der Europäer seinen Fuß hingesetzt hat, scheint der Tod den Eingeborenen zu verfolgen. Wir können auf die großen Flächen von Amerika, nach Polynesien, dem Vorgebirge der Guten Hoffnung und Australien blicken: Wir finden dasselbe Resultat. Auch ist es nicht der weiße Mensch allein, welcher in dieser Weise zerstörend auftritt: Die polynesische oder malaiische Bevölkerung hat in Teilen des Ostindischen Archipels in dieser Weise die dunkelfarbige eingeborene Bevölkerung vor sich her getrieben. Die Varietäten des Menschen scheinen aufeinander in derselben Weise einzuwirken wie verschiedene Spezies von Tieren – die stärkere unterdrückt immer die schwächere. Es war sehr niederdrückend, in Neuseeland die schönen, energischen Eingeborenen sagen zu hören, daß sie wohl wüßten, das Land wäre dazu bestimmt, von ihren Kindern auf andere überzugehen. Jedermann hat von der unerklärlichen Abnahme der Bevölkerung auf der schönen und gesunden Insel von Tahiti seit den Tagen von Kapitän Cooks Reisen gehört, obschon wir in diesem Falle hätten erwarten können, daß sie zugenommen haben würde. Der Kindesmord, welcher früher bis zu einem außerordentlichen Grade herrschte, hat aufgehört; Ausschweifung ist in einem bedeutenden Grade unterdrückt worden, und die mörderischen Kriege sind weniger häufig gewesen.

17. Januar. – Zeitig am Morgen überschritten wir den Nepean in einer Fähre. Obgleich der Fluß an dieser Stelle sowohl breit als tief war, hatte er doch nur eine sehr kleine Menge fließenden Wassers. Nachdem wir auf der gegenüberliegenden Seite ein niedrig gelegenes Stück Land überschritten hatten, erreichten wir den Fuß der Blauen Berge. Die Erhebung

ist nicht steil, da die Straße mit sehr viel Sorgfalt an der Seite eines Sandsteinriffes eingeschnitten ist. Auf dem Gipfel breitet sich eine beinahe horizontale Ebene aus, welche, unmerklich nach Westen aufsteigend, zuletzt eine Höhe von mehr als 3.000 Fuß erreicht. Nach einer so großartigen Bezeichnung wie »die Blauen Berge« und nach ihrer absoluten Erhebung hatte ich erwartet, eine kühne Bergkette quer das Land durchsetzen zu sehen; aber anstatt dessen bot eine langsam sich erhebende Ebene nur einen unbeträchtlichen Hintergrund für das niedrig gelegene Land in der Nähe der Küste dar. Von dieser ersten Erhebung aus war die Aussicht auf das ausgedehnte Waldland nach Osten hin sehr überraschend, und die Bäume in der Umgebung erhoben sich zu kühnen und hohen Formen. Befindet man sich aber einmal auf der Sandsteinebene, so wird die Szenerie äußerst eintönig: Jede Seite der Straße ist von strauchartigen Bäumen der nirgends fehlenden Familie der Eukalypten eingefaßt, und mit Ausnahme von zwei oder drei kleinen Gasthäusern finden sich keine Häuser und kein kultiviertes Land; überdies ist die Straße sehr einsam. Der am häufigsten gesehene Gegenstand ist ein Ochsenwagen, der mit Haufen von Wollballen beladen ist.

In der Mitte des Tages fütterten wir unsere Pferde in einem kleinen Gasthaus, genannt das Weatherboard. Das Land ist hier 2.800 Fuß über dem Meeresspiegel erhoben. Ungefähr anderthalb Meilen von diesem Ort ist ein des Besuchs außerordentlich werter Aussichtspunkt. Indem man ein kleines Tal mit seinem geringfügigen Wasserlauf hinabgeht, öffnet sich ganz unerwartet ein ungeheurer Abgrund zwischen den Bäumen, welche den Fußpfad begrenzen, in einer Tiefe von ungefähr 1.500 Fuß. Geht man wenige Yards weiter, so steht man am Rande eines ungeheuren Abgrunds und sieht unter sich eine große Bucht oder einen Golf (denn ich weiß nicht, welchen anderen Namen ich hier anwenden könnte), der dicht mit Wald bedeckt ist. Der Aussichtspunkt liegt gewissermaßen am oberen Ende der Bay; die Reihe der Riffe geht auf jeder Seite auseinander und zeigt einen Bergvorsprung hinter dem anderen, wie an einer kühnen Meeresküste. Diese Riffe bestehen aus horizontalen Schichten eines weißen Sandsteins und sind so absolut senkrecht, daß an vielen Stellen eine am Rande stehende Person, wenn sie einen Stein hinabwirft, ihn auf die Bäume in dem Abgrunde darunter auftreffen sehen kann. Die Reihe dieser Felsvorsprünge ist so ununterbrochen, daß man, um den Fuß des von diesem kleinen Bach gebildeten Wasserfalls zu erreichen, wie angegeben wird, einen Umweg von sechzehn Meilen machen muß. Ungefähr fünf Meilen entfernt, gerade gegenüber, erhebt sich eine andere Reihe von Felsen, welche auf diese Weise das Tal vollständig einzuschließen scheinen; deshalb ist der Name Bay gerechtfertigt in seiner Anwendung auf diese große amphitheatralische Einsenkung. Wenn wir uns einen bogenförmig sich ausdehnenden Hafen, dessen tiefes Wasser von kühnen riffartigen Küstenfelsen umgeben wird, trocken gelegt vorstellen und uns ferner denken, daß von seinem sandigen Boden ein Wald entspringt, so würden wir dann das Aussehen und die Anordnung vor uns haben, wie sie sich hier darbot. Diese Art von Aussicht war für mich vollständig neu und äußerst prachtvoll.

Am Abend erreichten wir Blackheath. Das Sandsteinplateau hat hier die Höhe von 3.400 Fuß erreicht und wird, wie früher, von demselben strauchartigen Holz bedeckt. Von der Straße aus hatten wir gelegentlich Einblicke in ein tiefes Tal; aber wegen der Steilheit und der Tiefe seiner Seiten war der Boden kaum jemals zu sehen. Blackheath ist ein sehr komfortables Gasthaus, welches ein alter Soldat hält und das mich an die kleinen Gasthäuser in Nord-Wales erinnerte.

18. Januar. – Sehr zeitig am Morgen brach ich auf und ging ungefähr drei Meilen, um Govett's Leap zu sehen, einen Aussichtspunkt von ähnlichem Charakter wie der am Weatherboard, aber vielleicht noch wunderbarer. So zeitig am Morgen, wie es noch war, war der Golf mit einem dünnen blauen Dunst erfüllt, welcher, obschon die allgemeine Wirkung der Aussicht störend, doch die scheinbare Tiefe erhöhte, in welcher sich der Wald unter unseren Füßen erstreckte. Diese Täler, welche eine so lange Zeit eine unüberwindliche Schranke für die Versuche der unternehmendsten Kolonisten, das Innere zu erreichen, darboten, sind äußerst merkwürdig. Große armartige Buchten, die sich an ihrem oberen Ende erweitern, zweigen sich häufig von den Haupttälern ab und dringen in die Sandsteinebene ein; andererseits sendet die Sandsteinebene häufig Vorgebirge in die Täler und läßt selbst dergleichen als beinahe inselartig vereinzelte große Massen in den Tälern stehen. Um in einige dieser Täler hinabzusteigen, ist es nötig, einen Umweg von zwanzig Meilen zu machen. Und in andere haben die Landvermesser erst vor kurzem eindringen können, und die Kolonisten sind noch nicht imstande gewesen, ihre Rinder

hineinzutreiben. Aber der merkwürdigste Zug in ihrer Bildung ist, daß, obschon sie an ihrem oberen Ende mehrere Meilen breit sind, sie sich meist ihrer Mündung zu in einem solchen Grade zusammenziehen, daß sie unpassierbar werden. Der Generalvermesser Sir T. Mitchell versuchte vergebens, indem er erst ging und dann zwischen den großen herabgestürzten Fragmenten von Sandstein durchkroch, durch die Schlucht hinaufzukriechen, in welcher sich der Fluß Grose mit dem Nepean verbindet; und doch bildet das Tal in seinem oberen Teil, wie ich gesehen habe, ein prachtvolles horizontales, einige Meilen breites Becken, von allen Seiten von Felsen umgeben, deren Gipfel der Annahme zufolge nirgends weniger als 3.000 Fuß über den Meeresspiegel sich erhebt. Wenn Rinder in das Tal des Wogan auf einem zum Teil natürlichen, zum Teil von dem Landeigentümer hergestellten Pfade (welchen ich hinabgegangen bin) getrieben werden, können sie nicht entweichen; denn dies Tal wird an allen übrigen Stellen von senkrechten Felsenriffen umgeben, und acht Meilen weiter hinab zieht es sich von einer mittleren Breite von einer halben Meile zu einer bloßen Spalte zusammen, die für Menschen und Vieh undurchgängig ist. Sir T. Mitchell gibt an, daß das große Tal des Flusses Cox mit allen seinen Zweigen sich da, wo er sich mit dem Nepean verbindet, in eine Schlucht von 2.200 Yards Breite und ungefähr 1.000 Fuß Tiefe zusammenzieht. Andere ähnliche Fälle ließen sich noch anführen.

Wenn man die Übereinstimmung der horizontalen Schichten auf jeder Seite dieser Täler und die großen amphitheatralischen Einsenkungen betrachtet, so ist der erste Eindruck der, daß sie wie andere Täler durch die Tätigkeit des Wassers ausgehöhlt worden sind. Wenn man aber über die ganze ungeheure Masse von Stein nachdenkt, welche nach dieser Ansicht durch bloße Schluchten oder Spalten entfernt worden sein müssen, so wird man veranlaßt zu fragen, ob derartige Orte nicht auch durch Senkungen entstanden sein können. Betrachtet man aber die Form der sich regelmäßig verzweigenden Täler und der schmalen, von den umgebenden Plateaus aus in dieselben einspringenden Vorgebirge, so sind wir gezwungen, diese Vorstellung aufzugeben. Diese Aushöhlungen der jetzigen alluvialen Tätigkeit zuzuschreiben, würde ein unglücklicher Gedanke sein; auch würde der Wasserabfluß von der Ebene am oberen Ende nicht immer, wie ich in der Nähe des Weatherboard bemerkt habe, in das obere Ende dieser Täler fallen, sondern in die eine Seite ihrer meerbusenartigen Einbuchtungen. Einige der Einwohner machten gegen mich die Bemerkung, daß sie niemals eine dieser meerbusenartigen Einbuchtungen betreten hätten, ohne von ihrer Ähnlichkeit mit einer kühnen Meeresküste überrascht gewesen zu sein. Dies ist sicherlich der Fall. Überdies zeigen an der gegenwärtigen Küste von Neu-Süd-Wales die zahlreichen schönen, weit sich verzweigenden Häfen, welche meistens mit dem Meer durch eine enge, in die Sandsteinküsten-Felsen eingearbeitete Mündung zusammenhängen, die von einer Meile bis zu einer Viertelmeile in der Breite variieren, mit den großen Tälern im Innern viel Ähnlichkeit, wenn auch nur in einem Miniaturmaßstab. Dann tritt uns aber sofort die verwirrende Schwierigkeit entgegen, warum das Meer diese großen, wenn auch umschriebenen Vertiefungen auf einer großen Ebene ausgewaschen und bloße Schluchten an den Mündungen gelassen hat, durch welche der ganze ungeheure Betrag zerriebener Substanz fortgeschafft worden sein muß?

Das einzige Licht, welches ich auf dieses Rätsel werfen kann, ist, daß ich darauf aufmerksam mache, wie Bänke der allerunregelmäßigsten Form in einigen Meeren gegenwärtig gebildet zu werden scheinen, wie z. B. an Stellen des Westindischen Meeres und des Roten Meeres, und daß ihre Seiten äußerst steil sind. Ich bin zu der Vermutung geführt worden, daß derartige Bänke durch Niederschläge gebildet worden sind, welche durch starke Strömungen auf dem unregelmäßigen Boden aufgehäuft worden sind. Daß in manchen Fällen das Meer, anstatt solche in einer gleichförmigen Fläche auszubreiten, sie rund um untermeerische Felsen oder Inseln anhäuft, ist kaum möglich zu bezweifeln, wenn man die Seekarten von Westindien genauer durchgesehen hat. Und daß die Wellen die Kraft haben, hohe und steile Riffe zu bilden, selbst in Häfen, die rings vom Lande eingeschlossen sind, habe ich in vielen Teilen von Südamerika bemerkt. Wenn man nun diese Vorstellungen auf die Sandsteinplateaus von Neu-Süd-Wales anwendet, so stelle ich mir vor, daß die Schichten durch die Tätigkeit starker Strömungen und der Wellenbewegungen eines offenen Meeres auf dem unregelmäßigen Boden angehäuft worden sind und daß die talähnlichen, hierdurch unerfüllt gelassenen Räume Seitenwände darboten, welche während einer langsamen Erhebung des Landes steil abfallend in Felsenriffe ausgewaschen wurden; der abgenagte Sandstein wurde entweder zu der Zeit entfernt, wo die schmalen Spalten durch das zurückweichende Meer eingeschnitten wurden, oder noch später durch alluviale Tätigkeit.

Bald nachdem wir Blackheath verlassen hatten, stiegen wir von dem Sandsteinplateau durch den Paß des Victoria-Berges hinunter. Um diesen Paß herzustellen, ist eine ungeheure Menge von Felsen durchschnitten worden; der ganze Plan und die Art seiner Ausführung verdienen, dem Straßenbau in England an die Seite gestellt zu werden. Wir betraten nun ein Land, welches nahezu 1.000 Fuß weniger hoch war und aus Granit bestand. Mit der Änderung des Gesteins besserte sich auch der Pflanzenwuchs: Die Bäume wurden schöner, standen auch weiter voneinander, und das Weideland zwischen ihnen war ein wenig grüner und auch reichlicher. Bei Hassans Walls verließ ich die Landstraße und machte einen kurzen Abstecher nach einer Farm mit Namen Walerawang, an deren Vorsteher ich von dem Besitzer in Sydney einen Empfehlungsbrief hatte. Mr. Browne hatte die Freundlichkeit, mich aufzufordern, den folgenden Tag noch dort zu bleiben, was ich mit viel Vergnügen tat. Dieser Ort bietet ein Beispiel einer jener großen Farmen oder besser noch Schaf-Etablissements der Kolonie. In diesem Fall waren aber Rinder und Pferde im ganzen zahlreicher als gewöhnlich, weil einige der Täler sumpfig waren und eine größere Weide boten. Zwei oder drei ebene Stellen in der Nähe des Hauses waren gerodet und mit Getreide bepflanzt worden, welches die Erntearbeiter jetzt schnitten: Es wird aber nicht mehr Weizen gesät, als zum jährlichen Unterhalt der auf der Niederlassung beschäftigten Arbeiter notwendig ist. Die gewöhnliche Zahl der zugeteilten Sträflingsarbeiter ist hier ungefähr vierzig; zu der gegenwärtigen Zeit waren aber im ganzen mehr da. Obschon die Farm Vorräte von allem Notwendigen hatte, war doch ein offenbarer Mangel an Komfort zu bemerken, und es lebte nicht eine einzige Frau hier. Der Sonnenuntergang nach einem schönen Tag wirft gewöhnlich einen Schein von glücklicher Zufriedenheit auf jede ländliche Szene. Aber hier in diesem einsamen Farmhaus ließen die glänzendsten Farbtöne auf den umgebenden Waldungen mich nicht vergessen, daß vierzig abgehärtete, verworfene Männer ihre tägliche Arbeit, wie die Sklaven in Afrika, beendeten, ohne jedoch das heilige Gefühl des Mitleids mit ihnen wachzurufen.

Zeitig am nächsten Morgen hatte Mr. Archer, der Mitvorsteher der Farm, die Freundlichkeit, mich auf eine Känguruh-Jagd mitzunehmen.

Wir ritten den größeren Teil des Tags in einem fort, hatten aber eine sehr schlechte Jagd, da wir nicht ein einziges Känguruh und nicht einmal einen wilden Hund sahen. Die Windspiele verfolgten eine Känguruh-Ratte in einen hohlen Baum, aus welchem wir sie herauszogen. Sie ist so groß wie ein Kaninchen, aber mit der Figur des Känguruh. Noch vor wenigen Jahren schwärmten in diesem Teil des Landes wilde Tiere; jetzt aber ist der Emu bis auf eine weite Entfernung hin zurückgetrieben, und das Känguruh ist selten geworden. Für beide ist das englische Windspiel sehr verderblich. Es mag vielleicht noch lange dauern, ehe diese Tiere vollständig ausgerottet sind, aber ihr Schicksal ist bestimmt. Die Eingeborenen sind stets begierig, sich Hunde von den Farmhäusern zu borgen. Der Gebrauch derselben, der Abfall, wenn ein Tier getötet wird, und etwas Milch von den Kühen sind die Friedensgaben der Ansiedler, welche sich immer weiter und weiter in das Innere hineinverbreiten. Der gedankenlose Eingeborene, durch diese nichts bedeutenden Vorteile geblendet, ist von der Annäherung des weißen Mannes entzückt, welcher dazu bestimmt zu sein scheint, das Land seiner Kinder zu erben.

Wenn wir auch eine armselige Jagdausbeute hatten, so erfreuten wir uns doch an dem angenehmen Ritte. Das Waldland ist meist so offen, daß ein Reiter bequem durch dasselbe galoppieren kann. Es wird von einigen wenigen Tälern mit ebenen Sohlen durchschnitten, welche grün und von Bäumen frei sind; an solchen Stellen war die Szenerie sehr hübsch, wie die eines Parks. In dem ganzen Lande sah ich kaum einen einzigen Fleck ohne die Zeichen eines Feuers; ob dieselben vor mehr oder weniger kurzer Zeit gewesen waren, ob die Baumstümpfe mehr oder weniger schwarz waren, das waren die größten Abwechslungen, welche die für das Auge des Reisenden so langweilige Gleichförmigkeit unterbrachen. In diesen Wäldern finden sich nicht viele Vögel; indes sah ich einige große Herden des weißen Kakadu in einem Kornfeld fressend und einige wenige sehr schöne Papageien; Krähen, unsern Dohlen ähnlich, waren nicht selten, ebenso ein anderer Vogel, der der Elster glich. In der Abenddämmerung ging ich ein wenig einer Reihe von Teichen entlang spazieren, welche in diesem trockenen Land den Lauf eines Flusses darstellten, und hatte das Glück, mehrere Exemplare des berühmten Ornithorhynchus paradoxus [Schnabeltier] zu sehen. Sie tauchten und spielten an der Oberfläche des Wassers, ließen aber so wenig von ihrem Körper sehen, daß man sie sehr leicht für Wasserratten hätte halten können. Mr. Bowne schoß eines; sicherlich ist es ein äußerst merkwürdiges Tier; ein ausgestopftes Exemplar gibt durchaus keine gute Idee von dem Aussehen des Kopfes und des Schnabels, wenn die Teile frisch sind: Der letztere wird hart und zusammengeschrumpft.

20. Januar. – Ich hatte einen langen Tagesritt nach Bathurst. Ehe wir auf die große Landstraße kamen, verfolgten wir einen einfachen Fußpfad durch den Wald, und das Land war mit Ausnahme weniger Ansiedlerhütten sehr einsam. Wir empfanden an diesem Tag den Schirokko-ähnlichen Wind von Australien, welcher von den Wüsten des Innern herkommt. Staubwolken wurden in allen Richtungen hergetrieben, und der Wind fühlte sich an, als käme er über Feuer her. Ich hörte später, daß das Thermometer im Freien auf 48° C und im geschlossenen Zimmer auf 36° C gestanden hatte. Am Nachmittag kamen wir in Sicht der Niederungen von Bathurst. Diese wellenförmigen, aber beinahe ganz platten Ebenen sind in diesem Lande sehr merkwürdig, da ihnen absolut jeder Baum fehlt. Sie tragen nur eine dünne braune Weide. Wir ritten einige Meilen über diese Landschaft und erreichten dann die Stadt Bathurst, die in der Mitte einer Vertiefung lag, die man entweder ein sehr breites Tal oder eine schmale Ebene nennen könnte. Man hatte mir in Sydney gesagt, mir keine zu schlechte Meinung von Australien zu bilden, wenn ich es nur von der Straße aus beurteilte, und auch keine zu gute nach dem Urteil von Bathurst; was diese letztere Beziehung betrifft, so fühlte ich mich auch nicht im mindesten versucht, hier in meinem Urteil befangen zu werden.

Es muß allerdings zugegeben werden, daß das Jahr ein außerordentlich trockenes gewesen war, und die Landschaft bot kein günstiges Aussehen, obschon ich wohl versichern kann, daß es vor zwei oder drei Monaten unvergleichlich schlechter gewesen sein mag. Das Geheimnis, weshalb der Wohlstand von Bathurst so reißend zunimmt, liegt darin, daß das braune Weideland, welches dem Auge des Fremden so elend vorkommt, ausgezeichnete Weide für Schafe ist. Die Stadt liegt in einer Höhe von 2.200 Fuß über dem Meeresspiegel an dem Ufer des Macquarie. Dies ist einer der in das ungeheuer große und kaum bekannte Innere fließenden Flüsse. Die Linie der Wasserscheide, welche die Inlandflüsse von denen, die nach der Küste abfallen, trennt, hat eine Höhe von ungefähr 3.000 Fuß und läuft in einer nordsüdlichen Richtung in einer Entfernung von 80 bis 100 Meilen von der Küste. Der Macquarie erscheint auf der Landkarte als ein ganz respektabler Fluß, und er ist der größte von denen, welche diesen Teil der Wasserscheide dränieren; und doch fand ich zu meiner großen Überraschung, daß er aus einer bloßen Reihe von Teichen bestand, die durch beinahe ganz trockene Stellen voneinander getrennt waren. Meist fließt ein kleiner Bach zwischen ihnen, und zuweilen treten sehr hohe und stürmische Überschwemmungen ein. So dürftig dieser Bezirk in seiner ganzen Ausdehnung mit Wasser versorgt ist, so wird es doch noch weiter landeinwärts immer dürftiger.

22. Januar. – Ich trat meine Rückreise an und schlug eine neue, »Lockyer's Line« genannte Straße ein, welche durch ein im ganzen bergigeres und malerischeres Land führt. Dies war ein langer Tagesritt, und das Haus, wo ich zu übernachten wünschte, lag eine Strecke weit von der Straße ab und war nicht leicht zu finden. Ich erfuhr bei dieser Gelegenheit und in der Tat bei allen anderen eine sehr allgemein verbreitete und bereitwillige Höflichkeit unter den niederen Klassen, die man in Anbetracht dessen, was sie sind und was sie gewesen sind, kaum hätte erwarten können. Die Farm, wo ich die Nacht zugebracht, war im Besitz zweier junger Männer, die erst vor kurzem herausgekommen waren und nun das Leben von Ansiedlern begannen. Der gänzliche Mangel von beinahe jedem Komfort war nicht sehr anziehend; aber künftiger und sicherer Wohlstand lag vor ihren Blicken und nicht einmal sehr weit entfernt.

Am nächsten Tag kamen wir durch große Striche Landes, welche in Flammen standen. Noch vor Mittag kamen wir auf unsere frühere Straße und bestiegen den Victoria-Berg. Ich schlief im Weatherboard und machte vor Dunkelwerden noch einen zweiten Spaziergang nach dem Amphitheater. Auf der Straße nach Sydney brachte ich einen sehr angenehmen Abend mit Kapitän King in Dunheved zu; und in dieser Weise beschloß ich meinen kleinen Ausflug in die Kolonie von Neu-Süd-Wales.

Ehe ich hierher kam, waren die drei Dinge, die mich am meisten interessierten, einmal der Zustand der Gesellschaft unter den höheren Klassen, dann die Lage der Sträflinge und endlich der Grad von Anziehung, welcher hinreichte, Leute zum Auswandern zu bewegen. Natürlich ist nach einem so kurzen Besuch jemandes Ansicht kaum irgend etwas wert; es ist aber ebenso schwer, sich gar keine Ansicht zu bilden, wie sich ein richtiges Urteil zu machen. Nach dem, was ich hörte, und zwar mehr, als nach dem, was ich sah, war ich im ganzen über den Zustand der Gesellschaft enttäuscht. Die ganze Gemeinde ist beinahe über jeden Gegenstand in feindselige Parteien geteilt. Von denjenigen, welche ihrer Lebensstellung nach die besten sein sollten, leben viele in so offener Ausschweifung, daß anständige Leute nicht mit ihnen umgehen können. Zwischen den Kindern der Reichgewordenen, der Freigelassenen und der freien Ansiedler herrscht eine große Eifersucht; die ersteren betrachten gern anständige Menschen als Gefahr für ihre Stellung. Die ganze Bevölkerung, arm und reich, denkt nur daran, Reichtum zu erlangen: In den höheren Klassen bilden Wolle und Schafweide das beständige Thema der Konversation. Für das komfortable Leben einer Familie bieten sich viele ernstliche Hindernisse dar, von welchen vielleicht das hauptsächlichste das ist, daß man von Sträflingen als Dienstleuten umgeben ist. Wie durchaus widerwärtig für jedes Gefühl ist es, sich von einem Menschen bedienen lassen zu müssen, der vielleicht den Tag zuvor auf unsere eigene Anzeige hin wegen eines kleinen Vergehens gepeitscht worden ist. Die weiblichen Dienstleute sind natürlich viel schlechter, daher lernen Kinder die gemeinsten Ausdrücke, und man kann von Glück sagen, wenn sie sich nicht in gleicher Weise gemeine Ideen aneignen.

Andererseits bringt das Kapital, das jemand in der Hand hat, ohne irgendwelche Mühe seinerseits dreifach soviel Zinsen, als es in England tun würde, und mit einiger Sorgfalt wird er sicher reich. Die Luxusartikel des Lebens sind in Menge vorhanden und nur wenig teurer als in England, und die meisten Nahrungsgegenstände sind billiger. Das Klima ist prachtvoll und vollkommen gesund; aber nach meiner Ansicht gehen seine Reize durch das durchaus nicht einladende Ansehen des Landes verloren.

Die Ansiedler haben darin einen großen Vorteil, daß sie schon Nutzen von ihren Söhnen ziehen können, wenn sie sehr jung sind. Im Alter von sechzehn bis zwanzig übernehmen sie häufig die Obhut über entfernte Vorwerke. Indes muß dies geschehen um den Preis, daß die Jungen sich ganz und gar mit Sträflings-Dienstleuten vergesellschaften. Mir ist nicht bekannt, daß der Ton der Gesellschaft irgendeinen besonderen Charakter angenommen hätte. Aber bei derartigen Gewohnheiten und ohne irgendwelche intellektuellen Ziele kann es kaum anders sein, als daß er sich verschlechtert. Meine Meinung geht dahin, daß nichts als dringendste Notwendigkeit mich veranlassen könnte, dorthin auszuwandern.

Der reißend zunehmende Wohlstand und die künftigen Aussichten dieser Kolonie sind für mich, der ich diese Sachen nicht verstehe, sehr verwirrend. Die beiden wesentlichen Exportartikel sind Wolle und Walfischtran, und für beide Erzeugnisse gibt es doch eine Grenze. Das Land ist für Kanalisierung gänzlich unpassend; daher kann der Punkt nicht sehr weit entfernt sein, an dem die Kosten für den Landtransport der Wolle höher sein werden als die Erlöse für das Scheren und Pflegen der Schafe. Die Weide ist überall so dünn, daß die Ansiedler bereits weit in das Innere vorgedrungen sind; überdies wird das Land weiter landeinwärts äußerst arm. Ackerbau kann wegen der Zeiten der Dürre niemals in ausgedehntem Maßstab Erfolg haben. Soweit ich daher sehen kann, muß Australien an letzter Stelle sich darauf verlassen, daß es der Handelsmittelpunkt für die südliche Hemisphäre wird und vielleicht auch auf seine künftigen Fabriken. Da es Kohle besitzt, so hat es immer die bewegende Kraft in Händen. Da sich das bewohnbare Land der Küste entlang hinzieht und die Bewohner englischer Abstammung sind, wird es wohl sicher der Wohnort einer seefahrenden Nation. Ich bildete mir früher ein, daß Australien sich erheben und eine ebenso großartige und mächtige Nation werden würde wie Nordamerika. Jetzt scheint mir aber doch eine derartige künftige Größe sehr problematisch zu sein.

Was die Lage der Sträflinge betrifft, so hatte ich noch weniger als in bezug auf die anderen Punkte Gelegenheit, selbst zu urteilen. Die erste Frage ist die, ob ihre Lage überhaupt die einer Strafe ist; und da wird wohl niemand behaupten mögen, daß es eine sehr schwere Strafe ist. Ich vermute indes, daß dies von sehr geringer Bedeutung ist, solange der Transport hierher ein Gegenstand der Furcht für die Verbrecher zu Hause ist. Für die körperlichen Bedürfnisse der Sträflinge ist erträglich gut gesorgt. Ihre Aussicht auf künftige Freiheit ist nicht sehr entfernt und nach einer guten Aufführung ganz sicher. Ein Erlaubnisschein (*ticket of leave*), welcher, solange sich der Mann von Verdacht ebenso wie von Verbrechen freihält, ihn innerhalb eines bestimmten Distriktes frei macht, wird ihm nach gutem Betragen gegeben, und zwar nach Ablauf von soviel Jahren, als zur Länge seiner Strafzeit im Verhältnis stehen; und doch glaube ich, bei alledem und besonders, wenn man die vorhergehende Gefangenschaft und die elende Überfahrt mit in Betracht zieht, daß die Jahre der zugeteilten Arbeit nur mit Unzufriedenheit und unglücklichen Gefühlen vorübergehen. Wie ein intelligenter Mann bemerkte, kennen die Sträflinge kein Vergnügen über die bloße Sinnlichkeit hinaus, und mit dieser werden sie nicht befriedigt. Der enorme Einfluß, den die Regierung darin besitzt, daß sie vollständige Freiheit bietet, in Verbindung mit der tiefsitzenden Furcht vor den abgeschlossenen Verbrecher-Niederlassungen, zerstört das Vertrauen unter den Verbrechern selbst und verhindert dadurch Verbrechen. Was das Schamgefühl betrifft, so scheint eine derartige Empfindung unbekannt zu sein, und hiervon habe ich selbst mehrere eigentümliche Beweise miterlebt.

Obschon die Tatsache merkwürdig ist, so wurde mir doch ganz allgemein gesagt, daß der Charakter der Verbrecher-Bevölkerung ein durchaus feiger ist; nicht zu selten werden einige ganz verzweifelt und ganz gleichgültig gegen ihr Leben, und doch kommt ein kaltes Blut oder beständigen Mut erfordernder Plan nur selten zur Ausführung. Der schlimmste Zug in dem ganzen Fall ist der, daß, obschon etwas existiert, was man eine gesetzliche Reform nennen könnte, und obschon in gleicher Weise wenig begangen wird, was das Gesetz ergreifen könnte, doch davon gar keine Rede zu sein scheint, daß irgendwelche moralische Reform eintreten könnte.

Mir haben gut unterrichtete Leute versichert, daß ein Mensch, welcher etwa versuchte, besser zu werden, es nicht tun könnte, solange er mit anderen zugeteilten Dienstboten zusammenlebte. Sein Leben würde ein Leben unerträglichen Elends und beständiger Verfolgung sein. Auch darf die Ansteckungskraft der Verbrecherschiffe und der Gefängnisse sowohl hier als in England nicht vergessen werden. Im ganzen also ist, wenn man Australien als einen Bestrafungsort betrachtet, der Zweck kaum erreicht; betrachtet man die Deportation als ein wirkliches System der Reform, so hat dies fehlgeschlagen, wie vielleicht jeder andere Plan es auch tun würde. Aber als ein Mittel, die Menschen äußerlich anständig zu machen, Vagabunden, die in der einen Hemisphäre völlig nutzlos sind, in tätige Bürger in einer andern umzuwandeln und dadurch ein neues, glänzendes Land entstehen zu lassen, einen großen Zivilisationsmittelpunkt – da hat es Erfolg gehabt.

30. Januar. – Die *Beagle* segelte nach Hobart Town in Van Diemen's Land. Am 5. Februar, nach einer Überfahrt von sechs Tagen, deren erster Teil schön, der letzte kalt und stürmisch war, kamen wir in die Mündung

der Storm Bay: Das Wetter rechtfertigte diesen schaudervollen Namen. Die Bucht sollte vielmehr ein Aestuarium genannt werden, denn sie erhält in ihrem oberen Ende die Wasser des Derwent; in der Nähe der Mündung finden sich einige ausgedehnte basaltische Plateaus, aber höher hinauf wird das Land bergig und von einem lichten Wald bedeckt. Die unteren Teile der Berge, welche die Bucht umgeben, sind abgeräumt, und die hellgelben Getreidefelder und dunkelgrünen Kartoffelfelder schienen sehr üppig zu stehen.

Spät am Abend ankerten wir in der netten kleinen Bucht, an deren Ufer die Hauptstadt von Tasmanien liegt. Der erste Anblick stand dem von Sydney deutlich nach. Das letztere kann eine große Stadt genannt werden, dies hier nur ein Städtchen. Es steht am Fuß des Mount Wellington, welcher 3.100 Fuß hoch, aber von geringer Schönheit ist. Aus dieser Quelle indes erhält die Stadt einen guten Vorrat von Wasser. Rund um die Bucht liegen einige schöne Lagerhäuser und auf der einen Seite eine kleine Festung. Wenn man von den spanischen Kolonien kommt, wo eine so prachtvolle Sorgfalt im allgemeinen auf die Befestigungen verwendet wird, erscheinen die Verteidigungsmittel in diesen Kolonien hier sehr verächtlich. Vergleicht man die Stadt mit Sydney, so wird man hauptsächlich durch die vergleichsweise geringe Zahl von größeren Häusern überrascht, die entweder gebaut oder im Bau begriffen sind. Nach der Volkszählung von 1835 hat Hobart Town 13.826 Einwohner und das ganze Tasmanien 36.505.

Sämtliche Ureinwohner sind auf eine Insel in der Bass-Straße gebracht worden, so daß Van Diemen's Land den großen Vorteil genießt, frei von einer eingeborenen Bevölkerung zu sein. Dieser äußerst grausame Schritt scheint völlig unvermeidlich gewesen zu sein und das einzige Mittel, einer fürchterlichen Kette von Räubereien, Brandstiftungen und Ermordungen, welche die Schwarzen begangen, ein Ende zu setzen; Verbrechen, welche früher oder später damit geendet hätten, daß die Schwarzen gänzlich ausgerottet worden wären. Ich fürchte, es besteht kein Zweifel, daß dieses ganze Übel darin seinen Ursprung hatte, daß einige unserer Landsleute sich ganz schmählich betragen haben. Dreißig Jahre sind eine kurze Periode, um auch den letzten Ureinwohner von seiner Mutterinsel verbannt zu haben, noch dazu, da die Insel fast so groß ist wie Irland! Die Korrespondenz über diesen Gegenstand, welche zwischen der Regierung in England und der von Van Diemen's Land stattfand, ist sehr interessant. Obgleich eine große Zahl von Eingeborenen in den Gefechten, welche mit Zwischenräumen mehrere Jahre hindurch stattfanden, erschossen und zu Gefangenen gemacht wurde, so scheint sie doch nichts von unserer überwältigenden Kraft überzeugt zu haben, bis die ganze Insel im Jahre 1830 unter das Standrecht gestellt und gleichzeitig durch öffentlichen Aufruf die ganze Bevölkerung aufgefordert wurde, bei dem großen Versuch, die eingeborene Rasse ganz und gar in Sicherheit zu bringen, die Regierung zu unterstützen. Der dabei befolgte Plan war dem bei den großen Jagden in Indien befolgten ähnlich: Es wurde eine quer durch die Insel reichende Kette gebildet mit der Absicht, die Eingeborenen auf Tasmans Halbinsel in eine Sackgasse zu treiben. Der Versuch schlug fehl. Die Eingeborenen hatten ihre Hunde angebunden und sich während einer Nacht durch unsere Vorpostenlinien durchgeschlichen. Dies ist durchaus nicht überraschend, wenn man ihre geübten Sinne und die gewöhnliche Art und Weise, wilde Tiere zu beschleichen, in Betracht zieht. Mir ist versichert worden, daß sie sich auf beinahe nackter Erde verbergen können, und zwar in einer Art und Weise, welche kaum zu glauben ist, bis man selbst Zeuge davon wird. Die dunkelfarbigen Körper werden dabei leicht für die angeschwärzten Holzklötze genommen, welche über das ganze Land verstreut sind. Man hat mir von einer Wette erzählt zwischen einer Anzahl von Engländern und einem Eingeborenen, welcher am Abhang eines kahlen Berges in voller Länge dastehen sollte; wenn die Engländer ihre Augen für eine kürzere Zeit als eine Minute schließen wollten, so wollte er sich niederducken und sie sollten nicht imstande sein, ihn von den umgebenden Klötzen zu unterscheiden. Aber um auf unsere Jagdgeschichte zurückzukommen, die Eingeborenen, welche diese Art von Kriegführung wohl verstanden, waren in fürchterlicher Unruhe, denn sie erkannten sofort die Gewalt und die Zahl der Weißen; kurze Zeit danach kam ein aus dreizehn Mann bestehender Trupp, welcher zu zwei Stämmen gehörte, und übergab sich in Verzweiflung den Weißen im vollen Bewußtsein des ganz schutzlosen Zustandes.

Später wurde durch die unerschrockenen Bemühungen des Mr. Robinson, eines tätigen, wohlwollenden Mannes, welcher in eigener Person furchtlos die feindlichsten Eingeborenen besuchte, die ganze Bevölkerung veranlaßt, in ähnlicher Weise zu handeln. Sie wurden dann nach einer

Insel gebracht, wo sie mit Nahrung und Kleidung versorgt wurden. Graf Strzelecki führt an, daß zur Zeit ihrer Deportation im Jahre 1835 die Zahl der Eingeborenen sich auf 210 belief. Im Jahre 1842, also nach Verlauf von sieben Jahren, zählte man nur noch vierundfünfzig Individuen, und während eine jede Familie im Innern von Neu-Süd-Wales, die nicht durch die Berührung mit den Weißen infiziert worden war, eine Menge Kinder hatte, hatten die auf der Flinders-Insel während acht Jahren nur eine Zunahme von vierzehn Kindern.

Die *Beagle* blieb hier zehn Tage, und während dieser Zeit machte ich mehrere angenehme kleine Ausflüge hauptsächlich zu dem Zweck, den geologischen Bau der unmittelbaren Umgebung zu untersuchen. Die hauptsächlichsten Punkte von Interesse bestehen erstens in einigen außerordentlich reichen fossilführenden Schichten, welche zur devonischen und Kohlenperiode gehören, zweitens in den Beweisen für eine neuerdings eingetretene geringe Erhebung des Landes und endlich in einem vereinzelten und oberflächlich gelegenen Flecken von gelblichem Kalkstein oder Travertin, welcher zahlreiche Eindrücke von Baumblättern zusammen mit Gehäusen von Landschalentieren enthält, welche beide jetzt nicht mehr existieren. Es ist nicht unwahrscheinlich, daß dieser kleine Steinbruch den einzigen noch übrigen Bericht der Vegetation von Van Diemen's Land während einer früheren Periode enthält.

Das Klima ist hier feuchter als in Neu-Süd-Wales, und daher ist das Land fruchtbarer; der Ackerbau blüht, die angebauten Felder sehen gut aus, und in den Gärten sind Mengen von gut gedeihendem Gemüse und von Fruchtbäumen. Einige der an wohlgeschützten Stellen stehenden Farmhäuser hatten ein sehr anziehendes Aussehen. Der allgemeine Anblick der Vegetation ist der von Australien ähnlich; vielleicht ist er ein wenig grüner und anheimelnder, wie auch die Weide zwischen den Bäumen im ganzen etwas reichlicher ist. Eines Tages machte ich einen langen Spaziergang auf der der Stadt gegenüberliegenden Seite der Bucht; ich fuhr in einem Dampfboot quer über die Bucht, von denen zwei beständig hin- und herfahren. Die Maschine eines dieser Fahrzeuge war gänzlich hier in der Kolonie fabriziert worden, welche von dem Tage ihrer Gründung an damals nur dreiunddreißig Jahre zählte! An einem anderen Tag bestieg ich den Mount Wellington. Ich nahm einen Führer mit mir, denn bei einem ersten Versuch verirrte ich mich wegen der Dichte des

Waldes. Unser Führer war indes ein dummer Kerl und führte uns nach der südlichen und feuchten Seite des Berges, wo die Vegetation sehr üppig war und von wo aus die Besteigung wegen der Anzahl verfaulter Baumstämme beinahe ebenso mühsam und beschwerlich war wie die auf einem Berge in Feuerland oder in Chiloé. Es kostete uns fünfeinhalb Stunden strengen Kletterns, ehe wir den Gipfel erreichten. An vielen Stellen wuchs Eukalyptus zu einer bedeutenden Größe und bildete einen noblen Wald. In einigen der feuchtesten Schluchten gediehen Baumfarne in einer ganz außerordentlichen Art und Weise; ich sah einen, welcher bis zu der Basis der Wedel wenigstens zwanzig Fuß hoch gewesen sein muß und der im Umfang genau sechs Fuß maß. Die äußerst elegante Sonnenschirme bildenden Wedel brachten einen dunklen Schatten hervor wie in der ersten Abendstunde. Der Gipfel des Berges ist breit und flach und wird von ungeheuren eckigen Massen nackten Grünsteins gebildet. Seine Erhebung beträgt 3.100 Fuß über dem Meeresspiegel. Der Tag war prachtvoll klar, und wir genossen eine weit ausgedehnte Aussicht. Nach Norden zu erschien das Land wie eine Masse bewaldeter Berge von ungefähr derselben Höhe wie der, auf dem wir standen, und mit einer ebenso sanften Kontur. Nach Süden lag das vielfach durchbrochene Land und das Wasser, welches viele verwinkelte Buchten bildete, deutlich wie eine Landkarte vor uns. Nachdem wir einige Stunden auf dem Gipfel geblieben waren, fanden wir einen besseren Weg zum Hinabsteigen, erreichten aber die *Beagle* nicht vor acht Uhr abends nach einem Tag harter Arbeit.

7. Februar. – Die *Beagle* segelte von Tasmanien ab und erreichte am sechsten des folgenden Monats King George Sound, welcher an der südwestlichen Ecke von Australien liegt. Wir blieben hier acht Tage und haben während unserer ganzen Reise keine langweiligere und uninteressantere Zeit verlebt. Das Land sieht, von einer Erhöhung aus angesehen, wie eine bewaldete Ebene aus, hie und da mit abgerundeten und zum Teil nackten Bergen. Eines Tages ging ich mit einer Gesellschaft aus, in der Hoffnung, eine Känguruh-Jagd zu sehen, und marschierte eine ziemliche Anzahl von Meilen durch das Land. Überall fanden wir den Boden sandig und arm. Er trug entweder eine grobe Vegetation von dünnem niedrigem Buschwerk und drahtartigem Gras oder einen Wald von verkümmerten Bäumen. Die Szenerie glich der auf den hohen Sandsteinplateaus der Blauen Berge.

Indes findet sich die Casuarina (ein ungefähr einer schottischen Tanne ähnlicher Baum) in einer größeren Zahl und der Eucalyptus in etwas geringerer. An den offenen Stellen finden sich viele Grasbäume – eine Pflanze, welche in ihrem Äußeren eine gewisse Verwandtschaft mit der Palme hat, aber statt von einer Krone nobler Wedel besetzt zu sein, nur ein Büschel sehr grober grasähnlicher Blätter am oberen Ende trägt. Die allgemeine grüne Färbung des Strauchwerks und anderer Pflanzen schien, von der Entfernung aus gesehen, für Fruchtbarkeit zu sprechen. Indes war ein einziger Gang hinreichend, um eine derartige Illusion zu zerstören. Und wer so wie ich denkt, wird niemals den Wunsch hegen, noch einmal in einem so wenig einladenden Lande spazierenzugehen.

Eines Tages begleitete ich Kapitän Fitzroy nach Bald Head, dem von so vielen Seefahrern erwähnten Ort, wo sich einige einbilden, Korallen gesehen zu haben, andere versteinerte Bäume, welche in der Stellung stehen sollten, in der sie gewachsen wären. Unserer Ansicht nach waren die Schichten dadurch entstanden, daß der Wind feinen, aus außerordentlich kleinen, abgerundeten Stückchen von Muscheln und Korallen bestehenden Sand angehäuft hat, wobei im Verlauf dieses Prozesses Zweige und Wurzeln von Bäumen in Verbindung mit vielen Landmollusken eingeschlossen wurden. Das Ganze wurde dann durch das Durchsickern von kalkhaltiger Flüssigkeit konsolidiert, und auch die zylindrischen Höhlen, welche nach dem Zerfallen des Holzes übrigblieben, wurden in dieser Weise mit einem harten tropfsteinartigen Gestein erfüllt. Die weicheren Teile werden jetzt durch einen Verwitterungsprozeß entfernt, und infolgedessen springen die harten Abgüsse der Wurzeln und Zweige der Bäume über die Oberfläche vor und ähneln in einer eigentümlich täuschenden Weise den abgestorbenen Stümpfen des früheren Dickichts.

Ein großer Stamm von Eingeborenen, genannt die Weißen-Kakadu-Leute, machten zufällig der Niederlassung einen Besuch, solange wir dort waren. Diese Leute wurden durch das Anerbieten von ein paar Faß Reis und Zucker überredet, ein großes Corroboree, das heißt eine Tanzgesellschaft abzuhalten. Sobald es dunkel war, wurden kleine Feuer angezündet, und die Leute fingen an, ihre Toilette zu machen, welche darin bestand, daß sie sich in Flecken und Streifen weiß malten. Sobald alles fertig war, wurden große Feuer in beständiger Glut erhalten, um welche herum die Frauen und Kinder als Zuschauer sich versammelten. Die Kakadu-

Leute bildeten zwei verschiedene Parteien und tanzten meist sich einander beantwortend. Der Tanz bestand darin, daß sie entweder nach der Seite oder nach Indianerart hintereinander auf einen freien Fleck liefen und den Boden, während sie zusammen marschierten, mit großer Gewalt stampften. Ihre schweren Fußtritte wurden durch eine Art von Grunzen, durch das Zusammenschlagen ihrer Keulen und Speere und von verschiedenen anderen Gestikulationen begleitet, wie von dem Ausstrecken ihrer Arme und dem Winden ihrer Körper. Es war eine außerordentlich rohe, barbarische Szene und nach unserer Meinung ohne irgendwelchen Sinn; wir beobachteten aber, daß die schwarzen Frauen und Kinder es mit dem größten Vergnügen verfolgten. Vielleicht stellten ursprünglich derartige Tänze gewisse Handlungen, wie z. B. Kriege oder Siege, vor; da war ein Tanz, welcher der Emu-Tanz genannt wurde, bei welchem jedermann seinen Arm in einer eigentümlich gebogenen Art wie den Hals jenes Vogels ausstreckte. Bei einem anderen Tanz ahmte ein Mann die Bewegung eines in den Wäldern grasenden Känguruhs nach, während ein anderer herankroch und nun darstellte, wie er es mit dem Speer treffe. Wenn beide Gruppen sich zum Tanz vereinigten, zitterte der Boden unter der Schwere ihrer Tritte, und die Luft erklang von ihrem wilden Geschrei. Alle schienen sehr aufgeräumt zu sein, und die Gruppen beinahe nackter Figuren, im Schein der glänzenden Feuer betrachtet, die sich alle in einer widrigen Harmonie bewegten, boten eine vollkommene Darstellung eines Festes unter den niedrigsten Barbaren dar. Auf Feuerland haben wir viele merkwürdige Szenen des Lebens der Wilden gesehen, aber ich glaube, niemals eine, wo die Eingeborenen so aufgeräumt und so vollständig guter Laune waren. Nachdem der Tanz vorüber war, bildete die ganze Gesellschaft einen großen Kreis auf der Erde, und zum Entzücken aller wurden nun der gekochte Reis und Zucker verteilt.

Nach mehreren langweiligen Aufenthalten infolge von schlechtem Wetter waren wir am 14. März froh, unseren Bug zur Ausfahrt aus dem King George Sound und zur Fahrt nach der Keeling-Insel [das war auch Dampiers Ziel bei der Abreise von Australien gewesen] zu richten. Lebewohl, Australien, du bist ein aufblühendes Kind und wirst zweifellos einmal eine große Fürstin des Südens sein: Du bist aber zu groß und ehrgeizig zur Liebe und noch nicht groß genug zum Respekt. Ich verlasse deine Ufer ohne Kummer und ohne Bedauern.

Die ersten deutschen Siedler

Adelaide

11 *Pastor Kavel muß ein Seelenhirte mit großer Ausstrahlungskraft gewesen sein: 500 Leute folgten ihm auf die andere Seite der Welt, um nicht das vom Preußenkönig Friedrich Wilhelm III. eingeführte Gebetbuch benutzen zu müssen.*

Pastor Kavel hatte in England bei einer privaten Gesellschaft, die auch deutsche Auswanderer anwarb, die Vorfinanzierung der Reisekosten für sich und seine Leute erreicht. 1839 traf die erste deutsche Auswanderergruppe in Südaustralien ein – im Hafen von Adelaide, Port Misery (Elendshafen), der seinen Namen nicht zu Unrecht trug, sich aber schnell entwickelte.

Drei Monate nach der Ansiedlung in Klemzig, heute ein Vorort von Adelaide, wurde bereits Gemüse in die Stadt geliefert. 1851 wurde die erste Weinkellerei (Seppeltsfield) gegründet, die auch heute noch existiert. Deutsche und Schweizer waren bald als Weinbau-Experten in ganz Australien gesucht – Anfang des 20. Jahrhunderts befürchtete ein französischer Weinfachmann, daß die Weine aus dem Barossa Valley bald den Gewächsen seines Landes Konkurrenz machen würden. Ganz so schnell ist es nicht gegangen, aber australische Weine gehören heute mit zu den besten der Welt.

Pastor Kavels Brief war dazu gedacht, weitere Auswanderer anzuziehen – ganz so rosig, wie es im folgenden erscheint, war das Leben vermutlich jedoch nicht.

Im Ersten Weltkrieg wurde allerdings die Loyalität der deutschstämmigen Einwanderer in Frage gestellt. Vierzig Dörfer mit deutschen Namen wurden umbenannt: aus Langmeil wurde Tanunda, aus Hahndorf wurde Ambleside und später wieder Hahndorf.

Der Verfasser würde es für eine Sünde halten, den geringsten seiner Mitmenschen, geschweige alle diejenigen, denen dieser Aufsatz zu Gesicht kommt, zu belügen. Sein Vorsatz ist daher, die folgende Darstellung nicht zu übertreiben, sondern der Wahrheit gemäß zu berichten. Dies um so mehr, damit, wenn auch nur ein einziger in Folge dieses Aufsatzes bewegt werden sollte, Südaustralien zu seinem adoptierten Vaterland zu machen, er demselben ohne Erröten sowohl bei seiner Ankunft als nach einem längeren Aufenthalt unter die Augen treten könnte. Auch ist er sich nicht bewußt, irgendein selbstsüchtiges, am wenigsten ein Handelsinteresse dabei zu haben, jemanden hierher zu locken, obwohl er sich freuen würde, wenn der Erbherr aller Länder noch viele seiner Landsleute hierher führte, um ihnen ein lieblicheres Los hierselbst zu bereiten. Da der Schreiber dieses Briefes nun schon sechs Jahre in dieser erst neun Jahre alten Kolonie gelebt hat, so wird man ihm zutrauen, daß sein Bericht mehr auf wiederholter Anschauung und gemachter Erfahrung beruht als der eines bloß Durchreisenden.

Südaustralien ist derjenige Teil des Festlandes von Neu-Holland, der sich vom 9. bis 38. Grade südlicher Breite von Süden nach Norden, und vom 112. bis zum 253. Grade östlicher Breite vom Meridian von Greenwich von Westen nach Osten erstreckt. Den südlichen Zugang bilden zwei Straßen zwischen dem Festlande und der Insel Kangaroo, welche in einen großen Meerbusen, Golf Vincent genannt, führen. Blickt man vom Hafen Port Adelaide nach Osten, so eröffnet sich dem Auge eine Ebene, die sich etwa 14 englische oder 3 deutsche Meilen weit erstreckt, bis zum Fuß einer Bergkette, die sich, so weit das Auge reicht, in einer nordöstlichen Richtung ausdehnt und den weiteren Blick in das Innere des Landes begrenzt. Dieses Gebirge erhebt sich an seinen höchsten Punkten ungefähr 2.000 Fuß über die Meeresfläche und bietet dem Beobachter, wenn er es, von der Ebene aus in der Nähe betrachtet, den Anblick einer an vielen Stellen reich mit Holz bewachsenen, im Winter und Frühling – das heißt von Juni bis November – mit einem schönen Gras- und Blumenteppich bedeckten, zusammenhängenden Bergkette dar, die an vielen Stellen von gleichartig geschmückten Schluchten eingeschnitten ist und nicht in nackten, in unfruchtbarer Höhe zugespitzten Felsen, sondern in abgerundeten Berghöhen endigt. Zu gleicher Zeit, besonders von Juni bis Mitte Oktober, ist die ganze zwischen dem Meerbusen und den Bergen liegende Ebene mit Gras und Blumen geziert und hin und wieder mit größeren und kleineren Wäldern, an vielen Stellen nur mit Baumgruppen bedeckt, so daß eine Reise über dieselbe zu dieser Jahreszeit einem Spaziergang durch einen großen, schönen Park gleicht. Dasselbe muß von den Reisen im Gebirge selbst gesagt werden, welche, mit Ausnahme einiger kleiner Strecken, aus einer ununterbrochenen, viele Meilen in die Länge und Breite sich erstreckenden Reihe aneinandergeschichteter kuppenförmiger Hügel, die durch bald engere, bald weitere Täler oder Hochebenen miteinander in Verbindung stehen, zusammengesetzt sind. Von dieser Art sind alle die verschiedenen Bergketten des Landes, z. B. die Victoria oder Alexandrinen-Bergkette, die Barossa-Bergkette und die Harzinische, nebst den übrigen. Sie gewähren das ganze Jahr hindurch wie die Ebene den immer bedeutender werdenden Rinder-, Schaf- und Ziegenherden eine reichliche und gesunde Nahrung, so daß besonders in der oben genannten Jahreszeit bis zu Weihnachten hin selbst die Arbeitsochsen so fett aussehen und in der Tat sind, wie an vielen Orten Deutschlands das Mastvieh. Es ist daher hier allgemein zugestanden, daß das hiesige Rind- und Hammelfleisch dem besten in London, Hamburg und Bremen nicht nachsteht.

Südaustralien hat keinen Mangel an Flüssen und Wasser, wie man wegen seiner südlichen Lage und seines heißen Klimas vermuten möchte; denn außer dem Murray, der, so breit wie die Elbe bei Hamburg und an manchen Stellen 40 Fuß tief, dem Lande eine Ehre macht, dem Torrens, Onkaparinga, Gawler, Para, Rhein und anderen Flüssen – die während und noch einige Monate nach der Regenzeit fließen und den übrigen Teil des Jahres in ihren langen und tiefen Teichen (manche dieser Teiche sind 500 bis 1.000 Fuß lang), von denen sich von den Quellen bis zum Ablauf ins Meer einer an den anderen reiht, hinreichendes und gutes Wasser enthalten –, enthält das Land eine bedeutende Anzahl von Wasserläufen (Creeks), welche in den verschiedenen Gebirgen entspringen und teils in die größeren Flüsse, teils ins Meer münden und kurz nach der Regenzeit meistens fließen. Quellwasser wird aber überall beim Nachgraben, und zwar meistens ziemlich nahe an der Oberfläche in einer Tiefe von 5 bis 10

Fuß, gefunden, und selten ist man genötigt gewesen, 100 Fuß und tiefer zu graben. Da teils wegen des Ackerbaus, besonders aber zur Anlegung von Viehstationen die Kolonisten sich über einen großen Teil der Kolonie in die Gebirge und auf die Ebenen haben zerstreuen und daselbst Niederlassungen gründen müssen, so sind diese Tatsachen über das reichliche Vorhandensein des Quellwassers praktisch und faktisch ermittelt worden, und artesische Brunnen zu bohren hält man für überflüssig. Auch bedürfen wir nicht der Riesenarbeit eines Osiris, einen See Moëris oder mehrere nebst einem Netz von Kanälen anzulegen, um unsere Ebenen fruchtbar zu machen. Wir haben, Gott sei Dank!, jährlich Regenwasser genug, sei es nun, daß die Regenzeit schon im April oder erst Anfang Juni eintrete, um solchen Weizen im Überfluß zu gewinnen, der am Markt in London den Preis davonträgt, und solche Gerste zu produzieren, aus der ein Ale, das dem in England gebrauten wenig nachsteht, gebraut wird.

Was die Masse des Regens betrifft, die im Durchschnitt von Mitte Mai bis Anfang Oktober jährlich hier fällt (außerdem vergeht aber auch selten einer von den übrigen Monaten ganz ohne Regen), so hat eine mehrjährige Beobachtung gezeigt, daß sie der in den nebligen und regnerischen Landen gleichkommt und daß die australischen Schauer, die nicht so gleichmäßig wie in England und Deutschland, sondern mehr auf die obengenannte Regenzeit verteilt sind, viel dichter fallen, daher sie auch den Ehrennamen *australisch* führen. Diese machen das Land, sowohl die Berggegenden als auch die Ebenen, sehr fruchtbar. Sollte aber denselben noch durch Anlegung künstlicher Seen, Teiche, Kanäle und dergleichen, in denen man die ungeheure Masse Regenwasser, die jährlich ins Meer läuft, sammelte und aufbewahrte, nachgeholfen werden, so daß man die Felder und Gärten im hohen Sommer noch künstlich bewässern könnte, wiewohl das zur gewöhnlichen Fruchtbarkeit nicht nötig ist, so würde die Fruchtbarkeit das Landes fast beispiellos sein, wie das die Folgen eines bedeutenden Gewitterregens im Februar 1840 bewiesen haben, wo in einigen Teilen der Kolonie eine außerordentliche Kartoffel- und Maisernte war und die Gartengewächse zu einer seltenen Größe und Vollkommenheit gediehen. Solche künstliche Bewässerung ist aber nicht nötig und scheint um so weniger ein Bedürfnis, da die Kolonie unter den neun Jahren ihres Bestehens noch kein dürres und unfruchtbares, sondern lauter fruchtbare Jahre gehabt hat.

Der Boden, das Acker- und Gartenland sind außerdem von einer solchen Beschaffenheit, daß sie von der Hitze nicht so leicht wie in Deutschland durchdrungen werden zu können scheinen und die Wurzeln der Gewächse daher nicht so leicht absterben. Wenn es auch einmal, wie im Jahr 1840, in acht bis zehn Wochen nicht regnet, so hindert das den Weizen und die Gerste keineswegs, zu blühen und vollkörnig zu werden. Solch anhaltende Trockenheit vor und bis zur Ernte ist aber in neun Jahren nur einmal gewesen, und sie hat sich, wie die Erfahrung zeigte, als unschädlich erwiesen: Kein Baum ist vertrocknet, kein Morgen Getreide ausgedorrt, und wiewohl Kartoffeln und andere Gartengewächse zu treiben aufhörten, waren sie doch nicht erstorben, sondern schlugen nach Eintritt des Regens wieder aus. Diese lebenserhaltende Kraft bei anhaltender Trockenheit ist freilich wohl nicht einzig der Beschaffenheit des lehmigen oder tonigen Bodens, sondern auch der Temperatur der Luft zuzuschreiben.

Das Klima des Landes ist zwar ein warmes, aber die Wärme doch im Durchschnitt gemäßigt. Im Winter ist die Temperatur in den Ebenen, wo es am wärmsten ist, durchschnittlich mittags 12–15° C, in den Gebirgen noch niedriger; im Sommer hält sie sich zwischen 27 und 30, und nur selten steigt sie bis 37 oder 40 Grad. Leichte Nachtfröste kommen nur in den höheren Gegenden einige Male im Jahr vor, in den Ebenen und in der Nähe der See fast gar nicht; ihre Spuren sind längstens eine Stunde nach Sonnenaufgang verschwunden. Die Luft ist bei heiterem Wetter äußerst rein, dünn und dunstleer; daher scheinen Sonne, Mond und Sterne heller als in Deutschland und England. Sie ist, selbst bei Gewittern, die jedoch selten sind, fast nie schwül und drückend und durch die vorherrschenden Südseewinde im höchsten Sommer mit einer angenehmen Kühle temperiert, so daß dem verhältnismäßig heißen Tage häufig eine kühle Nacht folgt, ausgenommen, wenn der Wind aus Norden weht, was jedoch nie lange anhaltend der Fall ist.

Um Erkältungen zu vermeiden, tut man besser, des Abends wie in Italien wärmere Kleidung anzulegen, namentlich in den Bergen. Der Schreiber ist zwar nicht in Sizilien oder Griechenland gewesen, setzt aber voraus, daß jene Länder sowie auch Palästina dasselbe Klima haben wie Südaustralien. Und ob er wohl nicht sagen kann, daß er *das* Land kennt, wo die Zitronen blühen, muß er doch gestehen, *ein* solches zu kennen, und das ist eben dieses. Um sich von der Vortrefflichkeit des hiesigen Klimas einen Begriff zu machen, wolle man bedenken, daß der Verfasser und seine in den Jahren 1838 und 1839 hier angekommenen 500 Gefährten sich durchschnittlich sehr wohl befunden haben, daß nur wenige Todesfälle vorgekommen, Kinderkrankheiten fast gar nicht bekannt und die Kirchhöfe leer geblieben sind. Die reine Atmosphäre dieses Landes erleichtert lungenschwachen und kranken Personen das Atmen ungemein, so daß die, die in Deutschland keuchten, wenn sie eine Treppe oder einen kleinen Hügel erstiegen, hier mit Leichtigkeit Berge erklimmen. Husten wird sehr selten gehört, von Fiebern ist nur wie von einer außerordentlichen Erscheinung die Rede. Daß übrigens Personen, die sich vor Erkältungen gar nicht in acht nehmen oder ein unmäßiges Leben führen, sich in der heißen Jahreszeit durch übermäßiges Trinken bedenkliche Unterleibskrankheiten zuziehen, ist kein Wunder. Sonst dürfte aber für die Gesundheit des Klimas schon allein die Tatsache sprechen, daß in einer Gemeinde deutscher Landsleute von etwa 130 Seelen in 32 Monaten nur ein Kind gestorben und in einer anderen von 150 Seelen in derselben Zeit nur zwei bejahrte Männer und 3 oder 4 Kinder. Sollte der Gesundheitszustand so fortdauern, woran zu zweifeln durchaus keine Ursache vorhanden ist, so dürften die gegenwärtig hier lebenden, seit Februar 1839 schon um 100 Kinder vermehrten Deutschen bald zu einem Völkchen werden.

Die Vortrefflichkeit des Klimas läßt wohl eine bedeutende Fruchtbarkeit des Landes erwarten im Fall, daß der Boden guter Art ist, und das ist er. Sand im strengen Sinn des Wortes gibt es nur an der Meeresküste und an einigen verhältnismäßig kleinen Stellen der bevölkertsten Teile der Kolonie. Der meiste Boden in der Ebene und an den Bergen ist entweder eine rötliche oder mit Ton vermischte weißgraue oder, wie namentlich am Fuß der Gebirge und in der Nähe der Flußbetten und Wasserläufe, eine schwarze, 12 und mehr Zoll tiefe Erde. Alle drei Arten, besonders aber erstere und die letztere, haben sich als sehr fruchtbar erwiesen und alle Arten von Gemüse, vortrefflichen Weizen und Gerste (Roggen und Hafer wachsen auf dem fetten Boden zu sehr ins Stroh), Mais, Tabak, außerdem alle europäischen Obstarten, ferner Wein, Mandeln, Datteln, Zitronen und Apfelsinen, Feigen, Maulbeeren und dergleichen hervorgebracht. Der Weizen ist in den letzten Jahren so reichlich angebaut und geraten, daß besonders in den Jahren 1843 und 1844 bedeutende Quantitäten desselben wie auch Mehl nach Neuseeland, Neu-Süd-Wales, Mauritius, dem Kap der Guten Hoffnung und England verschifft worden sind. Da beim Schneiden besonders des Weizens der großen Hitze wegen gewöhnlich eine Quantität Korn unter der Sichel ausfällt, das von dem unbedeutenden Regen, der zwischen der Ernte- und der Saatzeit fällt, nicht zum Keimen gebracht wird, so kann man eine meist mittelmäßige, oft gute Ernte ohne Mühe haben, die noch den Vorzug hat, daß sie kein Brandkorn enthält. Ganze Saatfelder dieser Art, die eine reiche Ernte versprechen, kann man jetzt hier sehen, an die nichts als die bloße Egge gewandt ist.

Der Tabak kann, nachdem er im Herbst abgeblättert ist, auch stehen bleiben und braucht nur dicht über der Erde abgeschnitten zu werden, um im zweiten, selbst im dritten Jahr noch eine gute Ernte zu liefern. Überhaupt ist die Fruchtbarkeit und Triebkraft dieses Landes ungemein, selbst wenn auch später etwas Regen ausbleiben oder kommen sollte. Der Berichterstatter hat Hunderte von Weizen-, Hafer- und Gerstenstöcken gesehen, wo aus den bei der Ernte anfallenden Körnern, und zwar aus jedem einzelnen, an 10, 20, 30–40 und noch mehr Stengel oder Ähren aufgewachsen waren, die eine freiwillige treffliche Ernte gaben. Einen andern Beweis der großen Triebkraft des südaustralischen Bodens liefern die Mandeln, die innerhalb von 4 Jahren aus Kernen zu Bäumen anwachsen, welche schon genießbare Früchte tragen. Verpflanzte Obstbäume, z. B. Mandel-, Aprikosen- und Feigenbäume, tragen in demselben Jahre wieder und noch dazu reichlich Früchte. Besonders aber verspricht diese Kolonie ein Weinland zu werden, so daß die Trauben teils als Rosinen, teils als Getränk – neben Oliven, Weizen, Gerste und Tabak – zu den Hauptausfuhrartikeln gehören werden. Zu diesen dürften dann noch die Korinthen nebst anderen Gewächsen Siziliens und Griechenlands und, wenn erst Maulbeerbäume genug angestammt sind, die Seide kommen.

Wenn auch an Flachs und Hopfen als Ausfuhrartikel noch nicht gedacht wird, so gedeihen doch dieselben, besonders ersterer, hier sehr gut; nur Hanf hat nicht recht fortkommen wollen. Der Zweck dieses Aufsatzes und Mangel an Zeit gestatten es mir nicht, mich in Spezifizierung der Fruchtbarkeit dieses Landes noch weiter zu ergehen und den Leser in den hiesigen Gärten unter den jetzt blühenden Aprikosen- und Mandelbäumen, zu den lieblichen Akazien, den so nützlichen Kasterölbäumen (Palma ovisti bivinus) und Weinstöcken herumzuführen oder ihm die drei bis vier Fuß hohen Levkojenstöcke nebst dem buschartig ausgebreiteten Goldlack, den Nelken- und Rosenstöcken zu zeigen, deren Duft mit dem lieblichen Geruch der einheimischen Blumen wetteifert. Sollte er aber hier sein und dies alles sehen, auch in der Hitze des Januar und Februar sich mit den erwähnten Früchten oder durch den Genuß einer Zucker- oder saftreichen Wassermelone erquicken – er würde sich hier bald ganz heimisch fühlen und nach seinem Vaterland so wenig zurückverlangen wie seine hiesigen Landsleute. Die Erde ist des Herrn und was darinnen ist; ihm gehört auch Südaustralien. Es ist ein sehr gesegnetes Land. Es hat Korn, und in wenigen Jahren wird es trefflichen Wein in Fülle haben.

Die erste Durchquerung des Kontinents

Von Moreton Bay nach Port Essington

12 *Ludwig Leichhardt (1813–1848) führte als erster eine erfolgreiche Landexpedition nach Nordaustralien durch. 1844 verließ er Moreton Bay, heute Brisbane, und war mehr als vierzehn statt der geplanten sechs Monate unterwegs; einige Zeit galt er als verschollen. Eine Ost-West-Durchquerung des Kontinents im Jahr 1846 mußte wegen Krankheit abgebrochen werden. Auf seiner dritten Expedition verschwanden Leichhardt und seine Gefährten spurlos; bis heute weiß man nicht, was ihnen zugestoßen ist.*

Den folgenden Brief hat Leichhardt an Bord der Heroine, einem englischen Schiff, auf dem Rückweg von Port Essington nach Sydney am 24. Januar 1846 zum Ende der ersten Expedition geschrieben. Port Essington lag nördlich von Darwin und wurde 1849 aufgegeben. In seiner Blütezeit hatte es etwa 80 Einwohner.

Leichhardts Qualitäten als Expeditionsleiter waren nicht unumstritten. So wie er nicht nur im folgenden Brief deutlich zu erkennen gab, daß er mit seinen Kameraden unzufrieden war (er hat sie wohl eher als Untergebene angesehen, die ihm gehorsam schuldig waren), haben einige von ihnen ebenfalls ihre Kritik öffentlich gemacht. Er hielt schon ein Zelt für überflüssigen Luxus und hatte – in seinen eigenen Worten – einen starken Widerwillen gegen gesuchte Bequemlichkeit und Gourmandizing. Andererseits steckte einer seiner Reisegefährten vor seinem Zelt Blütenstengel in die Erde, um sich eine schöne Aussicht zu bereiten ...

Mein teuerster Schwager! Ich hoffe, Du hast den Brief erhalten, welchen ich Dir vor dem Antritt meiner großen Reise schrieb und in welchem ich Dir mitteilte, daß ich im Begriff war, den Kontinent von Neu-Holland zu kreuzen und von Sydney nach Moreton Bay und von dort nach Port Essington an der Nordküste von Neu-Holland zu gehen. Ich habe meine Reise nach 16 Monaten vollendet und habe 14 ½ Monate in der Wildnis gelebt mit dem blauen Himmel über mir und mit Neu-Hollands Wäldern um mich.

Anfänglich begleiteten mich neun Personen, zwei schwarze Neuholländer, ein Neger [aus den Vereinigten Staaten], vier junge Männer und ein Knabe von 16 Jahren. Der Neger und ein junger Mann kehrten in einer Entfernung von ungefähr 70 englischen Meilen nach Moreton Bay zurück, so daß wir in allem acht waren, die die Reise fortsetzten. Ich hatte 16 Ochsen und 15 Pferde mit mir; 9 Ochsen hatte ich zu Lastochsen benutzt. Wir gingen anfänglich zu Fuß, und unsere Pferde trugen einen großen Teil unserer Lebensmittel. Allmählich wurden diese Lebensmittel verzehrt, und wir ritten.

Ich hatte nicht geglaubt, daß unsere Reise so lange dauern würde, und folglich waren unsere Lebensmittel nicht hinreichend. 7 Monate waren wir ohne Mehl, viel länger ohne Zucker, mehrere Monate ohne Salz und endlich ohne Tee, so daß uns nichts als getrocknetes Rindfleisch übrig blieb. Dies getrocknete Rindfleisch setzte mich in den Stand, meine Reise zu vollenden, und da es, soviel ich mich entsinne, in Deutschland nicht bekannt ist, will ich Dir mitteilen, wie ich es zubereitete. Wir schlachteten zum Beispiel am Abend einen Ochsen, zogen die Haut ab und zerteilten ihn; die Nacht hindurch kühlte das Fleisch hinreichend, und den nächsten Morgen schärften wir unsere Messer und schnitten das Fleisch entweder in dünne Scheiben von acht Zoll bis ein oder anderthalb Fuß Länge und drei bis vier Zoll Breite oder in zolldicke oder dünnere Stränge von vier bis acht bis zwölf Fuß Länge und mehr. Diese Scheiben und Stränge hängten wir auf Leinen, Baumzweige und Baumstämme, wendeten sie mehrere Male und trockneten sie so unter dem Einfluß der heißen Sonne. In zwei bis drei Tagen war das Fleisch hinreichend trocken, um in Säcke gepackt zu werden, ohne zu verderben. War der geschlachtete Ochse fett, so war das getrocknete Fleisch sehr schön und wurde mit jedem Tag schöner und milder; doch war das Tier mager und hatte es durch die Länge der Reise gelitten, so war das Fleisch hart und sehnig und machte unsere Zähne locker und unsere Gaumen schmerzhaft. Bis zu unserer Ankunft am äußersten Ende des Golfs von Carpentaria waren unsere Ochsen in gutem Zustand und fett; doch von dort wurden sie schwach und mager und gaben uns wenig und schlechtes Fleisch. Drei Monate lebten wir nur von Wasser und getrocknetem Fleische, welches wir gewöhnlich acht bis zwölf Stunden kochen mußten, um es weich zu machen. Gutes getrocknetes Fleisch war indessen am besten roh und schmeckte besser als geräuchertes Rindfleisch, obwohl mein Urteil mich täuschen mag, da mein Magen während der Reise alles, was nur irgend eßbar war, für gut befunden haben würde. So aßen wir z. B. die Haut der Ochsen, nachdem sie zwölf Stunden – während der Nacht – gekocht hatte, und wir zogen sie selbst dem mageren Fleische vor.

An der Ostküste von Neu-Holland fanden wir wenig Wildbret, und wenn wir es fanden, konnten meine Schützen es nicht erlegen. Ich hatte letzteren zuviel zugetraut und fand, daß sie sehr mittelmäßig waren und weder Vögel noch vierfüßige Tiere treffen konnten, es sei denn, daß diese saßen und nahe waren. Als ich um den Golf von Carpentaria ging, trafen wir auf zahlreiche Emus – die neu-holländischen Strauße – und unser Windhund fing uns eine große Menge derselben. Meine Schwarzen bemühten sich gleichfalls mehr, und wir machten dort gute Beute.

Als wir in Port Essington ankamen, hatten wir unsere Ochsen bis auf einen geschlachtet und sechs Pferde verloren. Das eine Pferd hatte ein Bein gebrochen, ein anderes hatte giftiges Kraut gefressen, und vier waren ertrunken in einem Flusse mit steilen morastigen Ufern. Ich ging anfänglich die Ostküste entlang und kreuzte vier Flußsysteme; ein fünftes verfolgte ich stromaufwärts. Es leitete mich zur Mitte der Halbinsel York, zwischen dem östlichen Meere und dem Golf von Carpentaria. Ich kreuzte ein ausgedehntes Plateau und fand auf seiner Westseite ein anderes System von Wassern, welches ich zum Golf von Carpentaria stromabwärts verfolgte. Auf der Ostseite von Neu-Holland gab es wenig Wasser, keinen rinnenden Bach oder Fluß, aber viele trockene Bach- oder Flußbetten. Ich war gezwungen, täglich zu rekognoszieren und Wasser zu finden, zu welchem wir am folgenden Tage gelangen konnten. Das Wasser war meist in tiefen Löchern, in welchen es sich länger hielt. Oft half mir ein Gewitter über trockene Landstrecken, indem es die ausgetrockneten Löcher mit Wasser füllte. Der Fluß, welchen ich bis zu seinem obern Laufe verfolgte, war reichlich mit Wasser versehen und empfing viele Bäche und kleinere Flüsse von dem Hochlande, welches die Wasserscheide der Halbinsel York bildet. Den Dawson verfolgte ich von 26° bis 25° 30', das System des Mackenzie von 24° 40' bis 23° 15', den Isaac von 22° 30' bis 21° 30', den Suttor von 21° 30' bis 20° 35'; dieser fällt in den Burdekin, welchen ich von 20° 40' bis 18° 30' verfolgte; er kommt mehr von Nordosten, und da ich nach Westen steuerte, mußte ich den schönen Fluß verlassen, welcher wahrscheinlich 80 bis 90 englische Meilen höher seine Quellen hat. Auf der Westseite des Plateaus fand ich die Quellen des Lynd, an welchen ich abwärts wanderte, von 18° bis 16° 30', wo er in einen größeren Fluß, den Mitchell, mündet,welcher wahrscheinlich in 15° 15' ins Meer fällt. Ich verfolgte ihn bis zu 15° 51' und verließ ihn, da er mich zu weit nach Norden führte. Nun wandte ich mich gegen Westen zum Meere. Hier, zwischen dem Mitchell und dem Meere, wurde ich eines Abends, nachdem wir uns niedergelegt hatten, von Schwarzen überfallen. Gott beschützte mich; doch einer meiner Begleiter, Herr Gilbert, welcher Vögel sammelte, wurde getötet, indem ein Speer ihm ins Herz drang, und zwei andere Begleiter, die Herren Calvert und Roper, wurden gefährlich verwundet. Die Schwarzen flohen, sobald der erste Schuß fiel. Ich begrub Herrn Gilbert und setzte nach zwei Tagen meine Reise fort, parallel der Ostküste des Golfs von Carpentaria gegen Süden. Ich kreuzte den Nassau, den Staaten, den Van-Diemen, einen kleinen Fluß, welchen ich den Gilbert nannte, den Caron und gelangte zu der Spitze des Golfs. Nun wendete ich mich gegen Westnordwest und kreuzte eine Menge unbekannter Flüsse von bedeutender Größe. Es ist möglich, daß mehrere von ihnen eine gemeinschaftliche Mündung haben.

Während die Ostküste des Golfs schön und fruchtbar war, bedeckte ein Dickicht kleiner Bäume oder Gesträuche das Land an der Westseite des Golfs. An seiner Spitze fand ich ausgedehnte Ebenen, welche oft mehrere Meilen lang und breit waren. Die Flüsse waren indessen gewöhnlich an beiden Seiten von offenem Walde mit reichlichem Grase begleitet. Sie waren tief und breit, soweit das Meereswasser in ihnen hinaufkam, doch seicht, wo das Süßwasser begann. Ich ging parallel der Küste von der Spitze des Golfs nach Limmen Bight - 15° - ungefähr 15 bis 30 Meilen von der Küste und kam in Limmen Bight zum Ufer des Meeres. Die Reise war hier sehr beschwerlich, und wir konnten nur langsam vorwärtsschreiten, da die breiten, tiefen Salzwasserflüsse uns zwangen, so lange an ihnen hinaufzugehen, bis wir eine Furt fanden. Das Gras war kümmerlich, die Tagesmärsche oft sehr lang und ermüdend; mehrere Male waren wir gezwungen haltzumachen, ohne süßes Wasser gefunden zu haben. In diesem Falle mußten wir unsere Pferde hobbeln (an den Vorderfüßen fesseln) und unsere Ochsen während der Nacht bewachen. Mehrere Male waren wir am Ufer eines schönen breiten Flusses, doch wir mußten uns mit dem Scheine von Wasser begnügen, da es salzig und ungenießbar war. Infolge dieser langen Märsche, der schlechten Weide und des Mangels an Wasser wurden unsere Ochsen mit jedem Tage magerer und schwächer; einer nach dem andern hielt im Marsche an, legte sich nieder und erklärte auf diese Weise, daß keine Macht ihn zum Vorwärtsschreiten bewegen könnte. In solchem Falle ließ ich das Tier zurück und setzte meine Reise bis zum nächsten Wasser fort. Dort blieb ich den folgenden Tag und sandte meine Schwarzen zurück, welche das Tier langsam zum Lager zurückbrachten, wo wir es schlachteten, da kaum ein Monat hingereicht haben würde, die zur Vollendung unserer Reise nötigen Kräfte zu sammeln.

Von Limmen Bight setzte ich meine Reise in einer WNW-Richtung fort und gelangte, nachdem ich zwei bedeutende Salzwasserflüsse, die sich vereinigten, gekreuzt hatte, zu einem Süßwasserflusse, den ich gegen Westen und WNW weit hinauf zu dem Plateau von Arnhem Land verfolgte. Die Gegend ist bisweilen sehr schön, bisweilen und besonders am oberen Laufe des Flusses sehr gebirgig; ich nannte diesen Fluß den Roper, nach einem meiner Begleiter. Das Hochland ist eben, sandig und mit ziemlich offenem Walde bedeckt. Auf der Westseite dieses Hochlandes kam ich zu den Quellflüssen und -bächen des Süd-Alligatorflusses, zu welchem ich vom Hochlande auf sehr beschwerlichem Wege niederstieg. Ich verfolgte den Süd-Alligatorfluß abwärts bis zum salzigen Wasser und wandte mich nun gegen Norden zum Ost-Alligatorfluß.

Weite Ebenen begleiten diese Flüsse, soweit sie salzig sind; die Hügelzüge begrenzen diese baumlosen Ebenen ungefähr eine ¾ bis 1 Meile weit vom Flusse. Auf den Ost-Alligatorfluß stieß ich nicht weit von seiner

Mündung, und da er hier sehr breit und tief ist, sah ich mich gezwungen, ihn aufwärts zu verfolgen, bis ich ihn kreuzen konnte. Nachdem ich dies bewerkstelligt hatte, setzte ich meine Reise nach Norden fort, fand mit Hilfe freundlicher Schwarzer die schmale Landzunge der Halbinsel Cobourg und gelangte endlich am 17. Dezember 1845 in Victoria, der englischen Niederlassung von Port Essington, an.

Meine Gefühle beim Anblick von Häusern und beim Willkommen von zivilisierten Menschen kannst Du Dir leicht vorstellen. Ich hatte eine Reise von 14 ½ Monaten durch die Wildnis vollendet, welche von den meisten nicht nur für sehr gefährlich, sondern mit meinen Mitteln für unmöglich gehalten wurde. Ich hatte ungeachtet schmerzlicher Verluste selbst einen Ochsen nach Port Essington gebracht, so daß wir immer noch weit vom Hungertode entfernt waren. Überdies hatte ich noch acht Pferde, und keiner von uns war gezwungen, zu Fuß zu gehen, welches in diesem heißen Klima sehr erschöpfend ist und uns wahrscheinlich bald aufgerieben haben würde.

Ich sah Schwarze auf meiner Reise häufig, und mehrere Male kam ich mit ihnen in Berührung. Sie waren mit einer einzigen Ausnahme, welche Herrn Gilbert das Leben kostete, stets freundlich. Sooft wir auf unserem Marsche auf Schwarze stießen, war ihre Furcht vor den Pferden und Ochsen so groß, daß nichts sie zum Stehen bewegen konnte, sie liefen kreischend und heulend hinweg. Doch wenn wir längere Zeit an einem Orte blieben, um unser Fleisch zu trocknen, sahen sie uns auf unsern zwei Füßen und fanden, daß wir, obwohl sehr sonderbare Kreaturen, ihnen doch im allgemeinen sehr ähnlich waren. Sie scharten sich deshalb zusammen, und die Menge gibt selbst dem Feigling Mut; nachdem sie uns lange von Ferne und von Bäumen beobachtet hatten, kamen einige ihrer mutigsten Krieger näher und machten Zeichen freundlicher Gesinnungen. Ich ging zutraulich ihnen entgegen, nahm einige Eisenstücke, eiserne Ringe usw., mit mir und machte ihnen Geschenke. Sie erwiderten diese sogleich, indem sie mir Speere, Streitkolben und verschiedene Dinge gaben, welche sie zum Schmucke oder als Zeichen gewisser Altersvorrechte trugen.

An der Spitze des Golfs von Carpentaria und an seiner Westseite begegnete ich dreimal schwarzen Stämmen, und sie zeigten deutlich, daß sie entweder Europäer oder Malaien von den Molukkischen Inseln, von

Timor, Celebes, Java gesehen hatten, indem sie die Flinten und unsere Messer kannten und für letztere selbst ihre Weiber anboten. Am Süd-Alligatorflusse fanden wir zum erstenmal Schwarze, welche die Niederlassung der Weißen gegen Nordwesten kannten; einer hatte ein Stück Tuch, ein anderer ein eisernes Beil. Am Ost-Alligator kannten die Schwarzen einige englische Worte, und wir waren hoch erfreut, als wir hörten, daß einer uns nach unsern Namen fragte. Es scheint, daß sie uns für Malaien hielten. Wie wir endlich der Halbinsel nahe kamen, zeigte die tönerne Tabakspfeife und ihre Kenntnis von Tabak, Reis, Mehl, Brot, daß wir nun dem Ziel unserer Reise nahe waren. Diese Schwarzen waren außerordentlich freundlich; und als sie sahen, daß wir nichts weiter als trockenes hartes Fleisch hatten, brachten sie uns die mehligen Wurzeln eines Grases, welche einen sehr angenehmen süßlichen Geschmack hatten. Wir waren glücklich genug, am Eingange in die Halbinsel einen Büffel zu erlegen, welcher uns wieder mit Fleisch versorgte und meinem letzten Ochsen das Leben erhielt. Der Gedanke, diesen Ochsen zu schlachten, machte mich sehr mißmutig; es war mein Liebling, und ich hatte ihn die ganze Reise über mit eigener Hand beladen; er war zuerst wild und unbändig, doch allmählich wurde er zahm und ruhig, obwohl er mir von Zeit zu Zeit mit seinem Hinterfuße einen freundschaftlichen Schlag gab, der mich gewöhnlich für mehrere Tage lähmte. Er ist jetzt in Port Essington; ich vermachte ihn dem Kapitän MacArthur, dem Kommandanten des Ortes, welcher mir versprach, für ihn Sorge zu tragen. Herr Kapitän MacArthur nahm mich sehr freundlich auf und tat alles Mögliche, mich die Mühsale der Reise vergessen zu machen. Ich vollendete während meines Aufenthaltes in Port Essington meine Karten und den Bericht meiner Reise, glücklicherweise kam ein Schiff von Singapore, welches der gewöhnlichen Sitte entgegen durch die Torres-Straße nach Sydney ging. Auf diesem Schiffe – *Heroine* – schreibe ich diesen Brief, und obwohl ich mich auf dem Meere gewöhnlich nicht wohl befinde, hat der Kapitän des Schiffes, Herr Mackenzie, meine Reise bis jetzt recht behaglich und angenehm gemacht, so daß ich imstande bin, zu denken und zu schreiben, ohne seekrank zu werden.

In der Wahl meiner Gefährten bin ich im ganzen nicht sehr glücklich gewesen ... [weiterer Text im Original nicht abgedruckt].

Der einzige, der sich mit wenigen Ausnahmen untadelhaft gegen mich betrug, war ein anderer junger Mann, Herr Calvert, welcher auf demselben Schiffe mit mir von England nach Australien gekommen war.

Keiner meiner Gefährten war während der Reise eigentlich krank. Ich selbst litt heftig an Blasensteinen, welche nach großen Schmerzen mit dem Urin abgingen, und glaubte sterben zu müssen, doch Gott war mir gnädig. Am Ende meiner Reise quälten mich Unannehmlichkeiten mit meinen Gefährten so sehr, daß ich es wahrscheinlich nicht länger als einen Monat ausgehalten haben würde. Ich war tief erschöpft, mehr geistig als körperlich, als ich in Port Essington ankam.

Wenn ich nach Sydney zurückkomme, werde ich meine Reise ausarbeiten und sie zum Drucke vorbereiten. Nachdem ich dies vollendet habe, werde ich versuchen, mir Mittel zu einer anderen Reise, von der Ostküste durch das Innere von Australien zur Westküste zum Swan River, zu verschaffen, und ist mir dies gelungen, so werde ich vom Swan River an der Westküste entlang nach Port Essington hinaufgehen. Du siehst, ich habe noch genug hier zu tun. Wenn ich alles dies hinter mir habe, werden mich die Umstände lehren, was ich weiter zu tun habe. Ich sehne mich nicht nach Europa, aber nach den europäischen Freunden; hätte ich Euch hier, so würde ich kaum an ein Zurückkehren nach Europa denken. In Sydney glaubt man, daß ich längst entweder ermordet oder verhungert bin, und so wenig vertraute man auf den glücklichen Erfolg meiner Unternehmung, daß man eine andere Expedition unter Sir Th. Mitchell auszusenden im Begriffe steht, welche wenigstens 7.000 £ kostet, während meine kaum 900 £ gekostet hat. Was die Leute sagen werden, wenn ich plötzlich aus dem Grabe auferstehe mit einer Menge von Bergen, Gebirgen, Flüssen und Bächen in meiner Tasche, wollen wir sehen! Ich verlor auf meiner Reise sechs von meinen besten Pferden – zwei gehörten Gilbert –, und dies zwang mich, meine schönen botanischen und geologischen Sammlungen fast gänzlich wegzuwerfen. Ich verbrannte an 3.000 trockene Pflanzen; das Berliner Museum mag mit mir jammern, denn ich hatte die Absicht, einen Teil meiner Sammlung nach Berlin zu senden.

Lebe wohl, mein teuerster Schwager, grüße Mütterchen und alle, die an mich denken, von Deinem Dich liebenden Schwager

Ludwig

1851 · Friedrich Gerstäcker

Goldrausch in Sydney und Bathurst

13 *Charles Darwin hatte Bathurst 1836 besucht und es als verschlafenes Nest empfunden, ein letzter Außenposten vor dem großen unbekannten Land im Westen. Das änderte sich sehr schnell mit den ersten Goldfunden bei Bathurst im Frühjahr 1851.*

So stand drei Jahre nach dem Beginn des Goldrausches in Kalifornien auch Australien kopf. Kurz nach diesen Funden wurde auch in Victoria Gold entdeckt. Innerhalb von zehn Jahren verdoppelte sich die Bevölkerungszahl von New South Wales auf 350.000, und die von Victoria versiebenfachte sich auf 540.000 (Aborigines nicht mitgezählt). Zwischen 1851 und 1861 lieferte Australien ein Drittel der Weltproduktion an Gold; mit zunehmender Kapitalintensität der Förderung und der Ausbeutung der südafrikanischen Goldfelder vom Witwatersrand (ab 1878) ging dieser Anteil wieder zurück.

Das »Kerr-nugget«, das im Juli 1851 gefunden wurde, war ein Konglomerat aus 35 kg Quarz und fast 40 kg Gold – vielleicht ist das das Riesennugget, von dem im Text die Rede ist.

Friedrich Gerstäcker (1816–1872) war sechs Jahre als Auswanderer in Amerika und wurde nach seiner Rückkehr Schriftsteller. Seine späteren Weltreisen lieferten ebenfalls Stoff für Reiseberichte und Romane. Er war einer der beliebtesten Autoren des 19. Jahrhunderts, bekannt für seine »kecken und naturnahen Bilder«, so ein zeitgenössischer Biograph.

Wie hatte sich Sydney in der kurzen Zeit meiner Abwesenheit verändert! Als ich vor etwa vier Monaten den Ort verließ, war es eine zwar geschäftige, aber sonst ruhige und allem Anschein nach vollkommen vernünftige Stadt, in der nicht die geringsten Symptome irgendeines hitzigen Fiebers oder eines versteckten Wahnsinns zu erkennen waren. Alles ging seinen geregelten Gang, und wenn auch dann und wann einmal ein paar ehrgeizige Redner in irgendeinem Antitransportationsmeeting [es gab Bestrebungen, die britische Regierung zu der Einstellung der Deportationen zu bringen] einen kleinen Teil der Bevölkerung für ein paar Stunden aufregten, so verlor sich diese augenblickliche Aufwallung doch schon abends beim Tee wieder, und am nächsten Morgen war keine Spur mehr davon zu finden. Was aber fand ich wieder?

Es wird schwer sein, lieber Leser, Dir einen deutlichen Begriff von dem wirklich fabelhaften Zustand zu machen, in dem sich die Leute zu befinden schienen, und wie mir selber dabei zumute war. Bist Du schon einmal, selbst vollkommen nüchtern, in eine Gesellschaft etwas angetrunkener, höchst fideler, exaltierter Leute gekommen, in eine Gesellschaft, wo alles drunter und drüber ging, wo die Flaschen unter und die Leute auf den Tischen lagen, wo man sang und jubelte, Reden hielt und einander, ohne darauf zu achten, daß der Nachbar das nämliche tat, die wahnsinnigsten Geschichten in die Ohren schrie und nun ebenfalls verlangte, daß der eben Eintretende all das tolle Zeug auch ebenso toll mitmachen und sich ohne weitere Vorbereitung in den höchsten Grad geistiger Aufregung nicht erst hineinarbeiten, sondern gleich hineinstürzen solle? So ungefähr ging es mir, als ich hier nach Sydney kam und sich alles wie im tollen Walpurgistanz der Brockennacht um das flammende Teufelslicht so hier um den blühenden Götzen des neugefundenen Goldes schwindelnd, aber unermüdlich drehen sah, und wenn ich nicht glaubte, daß die Leute alle mitsammen verrückt geworden wären, so geschah das nur aus dem einzigen Grunde, weil ich es ganz gewiß wußte.

Man hörte, wohin man sich wandte, nichts auf der weiten Welt als entsetzliche Geschichten von riesigen »Nuggets« (ein wahrscheinlich mit dem Gold gefundenes Wort, das noch in keinem Wörterbuch steht), cradles, licenses, claims und wie alle die geheimnisvollen Sprüche sonst heißen mögen. Alle Berechnungen reduzierten sich auf Unzen und Pennyweights und ein gewöhnliches Gespräch konnte man mit keinem Menschen mehr führen.

»Doktor, ich weiß nicht, mir ist heute morgen so unwohl«, hörte ich einen meiner Freunde zu seinem Hausarzt sagen.

»Haben sie schon von dem Riesennugget gehört?« lautete die Antwort.

»Jawohl, jawohl, aber meinen Sie wohl, daß ich etwas einzunehmen brauche?«

»Nein bewahre, hundert und sechs Pfund Troy soll er an reinem Gold wiegen.«

Ein Orangenmann schiebt seinen Karren durch die Straße und die George Street hinauf, als ob er die Post einholen wolle.

»Hallo old fellow – was kosten die Orangen?«

»Letzte Ladung, letzte Ladung, Gentlemen!« schreit der Bursche stehenbleibend und sich den Schweiß von der Stirn trocknend, »morgen fahre ich was anderes als Orangen nach Bathurst hinauf – acht für Sixpence – bless your eyes have you seen the nugget?« Es ist zum Verzweifeln.

In der George Street besonders bildeten sich dabei die wunderlichsten Gruppen – vor den Juwelierläden standen die Menschen und schauten in staunender Bewunderung die außerordentlichen Nuggets an, vierzig und fünfzig Unzen schwer, die eben in den Ophir Diggings gefunden und hier nun zur Schau gestellt waren. Sie verheißen so viel wie: »So, seht Ihr, so ein Stück könnt Ihr auch bekommen, und vielleicht noch größer, wenn Ihr Euch nur augenblicklich Wiegen, Schaufeln, Spitzhacke und alle möglichen anderen Marterwerkzeuge kauft, Hunderte von Meilen in die Gebirge zieht und dort zu arbeiten anfangt, als ob Ihr Euch nach den Antipoden durchgraben wolltet.«

Vor der Redaktion des *Morning Herald* ging es noch bunter zu – dort war gerade die Zeitung aufgeklebt, in der der neuentdeckte hundertpfündige Klumpen beschrieben stand, und einige zwanzig Menschen schienen total unbekümmert, was aus ihrem übrigen Körper würde, so sie nur den Kopf in die förmliche Schädelpyramide einzwingen konnten, die sich von gierigen Lesern des goldenen Berichts um das beliebte Zeitungsbrett her gebildet hatte. Wer bis jetzt noch nicht mit sich einig gewesen war, ob er in die Goldminen hinaufgehen sollte oder nicht, dem war der 300 Pfund schwere Klumpen in das Gegengewicht geschlagen, und er machte sich nun Hals über Kopf auf den Weg, die andern, jedenfalls dort noch ebenso herumgestreuten Klumpen nicht länger unaufgehoben liegen zu lassen.

Eisen – wer hat da behauptet, daß im Eisen die magnetische Kraft liege, die über den ganzen Erdball hin ihre Wirkung ausübe? Gold ist der Zauber, der jetzt wie ein böser Fiebertraum über den Weltball zuckt, Gold der Magnet, dem sich in diesem Augenblick die Nadeln der ganzen Christenheit zuwenden und von dem selbst die Heiden angesteckt sind, daß sie Heimat und Freunde verlassen, um in der Fremde elend zu werden.

In der Straße sah es aber noch bunter aus – an einer Menge von Stellen wurden Karren gepackt – unten Fässer und Kisten, oben Wasch- und Quecksilbermaschinen darauf gebunden, und Spaten, Schaufeln und Spitzhacken überall eingesteckt, wo noch irgendein Luftloch frei geblieben war. Um solche Karren standen dann immer Scharen von Menschen, staunten die Maschinen an oder beneideten die Glücklichen, die jetzt schon imstande waren, dem Eldorado entgegenzueilen – die Glücklichen! Dray nach Dray, mit allen nur möglichen brauchbaren und unbrauchbaren Dingen beladen, von mageren Ochsen oder Pferden gezogen und ganzen Karawanen abenteuerlich gekleideter Mädchen eskortiert, zog die Straßen hinauf oder hielt vor den öffentlichen Schenkläden, noch einmal und wieder einmal einen letzten Abschiedstrunk zu tun.

Der größte Menschenhaufen sammelte sich aber stets, wenn die Post, die Royal Mail, mit lebender Fracht bis an den Gipfel beladen, abends um 5 Uhr abfuhr – nicht allein Abschiednehmende (und verwünscht gute Ursache hatten sie, von denen Abschied zu nehmen, die ihren Hals auf einer australischen königlichen Postkutsche in Gefahr brachten) und Glückwünschende, sondern auch Massen von Neugierigen, die wenigstens jene Passagiere noch einmal sehen wollten, die in zweimal vierundzwanzig Stunden sich schon wirklich in jenen fabelhaften Regionen befinden würden, gegen die Aladins Lampe und Sindbads Höhle doch immer nur eine alte Rüstkammer abgelegter Juwelierarbeiten waren. Wenn diese Leute nachher nach Hause gingen, geschah es gewöhnlich mit dem festen Entschluß, ihr Glück nun auch nicht länger förmlich von sich zu stoßen, jede andere Beschäftigung, sei sie auch noch so einträglich, hier aufzugeben und mit erster Gelegenheit selber nach den Minen aufzubrechen.

Der Preis bis Bathurst, etwa 130 englische Meilen, war bis jetzt 30 Shilling oder eineinhalb Pfund Sterling gewesen, durch diese Masse von Passagieren aber, die befördert werden wollten, stieg er auf 2 Pfund 5 Shilling, und als ich mich an dem Tag nicht gleich einschreiben ließ und am nächsten wieder hinkam, auf 2 Pfund Sterling 10 Shilling hinauf, und dabei nur 14 Pfund Gepäck frei. Da ich übrigens fest entschlossen war, hier in Australien, seit mir doch Zeit genug blieb, die Minen wenigstens einmal zu besuchen und den Charakter derselben kennenzulernen, wollte ich denn auch keine Zeit mehr versäumen, nahm mir einen Platz auf den nächsten Mittwoch in acht Tagen und wartete nun ruhig meine Zeit ab, bis die Reihe an mich kommen würde.

So rückte denn der Mittwoch heran, abends um fünf Uhr war ich an Ort und Stelle, kletterte, meiner früheren Fahrt nach Albury eingedenk, gleich von Anfang an oben auf den Wagen, wo wir 16 erwachsene Menschen saßen, und mit dem Ruf «All is right», während noch keiner seinen Sitz eigentlich gewiß hatte, zogen die Pferde an, und wir schüttelten uns nach und nach ineinander.

Bis Paramatta geht die Stagecoach, ein sehr schöner stattlicher Wagen, das sind 15 Meilen. Von da bis Penrith, etwa 18 Meilen mehr, bekommt man eine Art Omnibus, auch noch bedeckt, von da aber fangen die offenen Karren an; die Pferde waren schlecht und die Wagen ebenfalls, und das Ganze war in der kalten Nacht eben eine miserable Fahrt. In der Stockdunkelheit ließ sich natürlich auch nicht viel von der Gegend erkennen, überall am Weg sahen wir aber die Lagerfeuer der in die Minen mit Provisionen und Gerät Wandernden, manchmal fünf bis sechs Feuer zusammen, und mehrmals überholten wir Fußreisende, die mitten in der Nacht rüstig vorwärts wanderten und dem Anschein nach gar nicht den Tag abwarten konnten, um nur erst die Minen – das Gold – zu erreichen.

Etwa um neun Uhr am nächsten Morgen begegneten wir vier Männern, die aus den Minen zurückkamen; sie rasteten einen Augenblick in demselben Haus, wo wir frühstückten. Meine Mitpassagiere fielen gierig über sie her, ihnen einen getreuen Bericht vom Eldorado abzupressen; sie waren aber einsilbig, meinten jedoch, es sei viel Gold oben, und wer nur tüchtig arbeiten wolle, könne schönes Geld verdienen. Die Goldgierigen waren damit vollkommen beruhigt – arbeiten, bah, was ist das, das versteht sich von selbst – nur *Gold*. Mir klang die Sache ungemein nach

Kalifornien, und ich freute mich auf das Resultat.

An demselben Morgen kamen wir zu Mount Victoria, und es war dies der erste Platz in Australien, wo ich wirkliche Szenerie in einem etwas großartigeren Charakter gesehen habe. Mount Victoria ist selber ein ziemlich bedeutender Berg, der schroff und malerisch in einen ihn von drei Seiten umgebenden Kessel hinabläuft und ein weites, mit Bäumen dicht bewachsenes, tiefes Tal bildet. Die Vegetation ist allerdings dieselbe wie in allen übrigen Teilen Australiens, die ich bis jetzt gesehen habe. Gumbäume, ewige Gumbäume [Eukalyptusbäume], was eben alle übrigen Landschaften so entsetzlich monoton macht. Hier aber, wo die weit ausgedehnten und zurückgedrängten Bergmassen eine weitere Fernsicht gestatten, erhalten die den Hintergrund und die Seitenkulissen bildenden Schichten eine andere, sich mehr und mehr ablichtende Färbung und dadurch selbst meine Freunde, die Gumbäume, einen ehrenvollen Platz in dem Ganzen; man vergißt für den Augenblick, daß sich ihre Brüder in der Ferne nur mit dem fremden Sonnenlicht geschmückt und farbige bunte Nebelschleier übergehängt haben, um sich ein anderes, phantastisches Aussehen zu geben, daß es aber sonst ebenfalls nur ehrliche, mattfarbige, gleichblättrige Gumbäume sind.

Der hier eine tiefe Schlucht überbauende Weg scheidet die beiden Täler mit einer ihm gegenüberliegenden Felskuppe in zwei, wie es scheint, fast gleiche Hälften, von denen der Blick nach rechts hinunter wohlgefällig auf kleinen hingestreuten weißen Häusern und Wohnungen geschäftiger Menschen ruht, während links die noch unberührte, unentweihte Wildnis in all ihrer großartigen Öde liegt.

Unentweiht sage ich? Der Kutscher erzählte uns eine Anekdote vom Mount Victoria, die mir das Blut in den Adern gerinnen machte. Gerade vor der höchsten Kuppe, die mit steilen und schroffen Felsmassen weit über den unter ihr rauschenden Wald hinaushängt, fuhren wir vorbei, als er nach der höchsten Spitze hinaufzeigte und, sich zu uns umwendend, sagte: »Das ist die Spitze, wo sich damals der junge Bursche hinuntergestürzt hat.« Und weshalb? lautete die fast allgemeine Frage.

»Oh, er soll nicht richtig im Kopf gewesen sein«, sagte einer der Passagiere, der schon mehr als zwanzig Jahre hier im Lande war und die Verhältnisse wohl genauer kannte, als er selber gern gestehen mochte, »es war damals, als sie hier die Straße bauten, und sie hatten einen jungen

Bengel dabei, der immer den Kopf hängen ließ und sich mit den anderen gar nicht abgeben wollte. Natürlich waren es lauter Kettengänger, Deportierte, welche die öffentlichen Arbeiten verrichten mußten. Keiner von allen mochte den jungen Burschen leiden, er paßte auch nicht zwischen die Leute, und der Führer hieb ihn manchmal, wenn er, wie er meinte, seine trübe Laune hatte, ›daß ihm die Haut vom Rücken hing‹. Eines Morgens, als er auch einmal, ich weiß nicht mehr, was, versehen und seine gehörige Portion Prügel bekommen hatte, war er auf einmal verschwunden, und wie wir – wie die Leute hier unten am Wege arbeiteten, sahen sie auf einmal den jungen Menschen da oben auf der Felskuppe stehen. Der Aufseher rief ihm natürlich gleich zu, er solle herunterkommen und an die Arbeit gehen, sonst ließe er ihm eine andere Portion aufzählen; der ›Verrückte‹, denn verrückt muß er ganz gewiß gewesen sein, schüttelte aber langsam den Kopf, hob dann die Hände in die Höhe und rief so laut, daß wir es alle mitsammen deutlich hören konnten: ›Gott sei meiner Seele gnädig – Gott segne Euch alle!‹ und warf sich von da oben herunter, daß er gleich darauf wie ein Wollsack aufschlug«.

»Und war er tot?« fragte einer.

»Tot?« sagte der Erzähler, und der rauhe Gesell schauderte innerlich ordentlich zusammen, als ihm wahrscheinlich das Bild des zerschmetterten Unglücklichen wieder vor der Seele auftauchte.

»Hier die Brücke sind auch vor einiger Zeit ein paar hinuntergefallen«, sagte der Kutscher, um uns auch die zweite angenehme Nachricht genießen zu lassen.

»Über das Geländer?« »Ja, da dicht am Geländer hin, wo die kleinen Büsche stehen – es waren zwei, die nach Bathurst marschierten. Unterwegs bekamen sie Streit miteinander, und gerade hier fingen sie an, sich zu boxen und zu ringen, bis sie dann beide hinunterstürzten und einer gleich tot blieb und der andere, glaub ich, nur Arm und Bein zerbrach. Er ist aber wohl auch nachher gestorben.«

»Nein«, sagte da einer der Passagiere, ein bleicher, finster aussehender Gesell, »das war ich selber.«

Wir sahen den Mann alle an, der Kutscher hieb aber in dem Moment in die Pferde, der Weg ging steil bergab, und im vollen Galopp rissen die Tiere den Weg hinab den schweren Wagen hinter sich her, daß ich alle Augenblicke glaubte, wir schlügen kopfüber kopfunter den Hang hinunter, und dann hätte ich nicht einen Pfifferling um unser aller Leben gegeben. Wir hatten aber Glück, kamen lebendig unten an und wechselten im Tal die Pferde.

Die Straße glich jetzt einem Jahrmarktsweg – überall Karren, bald mit Pferden, bald mit Ochsen bespannt; überall aber schwer mit Gepäck beladen und mit Zügen von Menschen vor und hinter sich, die also den Minen und damit, wie sei meinten, ihrem Glück entgegenzogen. Hier und da fanden wir noch Lagerfeuer am Weg, wo die Karawanen nicht zeitig aufgebrochen oder Treiber ausgegangen waren, das im Wald zerstreute Vieh zusammenzusuchen; an anderen Orten rauchten die niedergebrannten Feuer, und Scharen schwerbepackter Männer und nicht selten Frauen, sogar mit Kindern auf dem Rücken, trafen und überholten wir auf der Straße. Das Wetter war klar und schön, und die Leute schienen alle bester Laune und voll der reichsten Hoffnungen.

Den Nachmittag, wo wir an ein Stück sehr schlechter Straße kamen, rannten wir mit den beiden rechten Rädern über eine mitten in den Geleisen hochaufstehende Wurzel, und es knackte irgendwas an dem Fuhrwerk. Der Kutscher stieg ab und sah nach Rädern und Federn; dort schien aber alles in gutem Stand oder war vielmehr so mit Schmutz bedeckt, daß sich gar nichts erkennen ließ. Er stieg wieder auf, gab den Pferden die Peitsche, und im Galopp ging es den steilen holprigen Berg hinunter. Wie wir unten ankamen, fiel die Deichsel, die oben, als wir über die Wurzel rasselten, wahrscheinlich eingeknickt war und wohl nur noch aus Gefälligkeit so lange gehalten hatte, aus den Schultern, und wir mußten jetzt beinahe vier Meilen bis zur nächsten Poststation zu Fuß gehen. Wäre sie unterwegs an dem Berghang ausgefallen, wir hätten Arme und Beine gebrochen.

Abends, schon eine Weile nach Sonnenuntergang, erreichten wir Bathurst und stiegen dort im Royal Hotel bei Mrs. Black ab. Kaum war hier noch Raum zu bekommen, so lagen all die Wirtshäuser voll; ich hörte auch, daß die am nächsten Morgen nach den Minen hinaufgehende Post ebenfalls schon gänzlich besetzt sei, und entschloß mich bald, den übrigen Weg – nur noch etwa 28 Meilen – zu Fuß zurückzulegen.

Die Gespräche im Hotel zu Bathurst drehten sich natürlich einzig und allein um das schon gefundene und noch zu findende Gold, und so sehr mich der Inhalt selber anekelte, so interessant waren mir doch auch zu gleicher Zeit die manchmal förmlich wahnsinnigen Ansichten einzelner. Besonders interessierte mich ein englischer Jude, der auf die geheimnisvollste Weise von selbstentdeckten und noch keinem Menschen weiter bekannten förmlichen Goldbergen sprach, um die herum er die Diamanten und anderen Edelsteine nur so auflesen könne. Seine Zuhörer horchten ihm im wahren Sinn des Wortes mit offenem Munde zu, und ein paar herumgezeigte Stücke Gold setzten seiner ganzen Erzählung die Krone auf. Nicht mehr von Unzen und Pfunden sprachen die Leute, sondern von Zentnern, und das schönste dabei war, daß sie ernsthaft blieben.

Ich trank mein Glas Brandy hot und legte mich nachher ruhig zu Bett; ich hatte morgen eine tüchtige Fußtour vor mir und wußte nur zu gut, was mir in den Minen selber an Strapazen und Unannehmlichkeiten bevorstand; war aber auch dabei fest entschlossen, nur eben so lange oben zu bleiben, bis ich einen Überblick über das Ganze erlangt hätte, und nicht wieder etwa, wie in Kalifornien, mich festzuarbeiten.

Mit zweien meiner Mitpassagiere auf der Royal Mail – ich sollte sie eigentlich Leidensgefährten nennen – brach ich am nächsten Morgen nach den Minen auf; der Weg war öde und wenig belebt, denn die richtige und nächste Minenstraße nach dem Innern führte gar nicht über Bathurst; dennoch überholten wir viele Drays, die schwer beladen in die Berge zogen, und hätten den Turon selber schon früh genug erreichen können, wären meine beiden Wandergefährten nicht so entsetzlich schlechte Fußgänger gewesen. Der eine besonders war ein kleines dickes Männchen, und so schnell ihn auch sein eigenes Gewicht, immer tief dabei aufseufzend, bergab trieb, so rasch blieb er zurück, wo der Weg nur selber eben wurde, und ging es erst einmal gar wieder bergauf, dann mußten wir anderen beiden oft Viertelstunden lang warten, um ihn nur wieder in Sicht zu bekommen. Wir ließen ihn aber später ganz zurück, und ich habe ihn nie wieder gesehen.

Mein anderer Begleiter war ebenfalls, wie mir am Anfang schien, ein ziemlich stark beleibter Gesell, mit nur etwas magerem Gesicht, der Schweiß stand ihm aber fortwährend in großen Tropfen auf der Stirn, und er erklärte mir plötzlich, er könne nicht mehr weiter, bis er nicht »ein paar von seinen Hemden« ausgezogen habe. Ein paar von seinen Hemden? Ich sah den Mann ganz erstaunt an, er war aber vollkommen ernst, warf ein paar doppelte Decken, die er ebenfalls noch, fest zusammengerollt, auf dem Rücken trug, auf die Erde nieder und zog sich drei, sage drei, wollene Hemden oben ab, wobei er noch, wie er mir versicherte, nur zwei, ein wollenes Überhemd und ein Flanellhemd (wahrscheinlich auch noch ein paar Unterjacken) anbehielt. An Hosen, von denen er drei wollene und eine Unterhose trug, wollte er, um sich nicht zu erkälten, keine ausziehen, aber ein paar Strümpfe und ein paar Socken warf er ab und behielt nur ein Paar wollene und ein Paar baumwollene Strümpfe an. Auch den wollenen Schal, den er bis jetzt um den Hals getragen hatte, band er ab. Der Mensch fing an, ordentlich dünn zu werden, und ich bin fest überzeugt, daß er, legte er die übrigen viertel und halben Dutzend Hemden und Hosen ebenfalls ab, gar keinen Schatten mehr geworfen hätte.

Die Nacht lagerten wir in den Bergen, wo wir nur hie und da spärliche und stets schmutzige Wasserlöcher und nicht einen einzigen fließenden Bach mehr fanden, um an einer kleinen Lache wenigstens einen Quarttopf voll Tee brauen zu können. Wir waren am nächsten Morgen bald nach Tagesanbruch am Turon.

Schon vorher hatten wir ein paar kleine steile Creeks passiert, in denen ich unten Waschmaschinen rasseln hörte, aber sie hielten ebenfalls kein fließendes Wasser, nur stehende Wasserlöcher; ich wollte die Zeit nicht damit versäumen, zu ihnen hinabzuklettern, und gedachte sie lieber auf dem Rückweg zu besuchen.

Als ich übrigens den letzten Hügelhang, der mich noch vom Turon trennte, hinabstieg, fand ich alle meine Erwartungen erfüllt, alle meine Befürchtungen bestätigt – es war dasselbe Leben und Treiben, dasselbe Haschen und Jagen, derselbe Erfolg, dieselben Täuschungen wie in Kalifornien, nur die Natur noch trauriger, nur die Schwierigkeiten mit Waschen und Arbeiten, wie mir schon damals schien, noch größer.

Das war also der Turon, wohin jetzt Tausende wie nach einem Eldorado drängten und strebten, das der Platz, der allen auf der Straße Herumlaufenden mit einem goldenen Schein überstrahlt schien, wo ihre kühnsten Hoffnungen und Erwartungen erfüllt werden sollten? Ihr armen Leute, ihr tatet mir in dem Augenblick ungemein leid, und ich ging mit noch einmal so leichten Schritten den Berg hinunter, weil ich nicht mit dazu gehörte und bald, gewiß recht bald, wieder diesem schauerlichen Aufenthalt adieu sagen konnte.

Mit dem Eldorado mußte es aber doch nicht so recht richtig sein, denn zu meinem Erstaunen sah ich gerade an diesem Morgen förmliche

Züge von Miners, mit ihren Wiegen und Handwerkszeug auf dem Rücken, den Turon hinunterziehen, und wie mir einige von ihnen, die ich fragte, sagten, so wanderten sie anderen, neu entdeckten Minen zu.

»Aber am Turon sollen ja die Minen so ergiebig sein«, warf ich ein. »Ja, manche Stellen sind schon gut«, lautete die Antwort, »und manche haben hier schönes Geld zusammengeschlagen, aber es kommen ihrer zu viele, und dann ist an vielen Stellen zu viel und an anderen wieder zu wenig Wasser – bloß um den knappen Tageslohn mag man auch nicht solche Arbeit tun, und wir wollen einmal sehen, ob es nicht an ›der Welt Ende‹ besser ist.«

Die neuen Diggings liegen nämlich an einem Platz, der humoristischerweise »the world's end« genannt war, und Hunderte sah ich in den wunderlichsten, manchmal auch traurigsten Aufzügen dorthin strömen, das hier am Turon vergebens gesuchte Glück nun dort endlich und wirklich zu finden – am Ende der Welt mögen sie es wirklich finden.

Nun ist das allerdings das nämliche in Kalifornien, die Leute ziehen dort ebenfalls unermüdlich von einer Bergschlucht zur anderen – wo fünfzig kommen, begegnen sie auch sicher fünfzig, die gehen, bis jeder das Plätzchen findet, wo er seine Arbeit bezahlt zu bekommen glaubt, um endlich die Minen wieder verlassen zu können. Hier aber kam mir das ein wenig früh vor, denn die Zeitungen – oh die Zeitungen! – hatten gesagt: Die Leute seien da oben nicht einmal zufrieden, wenn sie nur eine Unze den Tag fänden. Nur eine Unze! Ich war zu lange in Kalifornien gewesen, um nicht zu wissen, was es bedeuten will, eine Unze den Tag zu finden, und wie wenige imstande sind, das wochenlang durchzuführen. Ich fand auch bald, daß ich mich in meinen Erwartungen über die hiesigen Minen nicht im mindesten getäuscht hatte und daß sie, ebensowenig wie die kalifornischen, jene Tausend-und-eine-Nacht-artigen Beschreibungen und Schilderungen verdienten. Es war harte Arbeit und Lohn dafür ungewiß, wie dort, und die Zahl der Unzufriedenen überwog in das Unendliche die der Zufriedenen. Allerdings sind einige Stellen am Turon, welche die dort Arbeitenden außerordentlich gut bezahlen; am sogenannten golden point haben einzelne Partien schon förmliche Vermögen herausgewaschen; obwohl aber einzelne Partien wirklich glänzende Geschäfte machen und ihr Glück von den dabei natürlich sehr interessierten Händlern und Krämern in alle Welt ausposaunt wurde, arbeiten andere wieder – und diese bedeutend in der Majorität – dicht daneben und verdienen kaum ihren Taglohn, während Hunderte am Fluß auf und ab ziehen, hie und da beginnen und wieder aufhören, weil sie eben nicht einmal, oder doch nur sehr spärlich, ihren Taglohn machen können. Waren sie doch keineswegs hier herauf gekommen, wie die Hunde zu leben und weiter nichts zu verdienen als was sie, wären sie in Sydney geblieben, gleichfalls verdient und doch ein menschliches Dasein dabei geführt hätten! Viele entschlossen sich also kurz und gut, jetzt, da es noch Zeit und Arbeit in Sydney gesucht war, wieder dorthin zurückzukehren, andere versicherten mir, sie wollten es noch ein paar Monate mit ansehen, »sie träfen doch wohl einmal den einen glücklichen Punkt«, und andere meinten wieder: Sie gingen unter keiner Bedingung in ihre alten Verhältnisse zurück, ehe sie nicht wenigstens ebenso viel gegraben hätten, als sie mitgebracht oder ausgelegt. So weit waren ihre Erwartungen schon heruntergegangen.

Das alles nun melden die australischen Zeitungen nicht; sie heben nur die Lichtseite des Gemäldes heraus, und ihr Zweck und Ziel ist dabei auch leicht genug zu erkennen. Menschen wollen sie nach Australien haben, Arbeiter, und die, welche durch die bisher von englischer Seite ausgestreuten Auswanderungsschriften nicht hierher gelockt werden konnten, denen soll das Gold den letzten Gnadenstoß geben. Ihren Zweck werden sie auch unfehlbar erreichen, Auswanderer werden ihnen in Massen zuströmen, und Arbeit wird und muß nicht allein billiger werden, sondern sie können auch die jetzt so sehr fehlenden Arbeiter in Massen herüberbekommen – werden das aber nachher zufriedene Menschen sein? Doch daran liegt ihnen nichts; sie brauchen Schäfer und Hütten- und Viehwächter, Hirten und Weinbauern, Gärtner, Feld- und Straßenbauer, und es läßt sich denken, daß sie die Gelegenheit benutzen, solche Leute hier herüberzubringen. Die Regierung begünstigt das natürlich, so viel sie kann, denn sie hat den Knopf auf dem Beutel und zieht mit ihren Lizenzen eine ungeheure und stets sichere Rente. Je mehr Arbeiter sie in die Minen bekommt, desto mehr müssen ihre 30 Shilling per Monat bezahlen, und wenn Tausende dann auch aufgerieben werden oder erschöpft die Minen verlassen, so erhält man doch stets gute Arbeiter – »der Bien' der muß«, sagt der Russe, und der bisherige Miner muß auch, will er nicht verhungern, sobald er nichts in den Minen verdienen kann, Schäfer oder sonst etwas – und dann, wenn erst einmal die Stellen überfüllt sind, um jeden Lohn – werden.

Ein Herr Hargraves, der Entdecker des australischen Goldes, reist jetzt überall im Land umher und sucht und findet auch neue Plätze. Dadurch werden die Gemüter und Phantasien der Goldsüchtigen in ununterbrochener Spannung gehalten. Die wahnsinnigsten Gerüchte können nicht abenteuerlich genug sein, sie finden Glauben, und der Sache wir nun noch mit fabelhaften Goldadern in Quarzgestein, mit Diamanten, Rubinen und Platin die Krone aufgesetzt. In fieberhafter Aufregung flüstern sie einander, selbst oben in den Minen, dunkle Andeutungen in die Ohren, packen bei Nacht und Nebel ihr Handwerksgeschirr und ihre Provisionen auf und wandern und klettern keuchend über die steilen Gebirge, um in einer anderen Bergschlucht dieselbe Arbeit, vielleicht mit demselben Erfolg, zu beginnen.

Und sind die Minen wirklich so reichhaltig, wie sie geschildert werden? fragt der Leser. Ja und nein. Einzelne Stellen sind es in der Tat, im allgemeinen liegt das Gold aber zu sehr zerstreut, und das Waschen desselben ist schwieriger und weniger lohnend als an gleich reichen Stellen in Kalifornien. Das Gold liegt nämlich nicht wie in Kalifornien nur unter der leichten Erde, auf dem Felsen und Ton, oder in den unteren Gesteinsschichten, die erst mit Ton und Kies gemischt sind, sondern es wird schon oben, oft selbst in lockerer Fruchterde – allerdings meist in zu geringen Quantitäten, um das Waschen zu zahlen – gefunden. Oben von der äußersten Spitze des Hügelrückens habe ich die Leute die Erde sechs bis sieben Zoll aufgraben und zum nächsten Wasser schleppen sehen, woraus sie noch ihren Taglohn machten. Das klingt nun allerdings sehr ermutigend für den, der die Bearbeitung nicht kennt, aber es besteht der große Nachteil, daß das Gold zu sehr zerstreut ist und es sich meistens nicht besonders lohnt, die ganze Erde zu waschen, um das wenige darin enthaltene Gold zu gewinnen. Dies scheint mir aber auch, beiläufig gesagt, wiederum ein Beweis der Neuheit des Landes zu sein: Das schwere Gold hat noch nicht, wie in Kalifornien, Zeit bekommen, sich zu Boden zu setzen, und liegt durch den ganzen, selbst leichten Boden zerstreut. Daß es einzelne Stellen, und die hauptsächlich in den Barren der Flüsse und wahrscheinlich in den Flußbetten selber gibt, die sehr reich ausfallen und aus denen auch noch später sehr viel Gold gewonnen wird, bleibt gewiß. Einzelne werden immer noch dort ihr Glück machen und in kurzer Zeit ein Vermögen herausschlagen; aber wie viele Tausende laufen dann daneben her und ziehen mit Nieten ab! Wie viele Tausende verlassen Heimat und Geschäft, um als Goldwäscher ihr Glück zu machen, und verdienen nicht einmal so viel, um nur wieder zu Heimat und Geschäft zurückkehren zu können! Nein, wer hierher, des Goldwaschens wegen, auswandern will, der sage nur gleich von vornherein: »Ich bin noch jung und will einmal ein paar Jahre lang ein abenteuerliches Leben führen, wenn es mir auch im schlimmsten Fall schlecht dabei geht und ich nichts verdienen kann; vielleicht glückt's mir doch, und ich bekomme dabei zugleich die Welt etwas zu sehen.« Ein junger Mann mag es in diesem Sinne wagen, einer aber, der keine Jahre mehr nutzlos zu vergeben hat, sollte es sich lieber recht genau vorher bedenken, ehe er sein Glück oder Unglück in den Minen versucht.

Die letzten Tasmanier in Oyster Cove

14 *Charles Darwin hat berichtet, wie innerhalb von zwanzig Jahren die Aborigines aus Tasmanien verschwanden und jene, die die »black wars« überlebt hatten, nach Flinders Island in der Bass-Straße deportiert wurden.*

Die letzten Überlebenden, weniger als fünfzig Menschen, wurden 1847 von dort nach Oyster Cove auf Tasmanien, einem ehemaligen Sträflingslager, zurückgebracht, um ihre völlige Ausrottung zu verhindern. Ihr Dasein, eingezwängt in ein Lager ohne die Möglichkeit, die ursprüngliche Lebensweise auch nur in Ansätzen aufrecht zu erhalten, abhängig von Lieferungen an Nahrung und Kleidung und wenn nicht mißhandelt, so doch falsch behandelt von Weißen, hatte zur Folge, daß sie ihrem Ende entgegengingen.

Vier Jahre nach Bonwicks Besuch lebten nur noch acht Menschen. Walter, von dem im Text die Rede ist, ertrank im Suff, und 1876 starb Truganinni, offiziell die letzte Aborigine von Tasmanien. Ihr Skelett wurde in Hobart zur Schau gestellt.

James Bonwick (1817–1906) war als Lehrer mit seinem Vater aus London gekommen und lehrte neun Jahre an öffentlichen und privaten Schulen in Hobart. Dann zog die Familie Bonwick nach Adelaide und gründete dort eine Schule, der aber im Zuge des Goldrauschs die Schüler abhanden kamen. James zog hinter den Goldgräbern her und wurde Schriftsteller und Herausgeber einer Zeitschrift.

Als ich Oyster Cove im Jahr 1859 besuchte, bot sich mir ein trauriges Bild. Ich wiederhole hier meinen Bericht, wie ich ihn Dr. Nixon, dem Bischof von Tasmanien, bei meiner Rückkehr nach Hobart erstattet habe. Ich suchte ihn auf, weil ich wußte, daß er echtes Interesse für die Aborigines hatte, aber wegen langer und schwerer Krankheit, die später zum Rücktritt von seinem Posten führte, sich nicht um sie kümmern konnte. Zwangsläufig werden in dem Bericht einige Tadel ausgesprochen.

Verderben war über die Aborigines gekommen und zeigte sich in ihrer Verwahrlosung. Mr. Dandridge, der bei ihnen lebte, schien ihnen gegenüber freundlich zu sein, betrachtete sich aber lediglich als Verteiler der Rationen; er sagte mir selbst, daß er überzeugt sei, daß er ihren Untergang nicht aufhalten könne. Er und seine Frau führten eine Schule für die Kinder der Farmer und Landarbeiter außerhalb der Reservation. Die Schwarzen zu unterweisen galt als hoffnungslos. Aber hätte nicht ein bißchen mehr getan werden können?

Ich traf auf eine elende Sammlung von Hütten und Wirtschaftsgebäuden, den Ruinen des alten Gefangenenlagers, gänzlich verdreckt und voller Flöhe, wie ich an mir selbst feststellen mußte. Der Superintendent konnte allein nicht alles sauberhalten; er hatte keine Diener, und die Schwarzen wollten diese Arbeit nicht tun – also wurde sie nicht gemacht. Die Gebäude umschlossen einen großen, viereckigen Hof. Die Familie des Offiziers wohnte nicht besonders anheimelnd. Die Eingeborenen waren in einigen benachbarten Hütten oder Büroräumen untergebracht. Der Lehmboden war in einem traurigen Zustand. In einigen Hütten gab es noch Reste von Bodenbrettern; die Seitenwände der Hütten waren am Zusammenfallen, die Dächer überhaupt nicht dicht. Viele Fenster waren zerbrochen, manche Türen schlossen nicht richtig. Die Möbel waren verschwunden. Hier und da gab es einen Schemel oder ein Stück Holz, aber die Frauen hockten lieber auf dem Boden, und das sah nicht immer anständig aus. Betten und Bettzeug waren besonders erbärmlich. Ich drückte dem Superintendent gegenüber meine Betroffenheit über das fürchterlich schmierige Bettzeug aus. Hier und da gab es bloß eine einzige Decke, und ich erwähnte den Mangel an Bettzeug bei alten Leuten – dabei war es gerade die kalte Jahreszeit. Mr. Dandridge war ebenso überrascht wie aufgebracht, rief die Frauen und befahl ihnen, ihm zu sagen, wo all die Decken hingekommen seien. Eine Frau sagte ganz unbeteiligt: »Böser weißer Mann hat alle gestohlen.« Die Erklärung des Superintendent war, daß sie so hinter Alkohol her seien, daß sie die Decken, die sie von der Regierung bekamen, und sogar ihre Kleidung verkauften, um an Schnaps zu kommen. Aber hätte man sie nicht ein bißchen schützen können?

Die Gärten, früher gerühmt, waren nicht mehr da. Es gab kein Zeichen von Lesestoff in den armseligen Hütten. Dem Anschein nach wurde in großen runden Töpfen gekocht, die mitten in jeder Hütte standen. Mehrfach beobachtete ich, wie die Hunde einen Topf ausleckten, denn Mensch und Tier teilten Tisch und Bett. Die wöchentlichen Rationen betrugen zu der Zeit 6,3 kg Fleisch, 4,4 kg Mehl, knapp 100 g Tee, 450 g Zucker, knapp 100 g Seife, 60 g Salz und knapp 100 g Tabak. Als Kleidung gab es eine Zuteilung von einem Stück blauen Serge, 3,5 mal 1,5 m groß, aus dem sie eine Art loses Kleidungsstück machten. Ein Unterrock aus Flanell, eine rote Mütze, ein Taschentuch, ein Wollschal, Baumwollkittel und Jacke sollten verteilt werden, und ich sah auch einige im Lager. Taschentücher waren offensichtlich nicht in Gebrauch. Wenn Besuch erwartet wurde, wurden die Aborigines ausreichend ausgestattet. Einmal war dünner Baumwollstoff für Hemden ausgeteilt und zweifelsohne auch in Gebrauch genommen worden. Jacken aus Stoff mit Punktmuster wurden nur bei besonderen Anlässen getragen.

Als ich eine Bemerkung machte wegen der Armseligkeit der Kleidung und der elenden Erscheinungen bei solchem Wetter, wurde die Klage wiederholt, daß sie Kleidung für Schnaps eintauschten, obwohl alles sogar mit einem Stempel der Regierung versehen war.

Zu Zeiten des Gouverneurs Denison ging es ihnen besser, wie sie mir selbst sagten, denn er kam sie häufig besuchen, brachte einige Familienmitglieder mit und ein Paket Spielzeug, Murmeln und Bälle. Er packte sein Schätze aus, spielte mit ihnen, sogar Bockspringen machte er mit, und es gab viel Spaß und zum Schluß etwas Gutes zu essen. Lady Denison kam manchmal mit einer Gruppe Damen vorbei und nahm dann zur Abwechlsung Eingeborene in der Kutsche mit in die Stadt. Seine Exzellenz hat auch manchmal eine Kutsche geschickt, um einige zum Essen im Government House abzuholen; hinterher gab es dann ein lustiges Stück im Theater. Dr. Nixon, der gelehrte und leutselige Bischof, kam oft zu Besuch und gab ihnen geistlichen Rat, vergaß aber nie, etwas Eßbares mitzubringen. Ein Korb voller Äpfel und ein freundliches Lächeln ließen aufmerksame Zuhörer erscheinen. Daß der Gouverneur nicht mehr da war und der Bischof lange Zeit krank, hatte dann der Aborigines Tage verdunkelt.

Sie sprachen offen von ihren Freunden, wollten aber auch das eine oder andere Wort über den Krieg gegen die Schwarzen und den Kummer, der daraus entstanden war, nicht ungesagt sein lassen. Die »bösen weißen Männer« kamen in ihren Erzählungen häufig vor. Sie verfolgten sie immer noch, stahlen ihre Kleider und machten sie betrunken.

Ihre Bewegungsfreiheit war nicht eingeschränkt. Kein Zaum umgab das Gelände, und sie konnten jederzeit im Busch umherziehen. Manchmal blieben sie ein paar Tage weg, und wenn sie wiederkamen, ging es ihnen gesundheitlich besser. Die Krankheiten, die sie plagten, entstanden aus Erkältungen, die unbehandelt blieben. Walter nahm mich mit zu einem eingefriedeten Stück Land, das als Friedhof diente. Der war überhaupt nicht romantisch, und er gab einem sehr zu denken.

Die moralische Verfassung der Leute wurde von Maryann, Walters Mischlingsfrau, sehr ungehalten beklagt. »In Flinders«, sagte sie, »hatten wir Seelen, aber hier haben wir keine. In Flinders hat man sich um uns gekümmert, und die bösen Weißen wurden daran gehindert, uns schlecht zu behandeln. Hier haben wir es mit dem Abschaum der Gesellschaft zu tun. Man hat uns mit dem Auswurf der Welt zusammengebracht (das bezog sich auf die ehemaligen Sträflinge). Hier gibt es schlechte Menschen jeder Art. Es ginge uns um einiges besser, wenn jemand uns aus der Bibel vorlesen und mit uns beten würde. Wir werden durch Alkohol und andere üble Dinge in Versuchung geführt, aber es gibt weder Bibel noch Gebet. Zur Nahrung für den Körper gehört auch Nahrung für die Seele. Man sollte an uns arme letzte Überlebende denken und uns glücklich machen. Aber niemand kümmert sich um uns.«

Das ist, was ich in meinen Aufzeichnungen niedergeschrieben habe.

Die Kneipen von Queensland

15 Die Australier standen lange in dem Ruf, es sei eine ihrer Lieblingsbeschäftigungen, staubig und verschwitzt und mit einem breitrandigen Hut auf dem Kopf in sehr kurzer Zeit sehr viel und sehr kaltes Bier in sich hineinzuschütten. Nimmt man sich einmal die einschlägigen Statistiken vom Ende des 20. Jahrhunderts vor, so ist festzustellen, daß wir Kontinentaleuropäer die weltweit größten Alkoholkonsumenten sind (gemessen in Quantitäten reinen Alkohols, der in den verschiedenen Getränken enthalten ist). Die Australier folgen erst auf dem siebzehnten Platz, führen damit allderdings das Feld der englischsprachigen Länder an.

Kneipen als Orte konzentrierten Trinkens, ohne überflüssigen Schickschnack wie Sitzplätze oder Tische, ohne weibliche Gäste, die der Verfeinerung der kneipeninternen Sitten hätten dienen können, mit gierigen Wirten, die den gesellschaftsentwöhnten Leuten vom Lande das Geld aus der Tasche zogen – so sah Carrington die Pubs, die möglicherweise auch ihn daran gehindert haben, reich zu werden.

Das wollte er nämlich, und er hat es auf vielerlei Art und Weise versucht: als Lehrer – er hatte in Oxford studiert –, Bauarbeiter, Assistent eines Fotografen, als Schäfer, Goldsucher und Fleischergehilfe. Aus dieser bunten Mischung läßt sich erkennen, daß er so seine Schwierigkeiten hatte, sein Ziel zu erreichen. Und da die Goldsucherei nicht am Ende seines australischen Aufenthaltes stand, kann man wohl annehmen, daß es mit dem Reichwerden zumindest nicht in der Größenordnung geklappt hat, die ihm vorgeschwebt war.

In den Buschkneipen geht es für gewöhnlich so zu: Ein Mann mit einem Scheck kommt an, um auf dem Weg in den nächsten Ort in der Kneipe zu übernachten. Natürlich betrinkt er sich, und wenn der Wirt es schafft, ihn den nächsten Tag dazubehalten, bleibt er mit größter Wahrscheinlichkeit so lange, bis all sein Geld weg ist. Die Wirte in den Buschkneipen haben ein natürliches Talent, ihren Kunden das Geld aus der Tasche zu ziehen, und die Sitten auf dem Lande helfen ihnen dabei. Eine davon ist, daß von jedem erwartet wird, daß er eine Lokalrunde ausgibt. Das vereinfacht die Dinge, denn ein Betrunkener ist im Rechnen nicht sehr gut, und in seinem benebelten Kopf wird er die Anzahl der Gäste eher über- als unterschätzen. Und die Wirte sagen, da er sein Geld sowieso ausgäbe, warum nicht bei ihnen? Es ist ganz selbstverständlich geworden, daß jeder klaglos hinnimmt, wenn ihm nach ein paar Tagen gesagt wird, er habe nun dreißig oder vierzig Pfund ausgegeben. Es kommt keinem in den Sinn, eine Rechnung in Frage zu stellen, auf der für einen Abend 150 Gläser Schnaps stehen. Wenn es Zeit ist weiterzuziehen, das heißt, wenn aus ihm kein Geld mehr herauszuschlagen ist, gibt ihm der Wirt eine Flasche Schnaps und den einen oder anderen Shilling mit auf den Weg, und der dankbare Kerl kommt nach ein paar Monaten wieder, und alles geht von vorne los.

Mit Worten kann man überhaupt nicht beschreiben, wieviel Kummer und Elend es in diesen Straßenkneipen gibt; Schnaps ist ihre einzige Verheißung – etwas anderes gibt es nicht und wird auch nicht verlangt. Die Männer stehen in einer erbärmlichen Hütte an einer schäbigen hölzernen Theke; wenn sie nicht mehr stehen können, fallen sie auf den schmutzigen Boden, oft gibt es nicht einmal Bodenbretter. Man kann auch essen und übernachten, aber dieser Teil des Geschäftes spielt kaum eine Rolle. Die Männer machen im besten Fall nur schwache Versuche, an Essen zu kommen, und die Wirte sind so zuvorkommend, daß sie für die Kost nichts verlangen von denen, die Kunden im alkoholischen Sektor des Geschäfts sind.

Was den Wirten sehr zugute kommt, ist das Geld, das nur auf dem Papier steht. Viele Siedler haben mit wenig oder gar keinem Kapital angefangen und zahlen Löhne aus durch Schecks oder Anweisungen an ihre Agenten in dem Hafen, für den ihre Wolle bestimmt ist. Die Anweisungen gehen von Hand zu Hand und haben das normale Geld fast ganz verdrängt. Viele dieser Anweisungen sind nichts wert, weil kein Geld dahinter steht – es gibt also gute und faule. Mit so einer Anweisung versehen macht sich ein Mann auf den Weg, kommt an einen Laden und will sich etwas kaufen. Nein, sagt der Ladenbesitzer, ich will deine Anweisung nicht. Oder ein anderer sagt: Vielleicht ist sie ja gut, aber ich bin nicht interessiert. Schließlich wendet sich der Mann an einen Wirt. Gut, sagt dieser großzügige Mensch, ich nehme sie, wenn du sie hier ganz verbrauchst. Vielleicht geht der Mann zurück zu seinem Arbeitgeber und beklagt sich, aber ihm wird gesagt, er sei bezahlt worden und die Anweisung würde honoriert, wenn er sie vorzeigte. Sie ist in der Regel auf einen Laden in Sydney oder Adelaide ausgestellt. Der Mann hat keine Handhabe, er kann nicht behaupten, daß die Anweisung faul ist, aber niemand will sie annehmen. Dafür kann ich nichts, sagt der Siedler.

Wirte, die warten können und spekulieren wollen, sind hinter solchen Leuten her, und über das letztendliche Schicksal des hart verdienten Lohns gibt es wenig Zweifel. So etwas ist nicht ungewöhnlich, es passiert jeden Tag und immer wieder. Man könnte sagen, im Busch gibt es kein Gesetz, und selbst wenn man einen Fall vor den Richter bringen wollte, so sind Richter doch schwer zu finden und genauso schwer zu überzeugen.

Ende am Cooper Creek

Die Expedition von Burke und Wills

16

John King war der einzige Überlebende einer der am besten ausgerüsteten Expeditionen, die jemals das Innere des Kontinents erforschten. King war Ire und kam aus Indien mit den Kamelen, die für diese Forschungsreise beschafft worden waren.

Die Vorräte reichten für eineinhalb Jahre. Die Route führte von Melbourne nach Norden bis zum Golf von Carpentaria. Die Expedition war sehr unbeweglich – vielleicht war sie zu gut ausgerüstet –, obwohl gleich zu Anfang im noch besiedelten Gebiet ein Teil der Ausrüstung verkauft worden war. Die Gruppe wurde geteilt; am Cooper Creek wurde ein Basislager errichtet, und Burke zog mit drei Leuten, Wills, King und Gray, und Vorräten für drei Monate nach Norden. Sie blieben im Marschland kurz vor dem Golf stecken und mußten umkehren, ohne das Meer gesehen zu haben. Schlechtes Wetter, schwindende Vorräte, Krankheit und der Tod von Gray verzögerten ihren Rückmarsch. Sie kamen nach mehr als vier Monaten ins Basislager zurück und fanden es verlassen – mangels Nachschub war das Lager genau am Tage ihrer Ankunft geräumt worden. Hier setzt der folgende Text ein.

Nachdem King wieder so weit hergestellt war, daß er seine Retter zu den Gräbern von Burke und Wills führen konnte, wurden die Leichen zunächst an Ort und Stelle begraben; später wurden sie exhumiert und erhielten ein Staatsbegräbnis, obwohl eine offizielle Untersuchung Burkes Verhalten kritikwürdig fand: unter besserer Leitung hätte »viel Unglück vermieden werden können«.

Andere Entdecker, Leichhardt zum Beispiel, haben Aborigines auf ihre Reisen mitgenommen, um deren Überlebenstechniken im Busch anzuwenden und Kontakt zu den unterwegs angetroffenen Menschen aufzunehmen. Burke ist auf diese Idee nicht gekommen.

Mr. Burke, Mr. Wills und ich erreichten das Depot am Cooper Creek am 21. April, gegen halb acht Uhr abends, mit zwei Kamelen – mehr waren von den sechsen nicht übrig geblieben, die Mr. Burke mitgenommen hatte. Unser gesamter Vorrat bestand aus etwa 700 g Trockenfleisch. Wir stellten fest, daß die Gruppe an eben diesem Tag abgezogen war, und als wir nach Zeichen suchten, die sie vielleicht hinterlassen hatten, fanden wir den Baum, auf dem eingeritzt war: Dig [grabt], 21. April.

Mr. Wills meinte, die Gruppe sei zum Darling gezogen. Wir gruben und fanden die Vorräte. Mr. Burke nahm die Papiere aus der Flasche und fragte jeden von uns, ob wir uns imstande fühlten, dem Creek zu folgen und die Gruppe einzuholen. Wir sagten nein; darauf meinte er, er hätte es für seine Pflicht gehalten, uns zu fragen, aber er selbst könne es auch nicht schaffen und habe sich zu dem Versuch entschlossen, Mount Hopeless zu erreichen, weil ihm in Melbourne gesagt worden sei, daß es dort eine Farm gäbe – weniger als 150 Meilen vom Cooper Creek entfernt. Mr. Wills fand diesen Plan nicht gut; er wollte unseren alten Spuren folgen, stimmte aber zuletzt doch Mr. Burkes Wünschen zu. Auch ich wollte eigentlich den alten Spuren folgen. Wir blieben noch vier oder fünf Tage, um uns vorzubereiten, und wollten dem Creek in Etappen von vier oder fünf Meilen flußab folgen. Mr. Burke hinterließ eine Nachricht mit unseren Absichten. Auf unserem Weg den Creek hinab bekamen wir einige Fische von den Eingeborenen. Nach einiger Zeit blieb ein Kamel im Sumpf stecken, und obwohl wir den Rest dieses und einen Teil des nächsten Tages mit dem Versuch zubrachten, es zu retten, reichten doch unsere Kräfte dafür nicht mehr. Am Abend des zweiten Tages erschossen wir es, so wie es da lag. Wir schnitten so viel Fleisch ab, wie wir konnten, und lebten davon, während wir den Rest an Ort und Stelle trockneten.

Alles, was wir nicht unbedingt brauchten, warfen wir weg und stellten die Last für das letzte Kamel zusammen; wir trugen jeder ein Bündel von etwa 11 kg. Wir folgten dann den Armen des Creek, die nach Süden flossen, und stellten fest, daß sie in erdigen Ebenen versickerten. Wir waren der Meinung gewesen, daß der Creek entlang der Route von Gregory immer Wasser führte, und als wir nun feststellten, daß alle

Creeks versickerten, kehrten wir um; das Kamel war völlig erschöpft. Deshalb wollten wir ihm ein paar Tage Ruhe gönnen und dann einen neuen Versuch machen, 40 oder 50 Meilen nach Süden vorzustoßen in der Hoffnung, auf den Creek zu treffen. Während der Ruhezeit des Kamels gingen Mr. Burke und Mr. Wills auf die Suche nach Eingeborenen, weil sie herausfinden wollten, wie der Nardu [Sporen eines Farnes] wächst. Sie fanden ein Lager und bekamen so viel Nardubrot und Fisch, wie sie essen konnten, konnten den Eingeborenen aber nicht verständlich machen, daß sie wissen wollten, wie man diesen Samen findet. Am dritten Tag kamen sie zurück und brachten Fisch und Nardubrot mit. Am nächsten Tag machte das Kamel einen sehr kranken Eindruck, und ich sagte zu Mr. Burke, daß es nicht länger als vier Tage am Leben bleiben könne; noch am gleichen Abend lag es im Sterben. Mr. Burke befahl, es zu erschießen. Ich erledigte das, und wir zerlegten es mit zwei zerbrochenen Messern und einer Lanzette. Wir salzten das Fleisch ein und trockneten es. Dann machte Mr. Burke einen neuerlichen Versuch, Nardu zu finden, wobei er mich mitnahm. Wir gingen flußab in der Erwartung, die Eingeborenen noch bei ihrem Lager zu finden, mußten aber feststellen, daß sie abgezogen waren. Da wir nicht wußten, ob sie flußaufwärts oder flußabwärts gezogen waren, blieben wir über Nacht in ihren Hütten und kehrten am nächsten Morgen zu Mr. Wills zurück.

Am nächsten Tag gingen Mr. Burke und ich flußauf, fanden die Eingeborenen aber nicht, kehrten nach drei Tagen zurück und blieben dann drei Tage mit Mr. Wills in unserem Lager. Dann machten wir ein Versteck für all die Dinge, die wir nicht tragen konnten, und ließen fünf Pfund Reis und Fleisch dort. Dann folgten wir dem Creek flußaufwärts, bis wir zu ein paar guten Eingeborenenhütten kamen. Dort blieben wir ein paar Tage; da unsere Vorräte zur Neige gingen, meinte Mr. Burke, wir müßten etwas unternehmen, und wenn wir kein Nardu finden könnten, müßten wir hungern. Ein bißchen Trockenfleisch und Reis wollte er für den weiteren Weg zum Mount Hopeless aufheben. Wir drei waren uns einig, daß es besser wäre, einen zweiten Versuch zu machen, Mount Hopeless zu erreichen, da wir jetzt noch kräftig waren, aber die Rationen mußten gekürzt werden. Mr. Burke fragte uns einzeln, ob wir bereit seien, einen zweiten Versuch zu machen, die südaustralischen Siedlungen zu erreichen, und wir entschieden uns für den Aufbruch. Wir nahmen die restlichen Vorräte aus dem Versteck – gute zwei Pfund Hafermehl, ein bißchen Mehl und das getrocknete Fleisch; das Fleisch, dazu Pulver und Munition und andere kleinere Gegenstände ergaben ein Bündel von jeweils etwa 14 kg für jeden von uns; Mr. Burke trug einen Topf Wasser und ich einen zweiten. Wir waren noch nicht lange unterwegs, als wir an eine ebene Stelle kamen, wo ich eine Pflanze sah, die ich für Klee hielt. Bei näherer Betrachtung sah ich die Samen und rief den anderen zu, daß ich den Nardu gefunden hätte. Sie freuten sich sehr. Wir marschierten drei Tage und kamen an einen Wasserlauf, der vom Cooper Creek nach Süden ging. Wir folgten ihm; er verzweigte sich und floß wieder zusammen, bis er in ebenem Gelände verschwand. Vor uns lagen Sandhügel, auf die wir zuhielten; wir liefen den ganzen Tag, fanden aber kein Wasser. Wir waren all sehr erschöpft, da unsere Rationen nur aus einem kleinen Johnny Cake und drei Streifen Trockenfleisch pro Tag bestanden. Gegen vier Uhr nachmittags lagerten wir in der Absicht, am nächsten Tag bis zwei Uhr nachmittags weiterzumarschieren und dann umzukehren, wenn wir bis dahin kein Wasser gefunden hätten. Wir machten uns auf den Weg, fanden kein Wasser, und so setzten wir drei uns hin und rasteten für eine Stunde und kehrten dann um. Wir waren uns sicher, daß wir weiter hätten kommen können, wenn es nur ein paar Tage geregnet hätte. Nach Mr. Wills Berechnung waren wir 45 Meilen vom Creek entfernt. Am Tag der Umkehr waren wir lange unterwegs und erreichten am folgenden Abend das nächstgelegene Wasser des Creek. Wir sammelten etwas Nardu und kochten die Samen, da wir nicht imstande waren, sie zu zerstoßen. Am folgenden Tag erreichten wir den Hauptarm des Creek. Wir gingen zu dem uns bekannten Wasserloch und den Hütten in der Absicht, das verbliebene Mehl und Trockenfleisch aufzusparen für einen weiteren Versuch, Mount Hopeless zu erreichen.

Am nächsten Tag sammelten Mr. Wills und ich genug Nardu für drei Tage. Bei den Hütten fanden wir einen Stein zum Zerstoßen des Nardu, und Mr. Burke und ich stampften die Samen; das war aber so mühselige Arbeit, daß wir zur Hälfte Mehl und zur Hälfte Nardu nehmen mußten. Mr. Burke und Mr. Wills gingen dann den Creek hinab, um den Rest Trockenfleisch zu holen, den wir versteckt hatten, und dann hatten wir alle unsere Sachen bei uns, sammelten Nardu und lebten, so gut es ging. Mr. Burke forderte Mr. Wills auf, den Creek hinaufzugehen bis zum

Depot und dort eine Nachricht zu hinterlassen, daß wir uns am Creek befanden; die vorherige Mittteilung besagte, daß wir auf dem Weg nach Südaustralien wären. Er sollte dort auch die Tagebücher der Reise zum Golf vergraben. Er bekam knappe drei Pfund Mehl und vier Pfund zerstoßenes Nardu und weniger als ein Pfund Fleisch, denn er rechnete damit, etwa acht Tage unterwegs zu sein. Während seiner Abwesenheit sammelte ich Nardu und zerstieß es, da Mr. Burke einen Vorrat anlegen wollte für den Fall, daß es regnete.

Ein paar Tage, nachdem Mr. Wills aufgebrochen war, kamen einige Eingeborene den Creek herab, um an einigen Wasserlöchem in der Nähe unseres Lagers zu fischen. Sie waren zunächst sehr höflich und boten uns ein paar Fische an. Am zweiten Tag kamen sie wieder zum Fischen, und Mr. Burke nahm zwei Beutel mit zum Wasserloch, die sie mit Fischen füllten. Am dritten Tag gaben sie uns einen Beutel voller Fische und kamen alle mit zu unserem Lager. Wir pflegten unsere Munition und andere Gegenstände in einer Hütte aufzubewahren, und wir drei wohnten zusammen in einer anderen. Ein Eingeborener entwendete aus dieser Hütte ein Wachstuch. Mr. Burke sah ihn damit weglaufen. Er verfolgte ihn mit seinem Revolver und gab einen Schuß in die Luft ab, worauf der Eingeborene das Wachstuch fallen ließ. Während er weg war, luden mich die anderen Schwarzen zum Fischessen an ein Wasserloch ein. Ich lehnte aber ab, weil Mr. Burke nicht zur Stelle war und Eingeborene da waren, die alle unsere Sachen genommen hätten. Auf meine Weigerung hin nahm einer seinen Bumerang, legte ihn auf meine Schulter und deutete durch Zeichen an, daß er mich niederschlagen werde, wenn ich nach Mr. Burke riefe; das wollte ich gerade tun. Darauf hatte ich sie alle vor der Hütte stehen und schoß mit dem Revolver über ihre Köpfe hinweg, aber sie schienen überhaupt keine Angst zu haben. Erst als ich das Gewehr herausholte, liefen alle davon. Mr. Burke hatte den Schuß gehört und kam zurück, aber wir sahen nichts mehr von ihnen bis spät in der Nacht, als sie mit ein paar gekochten Fischen kamen und laut »Weißer Mann« riefen. Mr. Burke ging mit dem Revolver in der Hand hinaus und sah sich einem ganzen Stamm gegenüber, alle bemalt. Zwei Männer brachten Fische in kleinen Netzen. Mr. Burke ging auf sie zu, da die Eingeborenen ihn aber umstellen wollten, schlug er ihnen so viele Fischnetze aus den Händen, wie er konnte, und rief mir zu, Feuer zu geben. Das tat ich, und sie liefen weg.

Wir sammelten fünf kleine Netze mit gekochtem Fisch ein. Der Grund, warum er den Fisch nicht einfach annehmen wollte, war der, daß er glaubte, wenn wir zu freundlich wären, würden die Eingeborenen immer um uns sein. Bis zur Rückkehr von Mr. Wills lebten wir von Fisch.

Mr. Wills erzählte uns, daß er, kurz nachdem er uns verlassen hatte, auf Eingeborene gestoßen sei, die ihn freundlich aufgenommen und ihm reichlich zu essen gegeben hätten, sowohl auf dem Hin- wie auch auf dem Rückweg. Er schien davon auszugehen, daß es für ihn nicht schwierig sei, bei ihnen zu leben. Da ihr Lager in der Nähe war, kehrte er am gleichen Tag zu ihnen zurück und fand sie sehr gastlich und freundlich. Zwei Tage behielten sie ihn, dann aber gaben sie ihm durch Zeichen zu verstehen, daß er gehen solle. Er kehrte zu uns zurück und erzählte uns, was geschehen war; aber am folgenden Tag versuchte er es noch einmal. Jetzt gaben sie ihm zwar ein Frühstück, deuteten ihm aber durch Zeichen an, daß er wieder gehen müsse. Er tat so, als verstehe er sie nicht, und blieb. Daraufhin bedeuteten sie ihm mit Zeichen, daß sie den Creek hinaufziehen wollten und er besser die entgegengesetzte Richtung einschlüge. Dann packten sie zusammen, gaben Mr. Wills ein bißchen Nardu und verließen das Lager.

Während der Abwesenheit von Mr. Wills kochte Mr. Burke bei starkem Wind ein paar Fische. Da erfaßten die Flammen die Hütte und breiteten sich so rasch aus, daß wir sie nicht löschen konnten. Wir konnten auch nichts von unseren Sachen retten außer einem Revolver und einem Gewehr. Nach der Rückkehr von Mr. Wills wurde deshalb beschlossen, den Creek hinaufzuziehen, und wenn möglich mit den Eingeborenen zu leben; denn Mr. Wills meinte, daß wir kaum Schwierigkeiten haben würden, von ihnen Proviant zu erhalten, wenn wir auf der anderen Seite des Creek lagerten. Er sagte, er wisse, wohin sie gezogen waren, und so packten wir und brachen auf. Aber als wir zu den Hütten kamen, wo wir sie zu finden gehofft hatten, wurden wir enttäuscht. Da wir aber gleich in der Nähe ein Feld mit Nardu sahen, hielten wir an und wollten dort lagern. Für einige Zeit hatten wir genug zu tun, um den Nardu zu sammeln und uns einen Vorrat anzulegen. Mr. Wills und ich sammelten jeden Tag einen Sack voll und trugen ihn zum Lager, während Mr. Burke die Samen zerstieß und daraus einen einfachen Brei als meistens ausreichende Mahlzeit kochte, während wir unterwegs waren. Bald aber fühlte Mr. Wills, daß er immer schwächer wurde und nicht mehr imstande war, mitzugehen und Nardu zu sammeln, und dann wurde er sogar zu schwach, den Nardu zu zerstoßen. In wenigen Tagen war er fast hilflos. Ich sammelte weiter, denn auch bei Burke machte sich die Schwäche zunehmend bemerkbar, so daß er selbst beim Zerstoßen der Früchte nur noch wenig helfen konnte. Nun mußte ich für uns drei arbeiten. Ich tat das ein paar Tage, fühlte dann aber, daß auch meine Kräfte sehr schnell nachließen; meine Beine wurden schwach und begannen zu schmerzen. Ein paar Tage lang konnte ich überhaupt nicht hinausgehen, und wir waren gezwungen, unseren Vorrat für sechs Tage zu verbrauchen, den wir zur Seite gelegt hatten. Mr. Burke schlug nun vor, ich sollte in drei Tagen soviel Nardu wie nur möglich sammeln, und dann wollten wir zusammen auf die Suche nach den Eingeborenen gehen. Ein Plan, der uns von Wills geradezu aufgedrängt wurde als die einzige Chance, ihn und uns zu retten, da er klar erkannte, daß ich nicht länger imstande war, genügend Nahrung für unseren Bedarf zu sammeln. Nachdem wir einen so großen Vorrat gesammelt hatten, daß Mr. Wills acht Tage davon leben konnte und wir selbst zwei, stellten wir ihm noch Wasser und Brennholz in Reichweite und brachen dann auf. Bevor wir ihn verließen, fragte ihn Burke jedoch noch einmal, ob er es wirklich so wolle, da er ihn sonst unter gar keinen Umständen verlassen würde. Mr. Wills erwiderte, daß er diesen Plan als unsere einzige Chance ansehe. Dann gab er Mr. Burke einen Brief und seine Uhr für seinen Vater, und wir vergruben die restlichen Tagebücher bei der Hütte. Mr. Wills bat mich noch, seine letzten Wünsche auszuführen und den Brief und die Uhr seinem Vater zu übergeben, falls ich Mr. Burke überleben sollte.

Auf dem ersten Tagesmarsch schien Burke sehr schwach zu sein und beklagte sich über große Schmerzen in den Beinen und im Rücken. Am zweiten Tag schien es ihm besser zu gehen, und er sagte, er fühlte sich jetzt kräftiger. Wir hatten aber nach unserem Aufbruch noch keine zwei Meilen zurückgelegt, als er erklärte, nicht mehr weitergehen zu können. Ich bestand darauf, daß er wenigstens den Versuch unternahm, und bekam ihn auch mehrmals ein Stück weiter, bis ich endlich einsah, daß er völlig erschöpft war; denn er warf alles weg und erklärte, sein Bündel nicht mehr schleppen zu können. Ich verringerte deshalb auch meine Last und nahm nichts als ein Gewehr, etwas Pulver und Munition, dazu einen

Beutel und ein paar Streichhölzer. Nach dem neuerlichen Aufbruch waren wir nicht sehr weit gekommen, als Mr. Burke sagte, daß er nun für die Nacht rasten würde. Da aber die Stelle nahe an einer großen Wasserfläche lag und dem Wind ausgesetzt war, brachte ich ihn dazu, noch ein paar Schritte zu gehen, bis wir das nächste Wasser erreichten. Dort lagerten wir dann. Wir suchten rings umher und fanden ein paar kleine Stellen mit Nardu. Die Samen sammelte ich ein, zerstieß sie und machte aus einer Krähe, die ich geschossen hatte, ein gutes Abendessen. Seit wir haltgemacht hatten, schien es Mr. Burke schlechter zu gehen, auch wenn er etwas Nahrung zu sich nahm. Er sagte, daß er nicht mehr viele Stunden zu leben habe, und gab mir seine Uhr und ein Notizbuch, das ich Sir William Stawell geben sollte. In das trug er noch einige Notizen ein, dann sagte er zu mir: »Ich hoffe, Sie werden hier bei mir bleiben, bis ich vollends tot bin – es ist angenehm zu wissen, daß jemand dabei ist, wenn man stirbt. Wenn es so weit ist, möchte ich, daß Sie mir die Pistole in die rechte Hand geben und mich unbestattet lassen, so wie ich daliege.« In dieser Nacht sprach er sehr wenig. Am folgenden Morgen konnte er nicht mehr sprechen, und ungefähr um acht Uhr tat er seinen letzten Atemzug.

Ich blieb noch ein paar Stunden, als ich aber sah, daß weiteres Verweilen keinen Sinn hatte, ging ich den Creek weiter hinauf auf der Suche nach den Eingeborenen. Ich fühlte mich sehr verlassen. Nachts schlief ich gewöhnlich in leerstehenden Hütten der Eingeborenen. Zwei Tage nach dem Tode Burkes fand ich einige Hütten, bei denen die Eingeborenen einen Sack mit Nardu gelassen hatten, der mir für vierzehn Tage reichen würde, und drei Bündel mit verschiedenen Sachen. An dem Abend schoß ich wieder eine Krähe, war aber in großer Furcht, daß mir die Eingeborenen das Nardu wegnehmen würden.

Zwei Tage blieb ich dort, um wieder zu Kräften zu kommen, dann kehrte ich zu Wills zurück. Ich brachte drei Krähen mit. Aber ich fand ihn tot in seiner Hütte liegen; die Eingeborenen waren dort gewesen und hatten einen Teil seiner Kleider mitgenommen. Ich bedeckte die Leiche mit Sand und blieb ein paar Tage an dieser Stelle. Da ich merkte, daß meine Vorräte zur Neige gingen und ich selber nicht mehr sammeln gehen konnte, folgte ich den im Sand sichtbaren Fußspuren der Eingeborenen, die beim Lager gewesen waren. Ein Stück ging ich den Creek hinab und schoß unterwegs Krähen und Falken. Die Eingeborenen hatten die Schüsse gehört, denn sie kamen mir entgegen und nahmen mich mit in ihr Lager, wo sie mir Nardu und Fische gaben.

Sie nahmen mir die Vögel ab, die ich geschossen hatte, und kochten für mich und zeigten mir dann eine Hütte, in der ich mit dreien der unverheirateten Männer schlafen sollte. Am nächsten Morgen fingen sie an, sich mit mir zu unterhalten. Sie hielten einen Finger auf die Erde, bedeckten ihn mit Sand, zeigten den Creek hinauf und sagte »Weißer Mann«. Damit meinten sie wohl, daß ein weißer Mann tot sei. Daher wußte ich, daß dies der Stamm war, der Mr. Wills Kleidung genommen hatte. Dann fragten sie, wo der dritte Mann sei, und ich machte die gleichen Zeichen, mit zwei Fingern, mit Sand bedeckt, und zeigte den Creek aufwärts. Sie schienen viel Mitleid mit mir zu haben, als sie verstanden hatten, daß ich allein am Creek war, und gaben mir viel zu essen. Nachdem ich vier Tage bei ihnen verbracht hatte, merkte ich, daß sie meiner müde wurden; sie machten Zeichen, daß sie den Creek hinaufzögen und ich besser in die andere Richtung ging; aber ich tat so, als ob ich sie nicht verstünde. An diesem Tag verlegten sie ihr Lager, und ich folgte ihnen. Als ich ihr Lager erreichte, schoß ich ein paar Krähen; das freute sie so, daß sie mir einen Windschutz in der Mitte ihres Lagers bauten und sich zu mir setzten; als die Krähen gar waren, halfen sie mir, sie zu essen.

Am gleichen Tag kam eine der Frauen, der ich einen Teil einer Krähe gegeben hatte, mit einem Kloß Nardu zu mir und sagte, sie würde mir mehr geben, aber sie hätte einen verletzten Arm und könne es nicht zerstoßen. Sie zeigte mir eine Wunde am Arm, und mir kam die Idee, Wasser zu kochen und ihren Arm mit einem Schwamm zu waschen. Während ich das tat, saß der ganze Stamm, sich leise unterhaltend, um uns herum; ihr Mann saß neben ihr, und sie jammerte die ganze Zeit. Nachdem ich die Wunde gewaschen hatte, bestrich ich sie mit ein bißchen Silbernitrat, und die Frau schrie auf, rannte weg und rief laut »Mokow! Mokow!« (Feuer, Feuer). Von da an gaben sie und ihr Mann mir jeden Morgen und Abend ein bißchen Nardu, und wenn der Stamm sich aufmachte, um fischen zu gehen, hießen sie mich mitgehen. Wann immer das Lager verlegt wurde, halfen sie mir, einen neuen Windschirm zu bauen. Zum Dank dafür schoß ich Krähen oder Falken. Alle vier oder fünf Tage kam der Stamm zu mir, und man fragte, ob ich den Creek hinauf oder hinab ziehen wolle; schließlich gelang es mir, ihnen verständlich zu machen, daß ich dahin ginge, wo sie hingingen, ob flußaufwärts oder flußabwärts.

Von da ab schienen sie mich als einen der Ihren zu betrachten und brachten mir regelmäßig Fisch oder Nardu. Sie wollten aber sehr gern wissen, wo Mr. Burke lag, und eines Tages, als wir an einem Wasserloch in der Nähe fischten, zeigte ich Ihnen die Stelle. Als sie seine Überreste sahen, bedeckten sie sie mit Buschwerk, und alle weinten bitterlich. Danach waren sie noch freundlicher zu mir. Ich sagte ihnen, daß vor dem Ablauf von zwei Monaten weiße Männer kommen würden; und wenn sie abends kamen und mir Fisch und Nardu brachten, sprachen sie über die weißen Männer, die kommen würden, und zeigten dabei auf den Mond. Ich sagte ihnen auch, daß sie viele Geschenke bekommen würden, und sie wollten immerzu Äxte haben. Von da ab bis zur Ankunft der Rettungsexpedition, etwa einen Monat lang, waren sie immer gleich freundlich und betrachteten mich als einen der Ihren. Am Tag meiner Befreiung kam ein Stammesmitglied, der beim Fischen gewesen war, und berichtete, daß die weißen Männer im Anmarsch wären; daraufhin schwärmten sie in alle Richtungen aus, um die Expedition zu treffen, und der Mann, der die Nachricht gebracht hatte, brachte mich über den Creek; und bald darauf sah ich sie kommen.

Die Entdeckung des Lake Amadeus, der Olgas und des Ayers Rock

17

Der Überland-Telegraf zwischen Adelaide und Darwin wurde gerade fertiggestellt, als Ernest Giles sich südwestlich von Alice Springs, das zu der Zeit aus ein oder zwei Gebäuden bestand, durch schwieriges Terrain bewegte. Dies war die erste von insgesamt fünf Reisen, auf denen er den Nordwesten erkundete. Auf der ersten Reise entdeckte er den Lake Amadeus und sichtete und benannte die Olgas, die heute wieder ihren ursprünglichen Namen tragen, Kata Tjuta; er konnte sie aber nicht erreichen – warum, lesen wir im folgenden Text. Im Jahr darauf aber gelang das William Gosse und seinen Leuten, die Kamele statt Pferde ritten. Er ist auch der Entdecker von Ayers Rock (heute wieder Uluru), von dem er im ausgewählten Text berichtet.

Im Jahr 1873 war auch Ernest Giles wieder im gleichen Gebiet unterwegs und stieß, unangenehm überrascht, auf die Spuren von Gosse; welcher Entdecker tritt schon gern in die Fußstapfen dessen, der schneller war! Die Reiserouten der beiden Expeditionen waren vorher nicht abgestimmt worden; ihre Wege kreuzten sich mehrfach.

Um 1875 gab es nur noch wenige weiße Flecken auf der Landkarte Australiens. Die Hoffnungen der Forschungsreisenden und derer, die die Expeditionen finanziert hatten, waren nicht erfüllt worden. Weder gab es den großen Inlandsee, über dessen Existenz spekuliert worden war, noch ausgedehnte Flächen, auf denen Ackerbau getrieben werden konnte.

Ernest Giles (1835–1897) arbeitete nach Abschluß seiner Reisen in einem Minenbüro in Coolgardie, William Gosse (1842–1881) starb im Alter von 39 Jahren an einem Herzanfall in seinem Haus in Adelaide.

Sonntag, 13. Oktober. – Bei Anbruch der Nacht war es sehr schwül, und in den ersten Stunden brauchten wir keine Decken; am Morgen zeigte das Thermometer 17° C als niedrigste Temperatur. Die Pferde waren auf der Suche nach Wasser ein bißchen umhergewandert. Wir fanden sie in einer kleinen Rinne, in der ein paar Eukalyptusbäume wuchsen; an einer Stelle hatten Aborigines nach Wasser gegraben, aber das war schon länger her. Mit den Händen schaufelten wir eine Menge Sand beiseite, und ein bißchen Wasser sickerte ein, aber der Grundwasserhorizont war zu tief, um ausreichend Wasser für die Pferde zu geben; wir hatten keine Möglichkeit, den Sand beiseite zu schaffen, weil wir vergessen hatten, die Schaufel mitzubringen. Bei weiterer Suche die Rinne hinauf fanden wir in den Felsen einige Löcher von der richtigen Größe. Leider waren sie aber alle trocken. Dann bestiegen wir einen Hügel, um die Umgebung nach Anzeichen abzusuchen, wo wir vielleicht Wasser finden könnten. Am südlichen Horizont sahen wir an mehreren Stellen Feuer, und die Luft war dunstig und voller Rauchschleier. Nach langer und eingehender Beobachtung durch Rauch und Dunst sah ich fern, sehr fern im Südsüdwesten eine Hügelkette, und direkt im Rauch eines Feuers zeigte sich ein sehr hoher, oben abrupt endender Berg [die Olgas]. Im Südosten zeigten sich andere Bergrücken. Der hohe Berg war sehr weit entfernt, mindestens 70 oder 75 Meilen; es sah so aus, als ob es nichts zwischen uns und dem Berg gäbe, als das, was wir in der unmittelbaren Umgebung auch hatten, nämlich Sandhügel und Buschland. Ich freute mich aber, daß ich etwas gesehen hatte, was als Ansteuerungspunkt in mittlerer Entfernung dienen konnte, und was dazu beitrug, das eintönige Aussehen der Gegend zu verändern, durch die ich nun schon so lange gezogen war. Ich halte es nicht für unwahrscheinlich, daß von diesem Berg größere Wasserläufe ausgehen, die mich endlich nach Westen führen könnten. Da ich zur Zeit in dem kleinen Tal kein Wasser bekommen konnte – obwohl ich glaube, daß man es mit einer Schaufel erreichen könnte –, entschloß ich mich zur Umkehr zum Sumpf am Glen Edith, der 55 Meilen entfernt war; ich wollte das ganze Lager an den neu entdeckten Creek verlegen; dann wollte ich wieder hierher kommen, das Wasserloch mit einer Schaufel vertiefen und auf direktem Weg zu dem gerade gefundenen hohen Berg im Süden ziehen. Bis ich zu diesem Entschuß gekommen war, war es fast Mittag geworden, da wir vor der Entdeckung des Berges mehrere Stunden auf der Suche nach Wasser in Felsen und Rinnen herumgeklettert waren. Da es bis zum Creek 34 Meilen waren, brauchten wir für diese Strecke den Rest des Tages, und es war schon spät, als wir wieder unser Lager an seinem freundlichen Ufer bezogen. Der Tag war recht warm gewesen; um drei Uhr nachmittags hatte das Thermometer bei 36° C gestanden.

Montag, 14. Oktober. – Auch die letzte Nacht war stickig, obwohl das Thermometer um fünf oder sechs Grad niedriger war als gestern morgen. Der Morgen war kühl und angenehm, und wir konnten unseren eigenen Spuren auf dem Rückweg zum Sumpf folgen. Alex Robinson berichtete mir bei unserer Rückkehr, daß er glaube, einige Eingeborene wären während unserer Abwesenheit in der Nähe des Camps herumgeschlichen, da der kleine Hund in den letzten zwei Nächten sehr unruhig gewesen sei. Es ist natürlich möglich, daß einige Eingeborene am Sumpf Wasser holen wollten, aber da er von Felsen umgeben ist, konnten wir keine Fußspuren oder andere Zeichen ihrer Anwesenheit finden.

Dienstag, 15. Oktober. – An diesem Morgen aßen wir zum letzten Mal an unserem freundlichen kleinen Sumpf, dessen Wasser uns so gut bekommen war; das Wasser, die reifen Feigen, die kleinen Berge und die Hänge, die wie künstliche Befestigungen aussehen, werde ich so schnell nicht vergessen: Dem Felsen gegenüber, in dem man das Wasser findet, und damit auch dem Lager gegenüber, gibt es eine Reihe von einzelnen kleinen Erhebungen, die wie ein Fort aussehen und eine Seite des Tales bilden. Die andere Seite wird gebildet aus dem Gestein des Hauptrückens, und da liegen Camp und Wasserloch. Es war wirklich eine netter kleiner Platz, obwohl es auch etwas sehr Lästiges gab, wie fast überall, wo es Nadelbäume gibt, nämlich Ameisen. Diese elenden Kreaturen krabbeln über alles und jeden, bei Tag und bei Nacht. Die Pferde soffen zum letzten Mal am Wasserloch, und wir zogen davon in Richtung auf unseren neuen Creek im Süden. Da es spät geworden war, bis wir aufbrachen, war es auch spät, als wir am Ende unserer Tagesreise, die 29 Meilen betrug, allen Pferden die Lasten abgenommen hatten; wir lagerten erst bei den besten und tiefsten Wasserlöchern. Der Vormittag war stickig und unangenehm, aber gegen Abend bezog sich der Himmel, und es wurde kalt und windig.

Mittwoch, 16. Oktober. – Die Pferde bekamen heute einen Rasttag, und wir blieben im Lager. Ich stellte fest, daß ein Pferd sich an einem Holzsplitter verletzt hatte und lahmte. Ich habe Holz aus der Wunde entfernt, fürchte aber, das noch etwas zurückgeblieben ist. Das Thermometer stand bei Tagesanbruch höher als gewöhnlich bei 19° C. Die kleine Stute, die bei Mount Udor gefohlt und die unser aller Mitleid erweckt hatte, hat sich wunderbar erholt und ist wieder einsatzfähig. Es gibt noch eine Stute, die bald ein Fohlen bekommen wird; da sie gut genährt ist, glaube ich nicht, daß ich ihren Nachwuchs töten muß. Es gibt eine große Anzahl von Tauben an diesem Creek, und wir haben heute eine erhebliche Anzahl von ihnen geschossen.

Donnerstag, 17. Oktober. – Heute morgen sind Mr. Carmichael und ich zu Pferde und mit Vorräten für eine Woche nach Südwesten aufgebrochen, um die Berge aufzusuchen, die wir im Südsüdwesten von unserem südlichsten Punkt gesehen hatten. Alex Robinson blieb im Lager zurück; er ist schon daran gewöhnt, und ich wollte ihn jetzt nicht dabei haben. Als Gesellschaft ließ ich ihm meinen kleinen Hund, den wir sonst tragen, wenn wir unterwegs sind. Dieses kleine Tier ist ein erstklassiger Wachhund, nicht einmal ein Vogel kann in die Nähe des Lagers kommen, ohne daß er uns warnt. Alex hat ausreichend Feuerwaffen und Munition, um sich gegen einen Angriff der Eingeborenen zu verteidigen, aber ich glaube nicht, daß es dazu kommt. Und da er mit reichlich Essen und Trinken versehen im Lager blieb, verließ ich ihn ohne Bedenken.

Als wir aufbrachen, hatte ich vor, unseren alten Spuren bis zu dem kleinen Tal zu folgen, von wo aus ich die Berge gesehen hatte; ich ging davon aus, daß zumindest für die drei Pferde genügend Wasser gefunden werden könnte, wenn wir mit der Schaufel da graben würden, wo wir schon durch Kratzen mit den Händen ein wenig gefunden hatten. Mit Glück würden wir da vielleicht genug für alle Pferde bekommen. Dieser Platz ist 35 Meilen vom Lager entfernt. Bald nach dem Aufbruch aber sagte Mr. Carmichael, er würde lieber direkt nach Süden gehen – was östlich der vorherigen Route war –, da er meinte, daß wir dort andere Gebirgszüge finden würden und damit vielleicht eine bessere Wasserstelle als in dem kleinen Tal im Südwesten, von der wir ja wußten, das sie nicht besonders gut war. Und so änderte ich meinen Entschuß, das alte Lager aufzusuchen, und wir ritten 10 Meilen nach Süden, bis zu einer buschbewachsenen, steinigen Hügelkette. Nachdem wir die Ebene unterhalb unseres Lagers verlassen hatten, kamen wir zu Sandhügeln, die mit Kasuarinen bestanden waren, und Busch mit viel Spinifex-Gras. Der Ausblick von dem Rücken der Hügel war nicht gerade erhebend: Im Süden, weit weg, waren die Spitzen derselben Kette zu sehen, die sich bis zu unserem alten Lager im Südwesten erstreckte. Eine Spitze, ein bißchen bedeutender als die anderen, lag 10° westlicher als Süd; darauf hielt ich jetzt zu, denn der Leser muß wissen, daß man nur bei den Bergketten Wasser erwarten kann; das Land dazwischen ist dicht mit Busch bewachsen, und man muß nach Felsenbecken oder Creeks suchen, in denen man graben kann. Davon gibt es nicht viele. Bei der Hügelkette, die wir gerade erreicht hatten, war nichts dergleichen zu finden. Es blieb uns deshalb nichts übrig, als zur nächsten Kette weiterzureiten in der Hoffnung, daß wir dort mehr Glück hätten. Wir ritten deshalb weiter durch Busch und über Sandhügel; die Kasuarinen und das Spinifex zerrissen unsere Packsäcke und Kleider und schürften uns die Haut von Händen und Gesicht; immerzu mußten widerspenstige Zweige zur Seite gedrückt werden. Schließlich, nach 20 Meilen, erreichten wir die Kette und sahen sofort, daß hier kein Wasser zu finden war – nur Steine und Felsbrocken erhoben sich über dem Busch und den Sandhügeln. Nach Süden zu erstreckte sich Busch bis zum Horizont. Rechts zog sich die Kette weit hin, nach Osten lief sie in ein buschbestandenes Stück Land aus, das zwischen dieser und einer weiteren Kette lag. Der Anblick war ausgesprochen wüst und öde. Nach Südosten zu lag eine weitere Kette, höher und ausgeprägter, 10 oder 11 Meilen entfernt. Wir waren schon 30 Meilen geritten, und es war jetzt spät am Tage. Ich wollte aber unbedingt noch diese neue Kette erreichen, und nachdem wir uns durch den üblichen Busch geschlagen hatten, der auf dem Wege lag, kamen wir im Dunkeln an ihren Fuß. Da sahen wir, daß es kein Zeichen von irgendwelchen Rinnen gab, nur die felsigen Abhänge der Berge. Im Dunkeln war es zwecklos, Wasser suchen zu wollen, und so luden wir die Pferde nach 40 Meilen und ohne Wasser ab.

Freitag, 18. Oktober. – Heute stand das Thermometer bei Tagesanburch bei 19° C; der erste Teil der Nacht war zu warm, um unter einer Decke zu schlafen. Mr. Carmichael suchte die Pferde, während ich auf den Berg kletterte, an dessen Fuß wir übernachtet hatten. Er war ganz genau so wie Dutzende von anderen, auf die ich geklettert war – Halbwüste drumherum, kein Zeichen eines Wasserlaufes, und, obwohl ich mehr als zwei Stunden deshalb unterwegs war, kein Loch, das groß genug gewesen wäre, um genug Wasser für eine Woche zu enthalten. Diese Bergkette war übersät mit Granitbrocken, dünn bewachsen mit Mulga und Gebüsch und bis zum Gipfel bedeckt mit Spinifex. Im Süden sah ich einen undeutlichen und merkwürdigen Horizont. Es sah aus, als ob es dort eine weite Ebene gäbe, aber wegen der Fata Morgana konnte ich nichts Genaues erkennen. Unser alter Freund, der große Berg, stand groß und unvermittelt aufsteigend ganz weit weg, von meinem Standpunkt war die Peilung S 30° W. Er war zu weit weg, als daß wir, ohne zuerst Wasser für die Pferde zu besorgen, hinreiten konnten, denn es ist möglich, daß es selbst bei einem so großen Berg kein Wasser gibt. Ich hatte heute morgen viel Zeit, über dies und jenes nachzudenken, da Mr. Carmichael erst gegen 10 Uhr mit den Pferden zurückkam; sie waren auf unseren Spuren von gestern mehrere Meilen zurückgewandert. Bei ihrer Ankunft war ich zu dem Entschluß gekommen, sofort in das kleine Tal zurückzukehren, wo wir sicher waren, daß es ein wenig Wasser gab, und das jetzt um die dreißig Meilen weit weg ungefähr in WNW lag; wir brachen auf und erreichten es früh am Abend. Der Tag war heiß gewesen, und die Pferde waren sehr durstig, aber es gab erst Wasser, nachdem wir danach gegraben hatten. Um halb drei Uhr stand das Thermometer bei 38° C im Schatten. Obwohl wir nun ein Lager hatten, war unsere Mühsal noch nicht am Ende, denn wir mußten nun in der Rinne ein Wasserloch graben. Es dauerte nicht lange, bis wir für uns selbst genug Wasser hatten, wenn es auch dick und lehmig war und ziemlich ekelerregend schmeckte; die Pferde mußten angebunden bleiben, damit sie nicht in das Loch sprangen. Zu unserem Kummer stellte sich heraus, daß wir nicht viel Wasser bekommen würden, und obwohl wir nicht besonders tief gegraben hatten, hatten wir doch eine sehr große Menge Sand bewegen müssen, damit sich Wasser sammeln konnte. Wir mußten in der Tat ein Loch graben, das sechs Fuß tief und unten 20 Fuß lang und sechs Fuß breit war – oben war es natürlich noch viel größer. Es dauerte zwei Stunden, bevor das erste Pferd getränkt werden konnte. Es konnte auch immer nur ein Pferd an das Wasserloch gelassen werden. Das Wasser sammelte sich so langsam, daß es fast die ganze Nacht dauerte, bis auch das dritte Pferd seinen Durst gelöscht hatte, und da war das erste Pferd schon wieder durstig.

Samstag, 19. Oktober. – Heute morgen stand das Thermometer bei 21° C, und bei Sonnenaufgang erhob sich ein warmer Wind. Die Pferde bekamen einen freien Tag, um sich den Bauch zu füllen, bevor wir zu den Bergen aufbrachen. Wir verbrachten den Tag damit, das Wasserloch zu vergrößern, und stellten voller Freude fest, daß es unverhältnismäßig mehr Wasser brachte, als wir hatten erwarten können; es gab so viel, daß sich jeweils ein Pferd satt trinken konnte. Wir machten einen Spaziergang hinauf in die Felsen und Schluchten und fanden eine Höhle mit den ausgesuchtesten Beispielen der Kunst der Aborigines. Einfache Schlangenfiguren waren das Hauptmotiv, aber Hände und etwas wie Schilde gab es auch. Eine Hieroglyphe war besonders interessant. Sie bestand aus den römischen Ziffern V und I, nahe nebeneinandergestellt, so daß es wie die Zahl VI aussah. Beide Zeichen waren mit Punkten beschmiert und in rotem Ocker gemalt. Mehrere Auskolkungen gab es in den Schluchten, aber alle waren seit langem ausgetrocknet. An manchen Stellen wuchsen Cypress-pines zwischen den Felsen. Der Tag war entschieden heiß. Um drei Uhr stand das Thermometer bei 38° C im Schatten, und wir mußten ein Tuch aufspannen, damit wir überhaupt Schatten bekamen. Unsere einzige intellektuelle Beschäftigung bestand darin, die kleine deutsche Karte von Australien zu studieren, die ich – unter anderem – von meinem großzügigen Förderer, Baron von Müller, bekommen habe. Herr Justus Perthes in Gotha hat sie veröffentlicht; sie enthält alle Routen der Forscher. Ich möchte hier übrigens bemerken, daß die besten Karten des Kontinents, sowohl die Gesamtkarten wie auch die Einzelkarten, von diesem Lithographen veröffentlicht werden unter der Leitung von Professor Petermann aus Gotha, der die Informationen dafür von Baron von Müller bekommen hat, der großen Autorität in australischer Geographie [Direktor des Botanischen Gartens in Melbourne]. Jeder Reisende, der etwas Neues entdeckt, sollte Unterlagen an Baron von Müller schicken, damit es seinen Platz in der nächsten Ausgabe von Dr. Petermanns Karten findet. Wir hatten nur eine kleine Karte, aber wie oft stellten wir fest, wie leicht andere Forscher mit mehr Glück als wir auf gute Creeks und große Flüsse gestoßen waren. Wir konnten sie um ihr Glück nur beneiden und hoffen, daß die Zukunft für uns auch noch eine Belohnung bereithielt.

Sonntag, 20. Oktober. – Da unsere Pferde nicht den Wunsch gehabt hatten, sich vom Wasserloch zu entfernen, waren wir in der Lage, früh aufzubrechen; früh angesichts der Tatsache, daß wir fast drei Stunden brauchten, bevor alle drei Pferde genug getrunken hatten. Der hohe Berg, den ich schon so lange erreichen wollte, war nun unser Ansteuerungspunkt; die Peilung von hier war S 18° W; nimmt man eine östliche Abweichung von 3° an, lag er S 15° W. Ich schätzte die Entfernung auf mindestens 70, vielleicht 75 Meilen. Nicht weit von unserem kleinen Tal kamen wir aus den Hügeln heraus gleich in dichtes Buschland mit hohen Sandhügeln, die mit Kasuarinen und Spinifex bewachsen waren. Wir hielten die Richtung für 12 Meilen, bis ich feststellte, daß die Sandhügel keine Bäume mehr trugen und sich zu unserer Rechten eine kleine, vermutlich grasbewachsene Ebene zeigte. Ich nahm das als gutes Vorzeichen, daß sich die Landschaft änderte. Drei Meilen weiter stießen wir auf eine Rinne mit weißem Salz, in der hier und da Wasser stand. Beim Näherkommen stellte sie sich als Sumpf heraus, und das Wasser war salzig. Wir hielten uns zur Linken dieser Rinne, da sie sich weit nach rechts erstreckte, und fanden schließlich eine Stelle, die fest genug war, um auf die andere Seite zu wechseln. Wir verfolgten unsere alte Richtung weiter und fanden, nachdem wir einen hohen Sandhügel erstiegen hatten, daß sich zu unserer Rechten, weit nach Westen, eine riesige Salzpfanne erstreckte; es sah so aus, als ob wir direkt an ihrem östlichen Ende angelangt waren, was uns sehr erleichterte. Wir verfolgten unseren Kurs für eine oder zwei Meilen weiter über baumlose Sandhügel, bis wir entdeckten, daß wir der Salzpfanne doch nicht so einfach entkommen waren, denn sie lag nun direkt im Weg. Es sah jedoch so aus, als ob sie etwas nach links von Sandhügeln begrenzt wurde, und wir ritten in diese Richtung, aber mit jeder Meile sahen wir mehr und mehr von dem Salzsee, so daß wir immer mehr nach Osten von unserem Kurs abkamen; schließlich, nach einer Strecke von etwa 14 Meilen mit der Salzpfanne immer zur Rechten, stellte ich fest, daß Sandhügel sie verbargen, bis sie direkt vor uns lag; sie erstreckte sich von Ost nach West, wir ritten fast genau nach Süden. Ich war bestürzt, daß uns solch ein Hindernis in den Weg kam. Wir marschierten ein Stück weit auf dem Salz, und unser Gewicht schien es auszuhalten, aber als wir es mit den Pferden versuchten, versanken sie und waren fast nicht mehr zu sehen. Die Oberfläche war trockene Salzkruste, aber Sole spritzte heraus bei jedem Schritt, den die Pferde taten. Wir gruben ein Wasserloch bei einem Sandhügel, es kam aber nur Sole heraus. Dieser

Salzsee scheint sechs oder sieben Meilen breit zu sein, aber ob das Gegenufer eine Insel oder festes Land war, konnte ich nicht erkennen. Wir sahen mehrere Inseln, einige davon sehr hoch, und rote Sandhügel; die Fata Morgana bewirkte, daß es aussah, als ob sie auf einem Meer aus Wasser schwimmen würden. Ein oder zwei Meilen am Ufer entlang nach Osten gab es hohe rote Sandhügel, und ich dachte, es gäbe vielleicht eine Stelle, wo die Eingeborenen Wasser finden; manchmal findet man bei diesen Salzpfannen Brackwasser, aber das war hier nicht der Fall. Als wir die roten Hügel erreichten, sah ich, daß sich der See nach Osten oder Ostsüdost erstreckte so weit das Fernglas reichte. Da es so sumpfig war, war unser Weg zu dem Berg abgeschnitten. Wir machten noch einen Versuch, die Pferde überqueren zu lassen, aber ehe wir uns versahen, zappelten alle drei in dem bodenlosen schrecklichen See herum. Ich dachte, sie würden untergehen. Wir konnten ihnen nicht helfen, da der Grund zu weich war, als daß wir an sie herangekommen wären, und wir sanken bis zu den Knien durch die Kruste in den heißen Salzmatsch. Ich konnte nur mit der Peitsche schlagen, damit sie nicht aufhörten, sich herauszuarbeiten; und obwohl es nicht sehr lange dauerte, bis sie sich befreit hatten, kam es mir wie eine Ewigkeit vor. Dann aber kamen sie aus dem Sumpf herausgestolpert, Köpfe, Rücken und Sättel voller blauem Matsch. Den hatten sie natürlich auch ins Maul bekommen. Sie waren total erschöpft, als sie schließlich festen Boden erreichten. Im Schatten einiger Quandong-Bäume ließen wir sie für eine Stunde rasten; von diesen Bäumen gab es viele am See, und wir sammelten eine große Menge reifer Früchte. Ich kann nicht behaupten, daß ich überrascht war, hier einen See zu finden, denn ich hatte beobachtet, daß das Land stetig niedriger wurde. Nach jeder Bergkette, die wir passiert hatten, lag das Land im Süden um 100 oder 200 Fuß tiefer, so daß das Seeufer etwa 700 bis 800 Fuß tiefer lag als die Gegend um Mount Udor. Ich hatte aber auf jeden Fall darauf gehofft, auf etwas zu treffen, was leichter zu überqueren war. Ich hatte mich der Hoffnung hingegeben, an einen richtigen Wasserlauf oder einen Süßwassersee zu kommen oder auch in ein Gebiet mit Salzbüschen. Aber dies hier war schlimm, insbesondere, da es mich daran hinderte, so ein lockendes Ziel zu erreichen wie den Berg, zu dem ich unterwegs war. Da ich von hier keine Möglichkeit sah, nach Süden zu gelangen, entschied ich, umzukehren bis zur ersten Salzrinne, auf die wir gestoßen waren, und herauszufinden, was ein Versuch in Richtung Westen bringen würde; diese Salzrinne lag nun etwa 15 Meilen nach NWN, und bis wir dort auf unsere Spuren zurückgekommen waren, war es dunkel.

Montag, 21. Oktober. – Wieder war die Nacht stickig, und unter einer Decke war es nicht auszuhalten, obwohl wir natürlich im Freien lagen. Das Thermometer zeigte in der Morgendämmerung 21° C. Da wir unseren Pferden die Beine zusammengebunden hatten, fanden wir sie schnell wieder. Zunächst mußten wir um die offenen Stellen herum, danach ritten wir etwa sieben Meilen in Richtung 63° W, als wir von einem anderen, kurzen Arm aufgehalten wurden, der in Richtung Nordost verlief. Wir mußten ihm drei Meilen weit folgen, bevor wir ihn überqueren konnten. Kurz vorher hatten wir einige Hügelrücken in WSW gesehen; auf die hielten wir jetzt zu und erreichten sie nach 12 Meilen. Dort, wo wir auf den Rücken trafen, gab es keinen Wasserlauf und keine Rinne und auch keine Felslöcher. Um keine Möglichkeit zu verpassen, ritten wir um eine Hälfte des zweigeteilten Rückens herum; als wir wieder auf unsere Spuren trafen, hatten wir 30 Meilen zurückgelegt. Von der Höhe des Rückens konnten wir sehen, daß sich der See in ungeheurer Größe nach West und WSW erstreckte, mit mehreren Abzweigungen in unregelmäßigen Abständen. In einiger Entfernung nach Westen oder ein bißchen nördlicher gab es einen anderen Rücken; aber er war zu weit weg, um jetzt dorthin zu kommen, denn unsere Pferde wären dann schon zwei Nächte ohne Wasser, und wahrscheinlich würden wir dort keines finden; hinreiten wollte ich aber auf jeden Fall. Doch zuerst mußten wir zum Wasserloch in dem kleinen Tal zurück, damit unsere erschöpften Pferde trinken konnten. Von dem Rücken, auf dem wir nun standen, war die Aussicht wirklich wild und ungewöhnlich – das weiße Bett des großen Sees nahm fast den ganzen südlichen Horizont ein; die ufernahe Gegend bestand aus Sandhügeln mit dichtem Busch und Spinifex, weiter weg wuchsen Kasuarinen und Mulga. Mittag war längst vorüber, als ich wieder abstieg. Ich konnte nichts anderes tun, als zu dem einzigen Platz zurückzukehren, an dem wir sicher Wasser finden konnten; das war 21 Meilen nach Nordost, und wir ritten in gerader Linie dorthin. Meine Absicht, den hohen Berg zu erreichen, war somit vereitelt. Aber mehr denn je dachte ich, daß dieser Berg eine Möglichkeit bieten müßte, aus der elenden Gegend herauszukommen, in der wir steckten – im Moment sah es aus, als wäre das unmöglich. Der hohe Berg wurde entsprechend einem Vorschlag von Baron von Müller Mount Olga genannt, und die große Salzpfanne, die mir so im Weg war, Lake Amadeus zu Ehren zweier aufgeklärter königlicher Förderer der Wissenschaften. Die Pferde waren äußerst schwach. Die Angelegenheit im Salzsumpf hatte ihre Kraft sehr vermindert, und die letzten beiden Tage waren so heiß gewesen, daß die armen Tiere noch schwächer wurden. Das Thermometer zeigte heute 38° C im Schatten. Bis zum Wasser waren es 21 Meilen, und da die Pferde schwach und langsam waren, erreichten wir es erst spät in der Nacht. Lange 50 Meilen waren wir seit dem Morgen geritten, durch eine elende und mutlos stimmende Gegend. Beim Wasserloch gab es nur genug für ein Pferd zu trinken, und die anderen armen Kreaturen mußten angebunden werden, bis sie an der Reihe waren, da das Wasser nur sehr langsam einsickerte. Um Mitternacht waren sie schließlich zufriedengestellt und wanderten umher, um zu fressen, und wir gingen schlafen.

William Christie Gosse, 23. April 1873: Ayers Rock

Als wir aus den Sandhügeln heraus und nur zwei englische Meilen entfernt waren, kam mir der Berg zum ersten Mal ordentlich vor Augen, und wie groß war mein Erstaunen, zu finden, daß er aus einem einzigen, schroff aus der Ebene ragenden Felsen von ungeheuren Dimensionen bestand! Ich nannte ihn Ayers Rock, nach Sir Henry Ayers [Gouverneur von Südaustralien]. Zwei Meilen im Umkreis erstreckt sich gutes Land mit fruchtbarem schwarzen Boden. Ich ritt an seinem Fuß hin, um eine Stelle zur Besteigung ausfindig zu machen, versuchte auch, bei einem Wasserloch an der Südseite den Gipfel zu erreichen, aber ohne Erfolg. Als ich an seine Westseite kam, entdeckte ich eine starke, mitten aus dem Felsen herauskommende Quelle, die sehr steile Schluchten hinab in ein großes tiefes Loch am Fuß des Felsens stürzt. Ich benannte sie Maggie-Quelle, und da ich auf dieser Seite einen weniger steilen Abhang sah, ließ ich die Kamele hier und kletterte mit meinem Begleiter Kamran barfuß zwei Meilen weit über scharfe Felsen, bis es mir gelang, den Gipfel zu erreichen. Die Aussicht entschädigte für die Mühe. Gegen Westen, 20 Meilen entfernt, erhob sich Mount Olga, gegen Westnordwest einige niedrige Ketten und Rücken, wovon einer die McNicol Range sein mußte, im Norden war ein Teil des Sees [Amadeus] sichtbar, im Osten Mount Conner und jenseits der Sandhügel im Süden, Südosten und Südwesten lagerten hohe Bergrücken. Die im Südosten benannte ich nach Sr. Exzellenz dem Gouverneur Musgrave und einen hohen Gipfel nach dem Surveyor General Woodroffe.

Ayers Rock ist eine Granitmasse von zwei Meilen Länge (von Ost nach West) und einer Meile Breite, schroff aufsteigend erhebt sie sich 1.100 Fuß über die Ebene und ist auf der Oberfläche bedeckt mit kleinen, zwei bis zwölf Fuß großen und zum Teil mit Wasser gefüllten Vertiefungen. Wie beneidete ich Kamran um seine harten Füße! Ihm schien das Umhergehen mit nackten Füssen Freude zu machen, während die meinigen mit Blasen bedeckt waren und ich es kaum aushalten konnte. Der Felsen scheint ein beliebter Aufenthaltsort der Eingeborenen in der nassen Jahreszeit zu sein, denn in jeder Höhle waren Lagerstätten. Diese Höhlen bilden sich durch das Abfallen großer Stücke vom Felsen. Die Eingeborenen graben Vertiefungen darunter, und die Hitze ihrer Feuer machte den Felsen sich abschälen, so daß sich große Gewölbe bilden. Sie amüsieren sich damit, die Höhlenwände mit den verschiedensten Zeichnungen zu bedecken, Schlangen, zwei verbundene Herzen und dergleichen, in einer Höhle sah ich auch die Zeichnung eines Regenbettes mit den Fußspuren eines Emu längs der Mitte desselben. Dieser Felsen ist sicherlich das wunderbarste Naturgebilde, das ich je sah. Welchen großartigen Anblick muß er in der nassen Jahreszeit gewähren, wenn überall Wasserfälle von ihm herabstürzen!

Der Graf und die Kelly-Gang

Zwischen Wodonga und Melbourne

18

Bushrangers hatte es gegeben, seit hundert Jahre vor der Reise des Grafen Anrep-Elmt die ersten Sträflinge entkommen waren und versuchten, sich im Busch allein durchzuschlagen. Viele kamen sehr schnell zurück, weil sie ihr Dasein so nicht fristen konnten, viele lebten unauffällig, und man hörte nichts von ihnen, einige verschafften sich ihren Lebensunterhalt durch Raub und Mord, und einzelne Männer lebten mit den Aborigines.

Die berühmtesten dieser Gattung waren die Kelly-Brüder und ihre Genossen. Über zwei Jahre hielten sie die Polizei in Atem. Es begann damit, daß Ned auf Polizisten schoß, die seinen Bruder Dan wegen Pferdediebstahls festnehmen wollten; später ermordeten sie drei Polizisten, und ein Kopfgeld von 1.000 Pfund – tot oder lebendig – wurde auf sie ausgesetzt.

Im Februar 1879 hielten sie eine Stadt für zwei Tage besetzt und raubten 2.000 Pfund aus der Bank. Das Kopfgeld stieg auf 2.000 Pfund – tot oder lebendig. Graf Anrep-Elmpt, der Autor des folgenden Textes, hätte also an dem Zusammentreffen mit den beiden Brüdern viel Geld verdienen können. Er hätte es auch brauchen können, denn er reiste, ohne von seinem Titel Gebrauch zu machen, häufig zu Fuß und verdiente sich sein Reisegeld als Orgelbauer.

Bei dem Versuch, einen Polizeizug in die Luft zu jagen, wurden drei Mitglieder der Bande getötet, Ned Kelly wurde 1880 in Melbourne gehenkt. Er ist der berühmteste Bandit Australiens, auch wegen seiner selbstgedengelten Rüstung. Er brachte es sogar zum Filmhelden: Mick Jagger, der Rolling Stone, spielte in einem 1970 gedrehten Film die Rolle des Ned.

Erst ritt ich über zahlreiche Brücken und Dämme der Sümpfe des Murray bis Wodonga, dem Terminus der Victoria-Bahn-Linie, die Melbourne bald ununterbrochen durch Dampf mit Sydney verbinden wird. Die Wodonga-Bahn-Station liegt 537 Fuß über dem Meeresspiegel, 187 Meilen Bahn von Melbourne entfernt.

Der Ort ist klein, auf hügeligem Buschterrain erbaut, hat nur eine lange Straße, liegt im County Bogong, im Distrikt Murray, am Wodonga Creek, einem Arm des Murray. Die Verbindung der Bahnstation mit Albury bewerkstelligen vice versa stündlich Omnibusse und sogenannte Town-Busses (Stadtwagen). Wodonga besitzt sechs Hotels, zwei Bankfilialen, vier Versicherungsfilialen, vier Kirchen, darunter auch eine lutherische, zwei Mahlmühlen, ein paar Sägemühlen, auf der Höhe eine Brauerei, eine öffentiche Schule und eine von Privaten gehaltene, ein Zollamt, einige Häuser, in welchen die Handeltreibenden, Handwerker, Frucht-händler, Agenten, Auktionäre und Wucherer sich niedergelassen haben, einige hier und da zerstreut liegende Cottages und Hütten.

Der Ort, als der Terminus der Bahn, zeigte natürlich ein regeres Leben und Treiben, welches ihm möglicherweise nicht vollständig genommen werden wird, da es ein Grenzort bleiben wird, auch nachdem die Verbindung der Bahn mit der von New South Wales bewerkstelligt ist.

Nachdem ich mich im Imperial-Hotel mit einem Frühstück gekräftigt hatte, verließ ich den langgestreckten Ort, in Sicht des rechts von mir liegenden zierlichen Bahnhofs, mich in dem lichten dürren Wald verlierend, der hin und wieder in den bergigen Strecken und den Schluchten der zahlreichen Creeks recht malerische, wild pittoreske, dichte, hochschießende Gestrüpp- und Buschpartien entfaltet und der den gegenwärtigen Aufenthalt der Räuberbande des Ned Kelly bildete.

Mein Weg, meist steigend, dann kurvenreich, war oft recht steil und im allgemeinen ein schlechter Buschpfad über Geröll und Wurzelgeflecht und trotz der verfallenen liederlichen Farmen oder Niederlassungen mit ihren meist düsteren Hütten, die hier und da isoliert im Gebüsch zu sehen waren und die ohne Ausnahme leblos erschienen, war die Gegend eine höchst unheimlich-wilde, verödete zu nennen.

Gegen 12 Uhr kamen aus dem Gebüsch zwei Reiter auf mageren, jedoch kräftigen Pferden auf mich zugeritten, die mit dem Ruf: »Hallo old man« mir winkten anzuhalten.

Der eine der Reiter war ein gutaussehender breitschultriger Gentleman mit kurzgehaltenem Bart, in regelrechtem Reiteranzuge des Landes, das heißt im wollenen, bunten Hemde bester Qualität, in Beinkleidern aus festem Stoff, die sich in vorzügliche hohe Stulpstiefel verliefen; ein kräftiger Gurt aus Leder umfaßte seine Taille, und in demselben sah man ein paar gut gehaltene Revolver; sein Haupt deckte ein fester, jedoch sichtbar verschiedenstem Wetter ausgesetzt gewesener Filzhut mit breitem Rande und in verschiedenartigste Falten geknüllt; der Sattel deutete ebenfalls auf eine kernige Bewaffnung. Sein Begleiter war höher von Wuchs, nachlässiger gekleidet und mit hageren Gesichtszügen, in denen die deutlichen Spuren eines unruhigen Gewissens zu erkennen waren.

Im ersten Augenblick glaubte ich zwei Troopers (Gendarmen), denen ich gewöhnlich im gleichen Anzuge hin und wieder im Busch begegnet war, zu sehen.

Ihr freundliches Aussehen, oder richtiger gesagt, der freundliche Ausdruck, mit welchem der erstbeschriebene mich anredete, entfernte jegliches Mißtrauen, und ich hielt. Sie näherten sich, und der mich Anredende stellte Fragen in militärisch kurzer Art und Weise darüber, von wo ich käme, wohin ich reite, wen ich auf dem Wege gesehen, was ich in Albury und Wodonga gehört und bemerkt hätte.

Nachdem ich den vielen Fragen Antwort gegeben und der Erstbeschriebene, wie es schien, befriedigt über meine Aussagen, seinen Begleiter mit lächelndem Blick angesehen hatte, sagte er heiter: »Well old man, come have some lunch!«, das heißt: »Komm, alter Mann, auf einen Imbiß!«

Ich folgte ihnen in das Gebüsch, wo auf einer kleinen Fläche, umgeben von dichtem Gestrüpp, an einem Creek ein kleines Feuer brannte. Es wurden famoser »Whisky« aus der Flasche, kaltes Salzfleisch bester Qualität, sogar Brot mit Butter und Tee aus Blechkannen genossen. Während des Speisens wurden mir neue Fragen gestellt und das namentlich über die Gendarmerie und was ich von den Gebrüdern Kelly gehört hätte.

Als ich gesättigt war, begleitete mich der Erstbeschriebene bis zum Weg, und als wir denselben erreichten, fragte er mich lächelnd: »You'll be frightened to see the Kellys in the bush? Ha!«, das heißt: »Ihr würdet erschrecken, die Kellys im Busch zu treffen? He!« »Nein«, antwortete ich, »denn ich habe nichts Wertvolles für die, und außerdem ist mir bewußt, daß diese Bande nur auf die Plünderung der Banken und auf die Tötung der Glieder der Polizei ihr Wesen beschränkt und die Wanderer unbelästigt läßt.« Hierauf antwortete er mir hastig: »Goddam you believe right, the Kellys not so blood-thirsty, how some bloody mob believe, I am Ned Kelly self and I tell you, that I seek only bloody revenge for damned bloody bloodshed! Good being old man!«, das heißt: »Gott verdamm! Ihr habt recht, die Kellys sind nicht so blutdürstig, wie gewisses Volk es glauben will. Ich bin Ned Kelly selber, und ich sage euch, daß ich nur blutige Rache suche für blutiges Blutvergießen.« Und nun Wohlbefinden mir wünschend, folgte er seinem schon zu Pferde sitzenden Bruder Dan Kelly in den Busch, der das Feuer während der Zeit sorgsam ausgelöscht und jede Spur desselben vernichtet hatte.

Daß mir die Nachricht, den in der Gegend Gefürchteten an der Seite gehabt zu haben, sehr angenehm war, kann ich nicht sagen, und unwillkürlich schaute ich mich während meines Weiterrittes in alle Richtungen um, denn ein Mann, der es verstand, ganze Ortschaften mit nur gewöhnlich drei Begleitern zu belagern und tagelang die Bewohner in derselben gefangen zu halten, nachdem er die Polizei des Ortes geknebelt und die Telegraphenverbindungen zerstört, ist zu jeder Tat fähig, obgleich faktisch die Bande den Ruf genießt, nur Banken – und das meisterhaft – zu plündern und die Glieder der Polizei zu morden, sonst die übrigen nur mit Drohungen und mit Furcht zu quälen.

Trotz der vereint wirkenden Polizei der Kolonien New South Wales und Victoria, trotz des lichten Bestandes der Waldungen konnte man bis damals diese Bande mit ihrer geringen Zahl nicht meistern. Ihr Aufenthalt war in der Back Range, ein Gebirge, über das ich ritt, das wild und zerklüftet und an Wasser reich war.

Während Monaten verbreitete sich die bestimmte Nachricht, daß die Brüder in das Innere des Landes verschwunden seien; sogar die, daß sie längst nach Kalifornien abgezogen wären. Es trafen sogar Nachrichten aus Kalifornien ein, die da bestätigten, daß der gefürchtete Irländer daselbst Farmer geworden und seine Mutter und seine Schwester, die Kate, die hier ihrer Tapferkeit wegen berühmt geworden und eigentlich die Ursache der Rache des Bruders gegen die Polizei war, zu sich kommen lasse.

Da plötzlich fand wieder eine gelungene Knebelung der Beamten irgendeiner Bank und die Entführung der Kassa durch die Bande statt, die sofort nach der Tat, trotz Umzingelung und Durchstreifen der Gegend, wieder gleich wie verschollen war. Das Verschwinden derselben für längere Zeit wurde ihr dadurch ermöglicht, daß namentlich hier, auf der Strecke von Wodonga bis Beechworth, die Pächter und Ansiedler meist Irländer waren, die sie mit allem Erforderlichen versorgten, oft beherbergten und die Nachricht verbreiteten, daß sie nicht mehr im Lande sei, und die Bande von jeder Bewegung der Polizei benachrichtigten. Die Farmer und Ansiedler, die sie nicht unterstützen wollten, schwiegen in Folge der sie einschüchternden Drohungen.

Dieses unerwartete Abenteuer hatte mich eine gute Stunde Zeit gekostet und hätte leicht ungemütlicher als mit einem nichts weniger als schlechten Lunch ausfallen können.

1880 · Carl Lumholtz

Der erste Abend im tropischen Australien

Gracemere, Rockhampton

19 *Gracemere, ein Besitz der Archers (Vater und sechs Söhne), die 1830 aus Norwegen nach Australien gekommen waren, war 1855 gegründet worden. Die Stadt Rockhampton entstand etwa um die gleiche Zeit und entwickelte sich zum Teil auf dem Land, das die Archers als erste Weiße in Besitz genommen hatten.*

Die Archers waren Pioniere, die selber Erkundungsritte durchführten und mehrere Gebiete für die Landwirtschaft erschlossen. Die einzelnen Stufen der wirtschaftlichen Entwicklung des Besitzes der Familie beschreibt Lumholtz. Auch Charles Darwin und Ludwig Leichhardt waren mit ihnen bekannt.

Carl Lumholtz (1851–1922), selbst auch Norweger, brachte Empfehlungsschreiben an die Archers mit, die ihn sieben Monate auf ihrem Besitz aufnahmen. Lumholtz hielt sich insgesamt vier Jahre in Australien auf, zum Teil unter Aborigines, um eine naturwissenschaftliche Sammlung anzulegen. Seine Beschreibung des Lebens der Aborigines und mit ihnen ist aber zu sehr dem Geist der Zeit verhaftet (so lautet der Titel seines Buches: Unter Menschenfressern), um heute noch Verbreitung zu finden. Seine Beschreibung der Station Gracemere aber ist immer noch lesenswert.

Wir fuhren nach Gracemere, Viehstation der Herren Archer, welche sieben Meilen von der Stadt Rockhampton entfernt liegt. Die Umgebung ist flach, einförmig und sumpfig, aber in der Nähe der Station hebt sich das Terrain.

Als wir den höchsten Punkt erreicht hatten, eröffnete sich uns plötzlich eine weite Aussicht; vor uns lag ein großer Wasserspiegel, dessen Fluten in den letzten Strahlen der untergehenden Sonne schimmerten und auf dem sich Hunderte von Vögeln tummelten, und auf den grünen Ufern im Vordergrunde grasten oder saßen unzählige Gänse, welche schreiend aufflogen, als wir uns näherten. Auf einer sich weit in den See erstreckenden Landspitze lag die Station, welche mir auf längere Zeit als Aufenthaltsort dienen sollte; mit ihren vielen Häusern sah sie von weitem wie ein kleines Dorf aus.

Wir fuhren an einer großen Kaktushecke entlang, um nach dem Hauptgebäude zu gelangen, welches an der äußersten Spitze der Landzunge liegt. Die nackten gezimmerten Wände machten auf mich, der ich von dem Luxus in Melbourne und Sydney kam, einen kümmerlichen Eindruck; aber die geräumigen Zimmer und die kühlen Veranden winkten mir gastfrei entgegen und sahen gemütlich aus.

Als wir gegessen hatten, nahm Mr. Archer sein Mikroskop hervor, damit ich einige von den Insekten betrachten sollte, welche in Tausenden die Lampe umkreisten, aber weiße Ameisen hatten es unbrauchbar gemacht. Diese Tiere sind für ganz Queensland eine große Plage, und es müssen beim Anlegen der Häuser große Vorsichtsmaßregeln ihretwegen getroffen werden.

Es war ein eigenartiges Leben, das mir jetzt im australischen »bush« entgegentrat. Die Sommerwärme war drückend, der Novemberabend stockdunkel, und er wurde nur ab und zu durch starke Blitzstrahlen erhellt.

Die Insekten sammelten sich massenweise unter dem Dach und fielen, vom Lampenlicht geblendet, scharenweise auf den Tisch, so daß das Lesen unmöglich gemacht wurde. Fledermäuse und Nachtschwärmer flogen durch die geöffneten Fenster und Türen ein und aus; es mag unglaublich klingen, aber nicht allein unten auf der Erde, sondern auch oben im Wasserkühler quakten die Frösche, und zwar so laut, daß sie beim Sprechen störten.

Ich richtete mich übrigens ganz gut auf der Station ein und verbrachte dort einen angenehmen Sommer und Winter, sieben Monate lang, sehr von dem neuen und reichen Wirkungskreis angezogen. Eine kleine Hütte war mir als Arbeitszimmer überlassen und derart eingerichtet, daß sie auch zum sicheren Aufbewahrungsort meiner Sammlungen dienen konnte. Mein europäischer Sommeranzug wurde bald zu warm, und ich schaffte mir das gewöhnliche australische Kostüm an, welches alle tragen, die »in the bush« leben. Ein leichtes wollenes Hemd, darüber ein buntes leinenes, welches am Halse offen ist und dessen Ärmel bis zum Ellenbogen aufgestreift sind, Beinkleider von dickem weißen Baumwollzeug, *moleskin* genannt, weiße baumwollene Strümpfe und Schuhe, ein breit geränderter Filzhut mit Verbrämung – darin besteht der ganze Anzug, der überall fertig genäht und billig zu kaufen, nett, reinlich und zugleich sehr zweckmäßig ist. Die Gegend von Rockhampton ist wegen ihres warmen und trockenen Klimas bekannt, 40° C ist im Sommer nichts Seltenes. Gracemere liegt gerade so weit innerhalb des Wendekreises, daß man es das tropische Australien nennen kann, die Wärme ist sogar stärker hier als nördlicher in dem feuchten Klima, wo der Passatwind weht. Es kann im Winter vorkommen, daß Reiffrost auf dem Felde liegt, und nicht selten wird Eis auf einer Pfütze, einer Wassertonne usw. gefunden. Das Thermometer fällt zwar nicht sehr tief, aber an solchen Tagen ist die Kälte sehr empfindlich und Kaminfeuer morgens und abends äußerst wohltuend. Der Himmel ist fast immer klar und wolkenfrei, die Luft namentlich im Winter rein und durchsichtig. Die Berge haben dann einen überaus hübschen blauen Farbton, und nach Sonnenuntergang nimmt der Himmel oft einen eigenartigen grünlichen Schimmer an.

Es läßt sich nicht leugnen, daß ein beständiger Sommer etwas Ermüdendes und Einförmiges hat, denn Sommer ist es ja im größten Teil des Landes; hingegen wird sich jeder, der Sonnenschein und Wärme liebt, behaglich in Queenslands Klima fühlen, welches wohl das gesündeste in der tropischen Welt ist.

Das Hauptgebäude der Station ist gleich allen anderen Häusern ganz von einer Veranda umgeben. Dieselbe ist auf eigentümliche Art von

Kletter-Feigenbäumen eingeschlossen, welche sich an Pfählen emporranken. Das Dach ist nach australischer Sitte mit Zinkplatten gedeckt, und an den Ecken der Häuser sind große Eisenkübel angebracht, in denen sich der Regen sammelt; denn Regenwasser ist in ganz Australien das gewöhnliche Trinkwasser, es wird gewöhnlich auf den Veranden in Säcken von Segeltuch aufgehängt, wodurch es einer starken Verdampfung ausgesetzt und eisig kalt ist.

Unten am Wasser ist ein sehr hübscher Garten angelegt, in dem Apfelsinen, Weinranken und die europäischen Feigenbäume zwischen Ananas und Mangos der tropischen Zonen wachsen. Im Winter gedeihen Levkojen, Reseda, Astern und ähnliche Blumen recht gut, aber der Sommer ist für dieselben zu warm. Pelargonium und Kalledium prangen in prächtigen Farben.

Die hervorragendsten Bäume im Garten sind die prachtvolle madegassische Pontiana regia, die Tamarinde, der Jakarandenbaum nebst verschiedenen australischen Tannen, unter denen ein besonders hübsches Exemplar der bekannten Bunya-bunya (Araucaria Bidwillii) ist. Dieser stolze Baum wächst nur von Brisbane an bis zum Burnett River und wird von der Regierung wegen der Schwarzen geschützt, welche die riesenhaften Zapfen aufsammeln und den Samen als Nahrungsmittel benutzen. Kaktus und Dattelpalmen entzücken das Auge, tragen aber aus unbekanntem Grund keine gute Frucht.

Am Rande des Wassers ist in großer Ausdehnung der berühmte ägyptische Papyrus angepflanzt worden, der nachgerade zu einem dichten Boskett herangewachsen ist. Ein kleiner Rohrsperling (Acrocephalus australis) hat sich in diesem Papyrusgebüsch niedergelassen, in dem er paarweise nistet. Er singt namentlich abends und in der Nacht und gilt als Australiens bester Sänger. Das Wasser oder die Lagune, wie es genannt wird, ist eine Meile lang und eineinhalb Meilen breit und wird von vielen Wasservögeln belebt. Im Winter werden über 400 Pelikane gesehen, aber im Sommer ziehen die meisten fort.

Die Pelikane fischen namentlich nachts, und zwar betreiben sie, wie bekannt, dieses Geschäft in größerer Gesellschaft. Das Geräusch, das sie während des Fischens durch das Plätschern mit ihren Flügeln hervorbringen, klingt ungefähr so, wie wenn sich ein Raddampfer in Bewegung setzt. Manchmal sah ich, wie sie sich emporschwangen, ohne scheinbar die Flügel zu bewegen, spiralförmig stiegen sie höher und höher, bis sie ganz zuletzt außer Sicht waren. Es hatte den Anschein, als täten sie es nur zu ihrem Vergnügen oder um sich zu sonnen; kommen sie aber wieder herunter, so geschieht es mit einer solchen Schnelligkeit, daß es in der Luft saust.

Einige Arten von Schwänen (Cygnus atratus) werden ab und zu gesehen, im November hörte ich sie manchmal abends singen. Es wimmelt von Enten und Gänsen, weißen, grauen oder blauen Reihern und Schlangenhalsvögeln (Plotus).

Mr. A. Archer zählte einmal 37 verschiedene Vogelarten auf der Lagune, und doch ist das Vogelleben unbedeutend im Vergleich mit dem, was es vor Jahren war. Das Vieh hat nämlich das an den Ufern wachsende hohe Gras und Schilf aufgefressen, in dem unzählige Vögel, unter anderen auch schwarze Schwäne, nisteten. Mr. Archer schätzte ehemals die Zahl der Vögel auf mehr als 10.000, und zwar nur auf dieser Lagune. Wurde ein Schuß abgefeuert, so erhoben sich die Vögel mit einem Lärm, der dem fernen Donner glich.

Der auffallendste Vogel der Lagune ist unbedingt die schöne Parra gallinacea, in Australien Lotusvogel genannt. Er hält sich auf umherschwimmenden Blättern, namentlich auf denen der Wasserlilie auf, und da die blauen Wasserlilien stark an den Ufern der Lagune vertreten sind, findet man auch dort die meisten Lotusvögel. Er ist etwas größer als eine Drossel, hat sehr lange Beine und ungewöhnlich entwickelte Zehen, wodurch er mit großer Leichtigkeit über die schwimmenden Blätter spaziert. Er frißt namentlich Schnecken und Insekten, welche er gewöhnlich beim Umwenden des Blattes findet. Sein schmuckloses Nest baut er gleichfalls auf Blättern.

Die Eier werden als große Seltenheit angesehen, sie zeichnen sich durch Form und Farbe aus, haben ein schönes Braun mit vielen Strichen und Flecken. Sie sehen aus, sagt Gould, »als wären sie von einem Manne gezeichnet, der es darauf angelegt hat, die Oberfläche mit phantastischen Linien zu bedecken, um sich durch diesen Versuch selber ein Vergnügen zu bereiten«. Die Jungen sehen sehr possierlich aus mit ihren im Verhältnis zu dem winzigen Körper langen Beinen und Zehen.

Der ausgewachsene Vogel ist nicht scheu, die Jungen hingegen sehr furchtsam. Ich beobachtete öfters die alten Vögel mit ihren Jungen; näherte ich mich, so verschwanden die Jungen spurlos, während die Alten ohne Furcht umherstolzierten und sich um niemanden kümmerten. Lange blieb es mir ein Rätsel, wie die Jungen sich so gut verstecken und auch so lange Zeit spurlos verschwinden konnten, aber die Auflösung erhielt ich eines schönen Tages. Ein alter Vogel kam mit zwei Jungen dicht ans Land, ich verbarg mich hinter einem Baum, ließ sie dicht an mich herankommen, und als ich plötzlich vorsprang, sah ich die beiden Jungen schnell unter Wasser tauchen und sich am Grunde festhalten; hier konnte ich sie über eine Viertelstunde beobachten und holte sie dann hervor.

Es sind viele Fische in der Lagune, Barsche, Aale und Hechte mit sehr langer Schnauze, aber besonders zahlreich ist der Mugil vertreten. Dieser besitzt die Eigentümlichkeit, hoch aus dem Wasser emporzuschnellen; dabei kommt es vor, daß er ins Boot fällt und so gefangen wird. Ist der Wasserstand der Lagune wegen Trockenheit sehr niedrig, so kann man mit Sicherheit darauf rechnen, überall beim Baden auf Fische zu stoßen, die einem gerade über den Kopf daher fahren.

Gracemere war ursprünglich Schafstation, aber in späteren Jahren mußten die Schafe dem Rindvieh weichen. Teils war das Klima zu feucht, teils wurden die Schafe durch die schädliche Grasart, welche an der Küste wächst, das so sehr gefürchtete spear grass (andropogon contortus), vernichtet. Es hing sich in der Schafwolle fest oder bohrte sich in das Fleisch ein, wodurch die Tiere starben. Aus dem Grunde ist Gracemere jetzt ausschließlich Viehstation; die Schafe wurden circa 350 Meilen westwärts geführt.

Als eine Kuriosität führe ich an, daß in Gracemeres Umgebung das in Norwegen so bekannte Dachrohr wächst (Phragmites communis), wohl die einzige Grasart, welche Norwegens und Queenslands Flora gleichermaßen besitzt.

Da die Herren Archer Norweger sind, oder wenigstens norwegisierte Briten, wird es vielleicht von Interesse sein zu erfahren, daß dieselben die ersten Weißen waren, welche das Land an der Stelle, wo jetzt Rockhampton liegt, in Besitz nahmen. Sie haben auch manchen Punkten in der Umgegend nordische Namen gegeben, wie z. B. Mount Berserker, Sleipner usw. Ihre Weideplätze hatten am Anfang eine Ausdehnung von 50 Meilen in der Länge und ungefähr 20 in der Breite.

Aber je mehr das Land kolonisiert wird, erhalten die Vieheigentümer nicht mehr die Erlaubnis, jene großen Weideplätze zu behalten; denn dieselben gehen nicht eigentlich in ihren Besitz über, sondern sie dürfen sie nur gegen eine jährliche Abgabe an die Regierung benutzen. Daher wurde das Areal der Station sehr bald beschränkt, indem das Land zum Verkauf ausgeboten ward. So geht es gewöhnlich mit allem neu angebauten Land in Australien. Zuerst kommt der große Schaf- und Viehbesitzer, der Squatter, welcher oft ungeheure Strecken mit Beschlag belegt. Später muß er kleineren Eigentümern das Feld räumen, den Selectors, welche hauptsächlich Ackerbau treiben.

Der Squatter erhält jedoch Erlaubnis, einen bestimmten Teil des Landes als Erbeigentum zu kaufen, und dies hatten die Herren Archer getan. Auf ihrem Besitz befanden sich jetzt nur 4.000 Stück Vieh, aber es war alles Vollblut. So hatten sie kürzlich einen neun Monate alten Ochsen eingeführt, welcher 315 Pfund Sterling kostete. Nicht wegen der Milch, sondern des Fleisches wegen wird in Australien so viel Gewicht auf eine feine Viehrasse gelegt.

Die Wüste blüht

Westaustralien

20

Lady Mary Anne Broome (1831–1911) war in zweiter Ehe mit Sir Frederick Napier Broome verheiratet, der von 1883 bis 1889 Gouverneur von Westaustralien war und dessen Namen das Perlenfischerstädtchen Broome an der Nordwestküste des Kontinents trägt. Besser bekannt ist sie unter dem Namen ihres ersten Ehemannes; als Lady Baker hat sie mehrere Bücher über ihre Erlebnisse in Südafrika, Trinidad, Neuseeland und Australien veröffentlicht.

Zu den Pflichten des Gouverneurspaares gehörten auch Besuche in entlegenen Gegenden der Kolonie; die Strecke, die Lady Broome beschreibt, liegt in der Nähe von Geralton, nördlich von Perth. Der Brief vom 6. Oktober 1883, der hier abgedruckt ist, entstammt einer Sammlung von Briefen, die Lady Broome an ihren 13jährigen Sohn Guy nach England schrieb.

Heute noch sind die Monate September und Oktober die besten Reisemonate, wenn man die Wüste in Blüte erleben will – auch die westaustralischen Tourismusbehörden sind der Meinung, daß sich ihr Gebiet in dieser Jahreszeit von seiner schönsten Seite zeigt.

Ich erzähle jetzt von unserer Reise und fange da an, wo ich mit dem letzten Brief aufgehört habe: mit unserer Abfahrt nach Dongara. Der erste Reisetag war nicht besonders beeindruckend, und der Hof, in dem wir übernachtet haben, weder besonders sauber noch komfortabel. Einer unserer Herren hat bei der Häckselmaschine im Schuppen geschlafen, weil ihm sauberes Stroh und die eigenen Decken lieber waren als das ihm angebotene Bett. Ich glaube, der Kutscher und die Ordonnanz haben die Sitze aus der Kutsche genommen und darauf geschlafen! Aber ein Gutes hatte diese Art der Unterbringung doch: Wir sind alle noch im Dunkeln aufgestanden und saßen bei Tagesanbruch reisefertig in der Kutsche.

Nach etwa einer Meile kamen wir an die großen Sand Plains; sie heißen so, obwohl sie eigentlich nur ein schmaler Ausläufer der Sahara oder Wüste im Inneren Australiens sind, weniger als 70 Meilen breit; sie liegen zwischen dem fruchtbaren Land um Dongara und guten Schafweiden auf der anderen Seite.

Man kann diesen Wüstenstreifen nicht umgehen; alles, was die Regierung hat machen können, war, Brunnen zu graben und einzuzäunen und grobgehauene Viehtränken aus ausgehöhlten Baumstämmen dort aufzustellen, wo es Wasser gibt. Und so kann man Rinder durch dieses Stück Wüste treiben, insbesondere nach den Winterregen, wenn die Brunnen voll sind.

Dann gibt es noch hier und da, im Abstand von etwa zehn Meilen, kleine Wäldchen, wie Oasen, einen oder zwei Morgen groß, wo die Hirten lagern und Feuer machen und ihre Tiere ausruhen und fressen lassen können.

Es muß aber sehr mühselig sein, Vieh hier hindurchzutreiben, und es tun auch nur die, die keine andere Wahl haben. Wir haben uns ausgemalt, welche Änderungen die neue Eisenbahn in Kürze bringen wird.

Ich weiß nicht, ob ich Dir überhaupt verständlich machen kann, was für eine Gegend das hier ist. Sieht man sie zum ersten Mal bei Tagesanbruch, wenn die Sonne rot und rund über den fernen östlichen Horizont steigt, kommt sie einem erst recht unheimlich und fremdartig vor. Stell Dir einen Ozean vor, aus Sand statt aus Wasser, und Du hast eine ungefähre Idee, wie es um uns herum aussah – soweit das Auge reichte. Aber es ist kein ruhiger und glatter Ozean, sondern einer mit Wellen und Wogen, die wie durch Zauber plötzlich erstarrt sind. Diese Wellen fuhren wir hinauf und hinunter, immer den Telegraphenmasten folgend; wir sahen keine Spuren von Hufen oder Rädern, nur unsere eigenen von vor ein paar Tagen auf der Hinfahrt nach Dongara. Es ging nur in Schrittgeschwindigkeit vorwärts, und wenn wir einen Sandhügel erklettern mußten, ging es nur sehr, sehr langsam. Der feine Sand rieselte wie Wasser von den breiten großen Rädern, und nichts war zu hören als das Knarren des Wagens und hin und wieder ein Ruf des Kutschers, der die braven Pferde anrief, die mit tief gesenktem Kopf tapfer und stetig vorwärtszogen. Die Herren versuchten, einen Falken zu schießen, der ab und zu vor uns auftauchte; aber er ließ niemanden auf Schußweite herankommen. Andere wilde Tiere haben wir an diesem Tag nicht gesehen.

Zuerst gab es niedrige, magere, nackte Büsche, aber als wir richtig in den Sand kamen, kamen die Blumen dazu. Ist das nicht wunderbar? Ich mußte an den Bibelvers denken über die Wüste, die wie eine Rose blüht, und hier wurde mir zum ersten Mal klar, was das bedeutet.

Während vieler Monate des Jahres ist diese sandige Öde absolut nackt und leblos, aber unsere Reise war so geplant, daß diese Durchquerung zur Blütezeit der Wildblumen stattfand. Und es war ganz bestimmt der schönste Anblick, den man sich vorstellen kann; ich glaube, meine Beschreibung gibt auch nicht annähernd wieder, wie schön es war.

Das große Wunder ist, daß sie überhaupt da sind – die kleinen Büsche, aus denen sie wachsen, scheinen nur locker auf dem Sand zu sitzen, und da sind die Blüten und blühen vor sich hin, ohne einen Tropfen Wasser und unter einer erbarmunglosen Sonne. Sie blühen deshalb nicht länger als drei Monate, aber es ist zum Staunen und wunderschön.

Vor dem Beginn unserer Reise hatten uns Leute gesagt: »Und dann werden Sie unsere wilden Blumen sehen«, und ich hatte wenig interessiert geantwortet »Ach ja« und nicht mehr daran gedacht. Jetzt aber meine ich, daß ich bisher überhaupt nie welche gesehen habe! Immerzu wollte ich den Wagen anhalten, die Leiter anlegen, aussteigen und die eine oder andere ganz besondere Blume pflücken oder auch ganze Büschel ausreißen, denn das ging am schnellsten. Hätte ich das getan, wären wir heute noch dort.

Der Begleitoffizier sprang immer wieder von seinem Pferd, um mir etwas besonders Schönes zu pflücken. Die Menge war einfach verwirrend. So kamen wir an eine Stelle mit himmlischen blauen Blumen, im schönsten, leuchtendsten Blau, das man jemals an einer Blume gesehen hat; und diese Stelle erstreckte sich über Meilen ringsum, so weit man sehen konnte, nur hier und da unterbrochen von Büscheln großer, leuchtendroter Blüten oder einer Ansammlung karmesinroter Immortellen oder fedriger grauer Smoke Plants. Aber ich glaube, Jungs interessieren sich nicht so sehr für Blumen, deshalb will ich Dich nicht mit meiner Begeisterung langweilen. Sie zu trocknen oder sonstwie zu konservieren hat keinen Zweck; die tote Blüte gibt ein genauso falsches Bild wie eine Mumie von einem Menschen.

Das völlige Fehlen von Tieren, die vollkommene Stille, diese farbenprächtige Welt von Blüten rundum ließ einen glauben, es wäre alles nur ein Traum. Geräuschlos ging es weiter und weiter durch den tiefen Sand. Wir waren von dem Anblick der Blumen alle so fasziniert, daß außer einem gelegentlichen »Oh« der Begeisterung keiner etwas sagte.

Als es auf Mittag zu ging, zeigte der Kutscher auf eine dunkle Linie am Horizont und sagte: »Da ist Tipper's Thicket.« Das hörten wir nur zu gern, denn es bedeutete essen, ausruhen und frische Pferde. Seit dem Morgen hatten wir nur 15 Meilen zurückgelegt, und doch waren wir seit Sonnenaufgang unterwegs; daran kannst Du sehen, wie langsam wir gefahren waren.

Auf einer Schafstation

Darling Downs

21

Dieses Buch wäre nur ein unvollständiges Buch, wenn nicht eine Beschreibung des Schafscherens enthalten wäre. Hier ist sie.

Graf Hübner hat gerade noch die alte Zeit miterlebt, in der Schafe von Hand und mit einer Schere ihres Felles beraubt wurden. 1887, drei Jahre nach Hübners Besuch, wurden in den Darling Downs zum ersten Mal in Australien Maschinen für die Schafschur eingesetzt.

Heutzutage braucht man nicht mehr fünf Minuten pro Schaf – die Geschwindigkeit hat sich vervielfacht: 1990 stand der Weltrekord mit der Maschine bei sieben Schafen in fünf Minuten, von Hand bei drei Tieren in fünf Minuten. Die Weltmeisterschaft wurde über neun Stunden ausgetragen, in denen dann bis zu 800 Schafe durch die Hände eines Mannes gegangen sind.

Die Darling Downs, im letzten Jahrhundert von der Schafzucht geprägt, haben sich inzwischen verändert. Die Schaffarmer, »Pure Merinos« genannt, mußten Ackerbauern Platz machen. Sie taten das allerdings nicht, ohne sich gegen die diesbezüglichen Pläne der Regierung lange zur Wehr zu setzen. Der Ausspruch »when wheat should be grown on the Darling Downs« entspricht etwa unserem Sankt-Nimmerleins-Tag.

Graf Hübner (1811–1892), österreichischer Diplomat aus Metternichs Schule, war in mehreren Ländern Europas tätig gewesen. Auf seine alten Tage beschloß er, sich auch den Rest der Welt anzusehen. Natürlich reiste er nicht als gewöhnlicher Tourist: Sir Patrick Jennings, auf dessen Station Hübner die Schafschur beobachtet, war damals Premierminister von New South Wales.

Darling Downs, der fruchtbarste Teil der Kolonie, liegt am westlichen Abhang des Küstengebirges, Coast Range [heute: Great Dividing Range] genannt. Die großen Squatters der Darling Downs bilden die queensländische Aristokratie. Die von ihnen besessenen Weidegründe, auf welchen sie ihr Vieh, hauptsächlich Schafe, züchten, nehmen eine Oberfläche von ungefähr 75 Quadratmeilen [etwa 200 km^2] ein. Jenseits dieses Gebiets, nach West und Nord, beginnt die Terra incognita. Man fängt zwar an, sie zu erforschen; eine gewisse Anzahl verwegener Pflanzer hat sich, über Gefahren und Entbehrungen erhaben, auf einige hundert Meilen von der Küste niedergelassen. Dessen ungeachtet ist es noch eine geheimnisvolle Welt.

Ein schmaler zerklüfteter Landstrich scheidet den Ozean von dem Küstengebirge, dessen Kamm eigentlich den Rand einer sich gegen West und Südwest allmählich senkenden Hochebene bildet. Die dünnen Wasserfäden, welche auf den östlichen Abhängen der Coast Range entspringen, fließen dem Stillen Ozean zu, während die ihren Ursprung auf dem Hochplateau nehmenden Bäche den Kontinent in südwestlicher Richtung durchkreuzend, den Darling, verschiedene andere Flüsse, endlich den Murray bilden, der sich unweit Adelaide in den Indischen Ozean ergießt.

Wir befinden uns unterwegs nach diesen interessanten Downs. Der Busch beginnt, wo die Stadt aufhört. Es sind aber meist offene, open forests, das heißt teilweise gelichtete Wälder. Die ganze Gegend ist eigentlich nichts anderes. Hier und da sieht man Gehöfte, hier und da eine Häusergruppe, die Stadt genannt wird, aber alles liegt mehr oder weniger versteckt im Busch, der, zu seinem Lobe sei es gesagt, etwas grüner und frischer ist als die Wälder von New South Wales.

Das Land hebt sich stufenweise, und die engspurige Bahn vertieft sich mehr und mehr im Walde, bis sie eine 2.000 Fuß hohe Wand erreicht. Diese zu ersteigen ist nunmehr die Aufgabe. Die Ingenieure lösten sie in der einfachsten und zugleich etwas haarsträubenden Weise, mittels sehr vieler, sehr kleiner und sehr steiler Kurven. Die Fahrt bietet echt australische Fernsichten; eine ernste, großartige Landschaft, die, mit den vorspringenden und zurückweichenden Gliedmaßen des Gebirges wechselnd, doch immer dieselbe bleibt. Bergketten mit horizontalen Kämmen, dicht bewachsen mit Eukalyptus - lichtblau, dunkelblau, grünlichblau - ziehen nach Süden. Zu unseren Füßen gähnt der Abgrund. In seinen tiefsten Tiefen gleichfalls dichter Gummiwald.

Der Zug hat den Rand der Hochebene glücklich erklettert, ist vor der Hauptstadt der Darling Downs, Toowoomba, vorübergedampft und setzt uns in der Station Oakey ab. Entfernung von Brisbane 124 Meilen.

Kleine Wägelchen, Buggies, bringen uns über Weidegründe fahrend zu Sir Patrick Jennings' Station.

Es ist die Zeit der Schur, und man führt uns sofort nach den Hallen, wo diese wichtige Operation vor sich geht. Über die Schafe, wie man mir sagt, Merinos erster Qualität, halte ich mich, aus Unkenntnis der Materie, nicht für geeignet, ein Urteil abzugeben. Mehr als die Schafe interessieren mich die Männer, welche unter sich die Arbeit teilen. Es handelt sich hier um eine Reihe systematisch geordneter Operationen. Wir fanden meist junge Leute; die einen, schmächtig und beinahe schwächlich aussehend, sind in der Kolonie geboren, andere, mit breiten Schultern und strammen Armen, Europäer. Alle arbeiten mit höchster Aufbietung ihrer Kräfte so rasch als möglich, weil sie nach der Leistung, das heißt mit einer gewissen Summe für die Schur von 20 Schafen, gezahlt werden. In der Regel reichen fünf Minuten aus, um das Tier seines Felles zu entkleiden. Letzteres wird sogleich durch andere Hände auf die Tischplatte geworfen, auf welche es ausgebreitet fallen muß, was eine nur durch Übung zu erwerbende Fertigkeit verlangt. Die armen Tiere, ihrer Kleidung beraubt und gleichsam sich ihrer Nacktheit schämend, flüchten durch kleine Türen nach dem Hofraum. Die Felle werden sodann klassifiziert, gerollt und in offenen Bretterverschlägen während 8–12 Stunden aufbewahrt. Erst wenn sie in dieser Weise die tierische Wärme verloren haben, werden sie gepreßt und in Ballen verpackt, deren jeder mit starker Leinwand umgeben, genäht und bezeichnet wird. Zwei Ballen, durch Eisenklammern verbunden, bilden den Artikel, wie er nach London ausgeführt wird.

Die Scherer verdienen 15–20, die übrigen Arbeiter 10 Shilling am Tage. Außerdem werden sie ernährt. Ihr Getränk ist sehr schwacher Tee ohne Zucker. Während der ganzen Periode, welche 6 bis 8 Wochen dauert, enthalten sich die Männer der geistigen Getränke. Aber nach der Schur wird die verlorene Zeit eingebracht, und Alkohol fließt in Strömen.

Einer der Arbeiter, ein kräftig aussehender Mann mit grauem Haar, welcher die Felle zu pressen hatte, fiel mir durch sein urgermanisches Wesen auf. Ich redete ihn ohne weiteres auf deutsch an. Seine ernsten Züge erheiterten sich, und meine Frage beantwortend, erzählte er mir die einfache Geschichte seines Lebens. »Ich bin«, sagte er mir, »aus der Umgebung von Berlin gebürtig. Wir verdienen hier bei weitem mehr als zu Hause. Allerdings ist das Leben bedeutend kostspieliger, aber dessenungeachtet geht es uns besser. Wir haben uns niemals gute und kräftige Nahrung zu versagen. So genießen wir alle Tage Fleisch, und zwar in Fülle. Wer arbeitet ist sicher, sein Brot zu verdienen. Armut ist unbekannt.«

Sir Patrick sagte mir, daß dieser Mann vordem in seinem Solde gestanden war und 100 Pfund Sterling Jahreslohn erhielt. Er verließ diesen Dienst, um free selector zu werden. Sein Weib besorgt das Haus und die kleine Wirtschaft. Er selbst geht auf Arbeit von Station zu Station und ist ein wohlhabender Mann geworden. Wie so viele seiner Landsleute haben ihn die allgemeine Wehrpflicht und sein mäßiges Gefallen am Kriegerstande nach Australien geführt. Es ist dies die Geschichte aller free selectors und kleinen Pflanzer. Nur liederliche Gesellen kommen nicht auf.

Diese Station, eine der bedeutendsten in den Darling Downs, heißt Westbrook. Das Wohnhaus liegt einige Meilen entfernt auf dem Plateau, welches seinen Charakter bewahrt. Mit Drahtfäden eingeschlossene Weidegründe und halb ausgerodeter Busch folgen einander unablässig. Die Kämme der von uns überschrittenen Berge bleiben in Sicht, erheben sich aber kaum über die Ebene des Plateaus und gleichen niedrigen Hügeln.

Westbrook ist ein geräumiges Haus, mit einer breiten Veranda, die die Schlafzimmer gegen die Sonne schützt. Nächst der in das meinige führenden Tür werden mir einige dunkle Blutflecken gezeigt, die Spuren eines Kampfes, welcher gestern hier zwischen einer Katze und einer Kobra stattfand. Vor einigen Monaten, in den ersten Zeiten meines Aufenthaltes in Schlangenländern, würde mir diese Entdeckung eine schlaflose Nacht verursacht haben. Aber dergleichen Gemütsbewegungen verlieren sich bald. Man gewöhnt sich an alles.

Von der Kaninchenplage und den Kaninchenjägern

New South Wales

Zahme Kaninchen waren schon 1788 mit der ersten Flotte gekommen, hatten aber ihre Ställe nur auf direktem Weg in den Kochtopf verlassen. 1859 entließ Thomas Austin of Winchelsea in der Nähe von Geelong in Victoria 24 wilde Kaninchen aus England in die freie Wildbahn, damit er auf die Jagd gehen konnte. Die Tiere vermehrten sich schneller, als er und seine Freunde laden, zielen und schießen konnten – um das Jahr 1885 hoppelten sie nicht nur durch Victoria, sondern auch schon durch ganz New South Wales. Ein Zaun wurde gebaut, 1.800 km lang, in der Hoffnung, damit die Plage einzugrenzen und Westaustralien kaninchenfrei zu halten; eine Kaninchenkrankheit wurde importiert – es hat alles nichts genützt. Sie sind immer noch da. 22

Auch andere Plagen haben sich in Australien eingenistet, denen die einheimische Flora und Fauna nicht Paroli bieten kann. Um 1935 wurden aus Amerika Frösche nach Queensland importiert, die als Insektenvertilger in den Zuckerrohrplantagen tätig werden sollten. Ihr Gift ist für Hunde, Katzen und kleinere Wildtiere tödlich. Sie rücken mit etwa 40 km pro Jahr nach New South Wales und in das Northern Territory vor. Und dann gibt es von einem Kapitän aus San Francisco mitgebrachte Opuntien, vom Aussehen her eine Kreuzung zwischen einem Kaktus und einem Tischtennisschläger, die den Farmern das Leben schwer machen.

J. W. Eisdell war tuberkulosekrank und hatte deshalb kurz vor seinem Theologieexamen England verlassen. Er überwand seine Krankheit, wurde zum Diakon ernannt und kehrte nach einigen Jahren nach Europa zurück. Aus seinen Erinnerungen an die Zeit in Australien stammt der folgende Abschnitt.

Und jetzt will ich von den Kaninchen erzählen – diesen lieben, kleinen, harmlosen Geschöpfen, die wir als Haustiere halten: weichen, niedlichen Wesen, die unsere Pflege und Aufmerksamkeit brauchen und von uns gestreichelt und liebkost werden wollen. Was für eine Freude war es doch immer, wenn wir entdeckten, daß Nachwuchs angekommen war; und wir wurden angehalten, sie in Ruhe zu lassen und nicht zu ängstigen, damit kein Unglück geschähe. Wie eifrig beobachteten wir, wie sie größer wurden, wie stolz waren wir, wenn sie zutraulich Leckerbissen aus der Hand fraßen und wir sie auf dem Arm halten konnten. Oder wir saßen vielleicht bei Sonnenuntergang in der sanften Abendbrise auf einem Hügel und sahen zu, wie Vater und Mutter Kaninchen vorsichtig aus ihrem Bau lugten und, wenn die Luft rein war, die Familie herausriefen. Was für spaßige Spiele sie trieben! Rein und raus und rundherum hoppelten sie, fielen übereinander, sprangen hierhin und dorthin; und zum Schluß, müde vom vielen Herumtollen, verschwanden sie wieder in ihrem geheimnisvollen Bau.

In unserer Phantasie folgten wir ihnen und sahen zu, wie eine liebevolle Mutter sie zu Bett brachte und sie mit ihrem weichen Körper wie mit einem kuscheligen Wollmantel wärmte. Und wir dachten, wie schade es doch sei, daß sie eine so gute Mahlzeit abgeben und daß der Tag kommen würde, an dem wir, in Versuchung geführt durch den Wunsch, etwas Gutes zu essen, und angespornt von dem natürlichen Drang, unseren Wagemut zu beweisen, das Gewehr anlegen und uns stolz zu unserer Treffsicherheit beglückwünschen würden.

So etwa hat jemand gedacht, der aus dem guten alten England gekommen war zu einer Zeit, als es in Australien noch keine Kaninchen gab. Er bestellte in England einige Tiere, aus denen Väter und Mütter werden sollten, und so kamen sie ins sonnige Australien – zunächst nur nach Victoria. In diesem gesegneten Land vermehrten sie sich bald ungeheuer, und Männer mit Gewehren schossen drauflos, aber das ganze Geschieße konnte die große Flut an Kaninchen nicht eindämmen; sie schwärmten aus ins Land, bis die Leute riefen: »Halt, genug! Die Kaninchen fressen alles Gras und alles, was wir säen! Schluß damit!« Bloß wie?

Als ich ins Landesinnere kam, waren die Kaninchen noch nicht so weit vorgedrungen, oder zumindest gab es nur sehr wenige; so wenige, daß die Regierung von New South Wales, die die Gefahr kommen sah, eine Prämie von zehn Shilling für jedes Fell bezahlte, das zu bestimmten Zeiten und an bestimmten Orten bei Inspektoren abgeliefert wurde. Die Regierung machte auch mehrere Vorschläge, wie man der Kaninchen am besten Herr werden könne – es war die Rede von Frettchen, Gewehren und anderen in England gebräuchlichen Methoden, aber die Kaninchen vermehrten sich weiter in großer Zahl. Es gab Leute, die mit den Prämien viel Geld verdienten, so viel, daß die Prämien mehrfach verringert wurden – bis auf einen Penny, dessen eine Hälfte der Siedler bezahlte, dessen Gras die Kaninchen fraßen, und dessen andere Hälfte die Regierung bezahlte. Aber sie wurden weiterhin mehr und mehr.

Zu dieser Zeit steckten Kühlverfahren mit Eis selbst auf Schiffen noch in den Kinderschuhen, und im Landesinneren gab es sie nicht. Deshalb gab es keine Verwendung für das Fleisch – das wurde den Krähen zum Fraß überlassen – oder für die Felle, die nach der Zählung verbrannt wurden.

Die Kaninchenjagd war die bestbezahlte Arbeit im Landesinneren, und Tausende von Männern gingen ihr nach. Üblich war, die Tiere mit einfachen Fallen mit einer Stahlfeder zu fangen; die Fallen wurden auf den Wechseln aufgestellt, denn die Kaninchen haben ihre bestimmten Pfade. Die Fallen wurden eingegraben und die Zacken mit Stücken von Stoff zugedeckt; dann wurde so viel Erde darübergestreut, daß sie nicht mehr sichtbar waren. Manche Männer hatten Hunde und lebten in Zeltlagern. Ich war oft in diesen Lagern und war dort immer ein willkommener Gast; oft habe ich dort Gottesdienst gehalten.

Ich erinnere mich noch genau an alles: an die Zelte, die Bündel von Fellen, das trübe Licht der Sturmlampen und die Inbrunst, mit der sie Kirchenlieder sangen.

Einmal im Monat kam der Regierungsinspektor an einen bestimmten Ort, und die Kaninchenjäger auch. Manche kamen in den üblichen Zweisitzern, manche in wunderschönen Kutschen, gezogen von vier Pferden mit silberbeschlagenem Zaumzeug. Die Kaninchenjäger rechneten mit mindestens 30 Shilling Tagesverdienst, und das zu Zeiten, als Nahrungsmittel billig und Ausgaben für Haus und Haushalt gleich Null waren.

Der Inspektor zählte die Felle, seine Gehilfen setzten die Feuer in Gang, und so verschwanden Tausende von Fellen. Jeder Jäger bekam 50, 60 oder mehr Pfund, die er nicht schnell genug ausgeben konnte. Die meisten waren einfache und ungehobelte Leute, einige waren Männer von guter Herkunft, denen ihr Leben in Unordnung geraten war, und nur die wenigsten hatten vor, sich ein bißchen Kapital zusammenzusparen, um ein Haus zu bauen und eine Familie zu gründen. Daher war es nur natürlich, daß viele ihr Geld für gedankenlose und dumme Extravaganzen verschwendeten. Ich habe schon von den vierspännigen Kutschen erzählt; es gab noch mehr solche Gespanne und Überspanntheiten.

Hier noch etwas, was ich selbst miterlebt habe: Ich war zusammen mit einem Siedler, den wenig später die Kaninchen und die Dürre völlig ruiniert haben, in einem Laden; vier Kaninchenjäger kamen hereinmarschiert. Sie grüßten meinen Freund und fragten dann nach seidenen Tüchern; die erste Auswahl war ihnen nicht fein genug, und sie fragten nach Besserem; und als der Ladeninhaber ihnen ganz besonders gute Ware zeigte, zu zehn Shilling das Stück, sagte einer: »Die sind in Ordnung, davon wollen wir ein Dutzend.« Das Dutzend wurde abgezählt, und die Jäger rissen alle Tücher in Stücke von etwa zehn Zentimeter im Quadrat. Sie fragten meinen armen Freund: »Die sind gut für die Fallen, oder?« und hielten ihm einen Haufen schimmernder Seide vor. Jeder beliebige Fetzen oder billige Baumwolle hätte den Zweck ebenso erfüllt.

Ein anderes Mal fuhr ich gerade vor einem Hotel vor, als die Jäger von der Zähl- und Abgabestation kamen. Ich sollte mit ihnen trinken. Aus gesundheitlichen Gründen war ich schon seit langem Abstinenzler und lehnte deshalb ab, aber sie zogen mich – es war gut gemeint – von meinem Wagen in die Bar, wo ich mich überreden ließ, ein Tonic aus Sprudel und viel Chinin zu trinken. Zwölf Flaschen Champagner zu je einem Pfund und 10 Shilling und eine Flasche Tonic wurden bestellt und auf einem Tablett hereingebracht. Derjenige, der die Bestellung aufgegeben hatte, schlug dem Wirt das Tablett aus der Hand. Die Flaschen zerbarsten in einer schäumenden Flut auf dem Boden. Der Jäger sagte nur: »Wirt, noch mal das Gleiche!«

Ich könnte noch viele Geschichten erzählen über gedankenlose und dumme Extravaganzen von Leuten, die zu viel Geld verdienen.

Zu den Kaninchen im allgemeinen möchte ich noch etwas sagen. Zunächst möchte ich darauf hinweisen, daß die Regenfälle im Landesinneren sehr unregelmäßig sind. Es gibt schlimme Dürrezeiten, während derer die Pflanzendecke fast vollständig verschwindet und die Kaninchen Mühe haben, ihr Leben zu fristen. Was an Freßbarem übrig bleibt, ist so trocken, daß die Kaninchen Flüssigkeit brauchen, und ich habe sie gierig an einem Wasserloch trinken sehen; sogar auf Bäume klettern sie, um an die Blätter zu kommen. Es ist so warm, daß sie es nicht nötig haben, einen Bau zu graben, sondern einfach kleine geschützte Mulden oder ein Loch unter einer Wurzel aushöhlen und dort die Jungen aufziehen. Die Jungen kann man dann einfach wegnehmen, solange sie noch zu klein sind, um wegzurennen.

Der Neuankömmling in einer kaninchengeplagten Gegend fragt natürlich, warum man die Kaninchen nicht ißt, und die übliche Antwort ist: »Warte nur ab!« Wenn man mit ihnen leben, sie töten und zu vielen Tausenden erleben muß, ekelt es einen, und der Geruch von Kaninchen widert einen an. Ich selbst habe meine Abneigung noch nicht überwunden, obwohl ich vor vierzig Jahren das Land der Kaninchenplage verlassen habe.

Die Zeit verging, und als ich das Landesinnere verließ, schien der Kampf des Menschen gegen Kaninchen und Dürre zuungunsten des Menschen auszugehen.

Aber dann gewann der Mensch doch infolge einer Reihe reicher Ernten und der Erfindung der Eismaschine, mit deren Hilfe man Fleisch konservieren kann; die Felle sind jetzt Grundstoff für wunderbare Dinge, und es gibt große Bewässerungsanlagen. Und so hat es der Mensch geschafft, sich die Erde durch Anwendung der guten Gaben Gottes untertan zu machen und zu seinem Nutzen zu bestellen.

1897 · Mark Twain

Cup Day in Melbourne

23 *Melbourne nennt sich die »kulturelle Hauptstadt« Australiens. Dabei spielt der Sport hier die wichtigste Rolle: Von den jährlichen sechs internationalen Veranstaltungen hat nur das Filmfestival nichts mit Sport zu tun. Tennis, Surfen, Autorennen, Fußball und Pferderennen am Cup Day sind Höhepunkte des Jahres. Die Sportbegeisterung der Melbourner geht bis auf die Anfänge der Kolonie zurück und äußerte sich auch schon mal darin, daß eine Parlamentssitzung verschoben wurde, wenn ein wichtiges Cricketspiel anstand. (Zu den Olympischen Sommerspielen im Jahr 1956, die in Melbourne und Stockholm stattfanden, gibt es in diesem Band einen eigenen Beitrag.)*

Cup Day ist der einzige Feiertag der Welt, der einem Pferderennen gewidmet ist – auch heute noch ein Anlaß, um verrückte Hüte zu tragen, Geld zu verwetten und gut zu trinken und zu essen. Ursprünglich wurde er am Guy Fawkes Day begangen, der an die Entdeckung der Verschwörer erinnert, die im Jahr 1605 das Parlament in London in die Luft sprengen wollten. Heute ist Cup Day der erste Dienstag im November.

Mark Twain (1835–1910), bekannt als Schöpfer von Tom Sawyer und Huckleberry Finn, hat auf seinen zahlreichen Reisen durch die Welt Stoff für mehrere Bücher gesammelt. Die letzten zwanzig Jahre seines Lebens verbrachte er überwiegend im Ausland.

Melbourne erstreckt sich über eine immens große Fläche. Es ist eine prächtige Stadt, sowohl von der Architektur her als auch von der Größe. Es hat ein ausgeklügeltes Straßenbahnsystem, Museen, Hochschulen und Schulen, Parks, elektrischen Strom und Gas, Büchereien und Theater, Zentren für Bergbau und Wolle, Zentren für Kunst und Wissenschaft, Wirtschaftsverbände und Schiffe und Eisenbahnen und einen Hafen und gesellige Vereine und Journalistenvereine und Rennvereine und einen Verein der Siedler mit einem aufwendigen Haus und so viele Kirchen und Banken, wie ein Auskommen finden können. Mit einem Wort, es hat alles, was eine moderne, große Stadt ausmacht. Es ist die größte Stadt in Australien und füllt diese Position mit Ehre und Würde aus.

Es gibt eine Besonderheit, die mit nichts vergleichbar ist. Die Stadt ist der Oberpriester des Kultes der Pferderennen. Der Rennplatz ist das Mekka Australiens. Am höchsten Feiertag dieses Kultes, der sich jährlich wiederholt, am fünften November, Guy Fawkes Day, kommen alle Geschäfte zum Erliegen – in einem Gebiet zu Luft und zu Wasser, das so breit ist wie von New York nach San Francisco und so weit wie von den nordamerikanischen Seen bis zum Golf von Mexiko. Und jeder, Mann wie Frau, von hohem Rang oder niedrigem Stand, der sich die Ausgaben leisten kann, läßt Arbeit Arbeit sein und kommt. Zwei Wochen vor dem großen Tag fangen sie an, per Schiff und Eisenbahn einzufallen; und jeden Tag wird der Schwarm dichter und dichter, bis alle Verkehrsmittel an die Grenzen ihrer Leistungsfähigkeit gekommen sind und Hotels und Gasthäuser aus allen Nähten platzen.

Gut unterrichtete Kreise behaupten, sie kämen zu Hunderttausenden; sie füllen die weitläufigen Anlagen und Tribünen und bieten einen Anblick, den es sonst in Australien nicht gibt.

Es ist der Melbourne Cup, der diese Massen zusammenbringt. Die Kleidung ist seit langem ohne Rücksicht auf die Kosten bestellt, maßlos in Schönheit und Pracht, und wurde bis jetzt verborgen gehalten, denn bis zu diesem Tag war sie heilig. Ich spreche von den Kleidern der Damen, aber das versteht sich wohl von selbst.

Und so bieten die Tribünen ein brillantes und wunderbares Spektakel, einen Traum von Farben, eine Vision der Schönheit. Der Champagner fließt, jeder ist lebhaft, aufgeregt und glücklich. Jeder wettet, und große Summen gehen von Hand zu Hand. Tag für Tag gibt es Rennen, und Spaß und gute Laune schäumen über; und wenn ein Tag vorbei ist, tanzen die Leute die Nacht durch, damit sie für das Rennen am nächsten Morgen gleich da sind. Und am Ende der großen Woche buchen sie in Scharen Unterkunft und Reise für das nächste Jahr, machen sich auf den Rückweg zu ihrem weit entfernten Heim, berechnen Gewinn und Verlust, bestellen die Kleider für den Cup im nächsten Jahr, legen sich dann für zwei Wochen schlafen, stehen wieder auf und denken traurig daran, daß sie irgendwie ein ganzes Jahr hinter sich bringen müssen, bevor sie sich wieder richtig vergnügen können.

Der Tag des Melbourne Cup ist der australische Staatsfeiertag. Man kann seine Bedeutung kaum überschätzen. Er überschattet alle anderen Feiertage, welcher Art auch immer, in dieser Ansammlung von Kolonien [Australien bestand bis 1900 aus mehreren einzelnen Kolonien.] Er überschattet sie? Er läßt sie einfach verschwinden; jeder Feiertag findet Beachtung, aber nicht bei jedermann; jeder erweckt Interesse, aber nicht bei jedermann; jeder führt zu Begeisterung, aber nicht bei jedermann; immer ist Beachtung, Interesse und Begeisterung zum einen eine Sache der Gewohnheit und des Brauches, zum anderen wird gefeiert von Amts wegen und weil es immer so war. Cup Day, und nur Cup Day, erweckt Beachtung, Interesse und Begeisterung bei allen und von selbst, nicht aus der Gewohnheit heraus. Cup Day ist der allerhöchste – es gibt keinen vergleichbaren Tag. Ich kenne sonst keinen Feiertag in irgendeinem Land, den man mit diesem Begriff bezeichnen könnte – der allerhöchste. Ich kenne sonst keinen Feiertag in irgendeinem Land, dessen Nahen das ganze Land in einen Ausbruch von Diskussionen, Vorbereitung, freudiger Erwartung und Jubel versetzt. Keinen Tag außer diesem; dieser Tag aber kann es.

Besuch in Alice Springs

Walter Geisler (1891–1945, Geograph, der von sich im Text als »der Professor« spricht), besuchte Stuart und die benachbarte Telegrafenstation Alice Springs, als die modernen Zeiten auch im Outback Einzug hielten. Er kam mit dem Auto von Süden; die Kamelkarawanen von Oodnadatta (er beschreibt die Ankunft einer solchen Karawane) wurden 1929 durch die Eisenbahn ersetzt (und leben nur noch im Namen Afghan Express, kurz Ghan, fort). Die Telegrafenstation, deren Name mittlerweile auch der Ort Stuart trägt, wurde 1932 geschlossen und durch neue Technik in einem neuen Gebäude ersetzt; Mr. Allchurch, den Geisler an seinem Arbeitsplatz besucht hat, war der letzte Stationsvorsteher. Bevor das Gebäude 1963 als Denkmal restauriert wurde, diente es als Sammelstelle für gemischtrassige Kinder. 24

Die Stadt erhielt ihren Namen von dem Bautrupp, der im Zuge der Konstruktion des Überland-Telegrafen das Wasserloch entdeckte und nach Alice Todd benannte, der Frau des Leiters des Projektes. Charles Heavitree Todd, besessen von der Idee, den ersten Telegrafen zu bauen, der Australien mit der übrigen Welt verband, wodurch die Zeit der Nachrichtenübermittlung nach und von London von 3 Monaten auf wenige Stunden verkürzt wurde, entkam knapp einem finanziellen Desaster. Wie auch bei heutigen Bauprojekten nicht unüblich, war der Zeitplan sehr knapp bemessen, und für Terminüberschreitungen waren Strafgelder vorgesehen. Todd hat den Termin nicht halten können. Zu seinem Glück brach das Unterwasserkabel zwischen Java und Darwin zusammen, so daß die Inbetriebnahme der Strecke sich verzögerte, ohne daß er dafür verantwortlich gemacht werden konnte.

Eines Abends spät kam der Professor in Stuart an. Die Durchfahrt durch das Heavitree Gap hatte ihm im Abendlichte einen gleich wunderbaren Eindruck gemacht wie beim ersten Male. Es ist, als ob man in den Vorhof einer großen Festung einfährt. Zu beiden Seiten die steile Felsenwand und das Tor dazwischen. Da verhältnismäßig viel Verkehr durch diesen Paß hindurchgeht, so ist der tiefe Sand durch Legen von Reisig und Spinifex gut befahrbar gemacht, wofür schon die schwarzen Gefangenen zu sorgen haben, die in Stuart untergebracht sind.

Stuart ist der offizielle Name der Township, der auch auf den Karten erscheint; aber der Name wird selbst in der Stadt wenig oder gar nicht gebraucht. Es gibt keine Stadt im weiten Umkreise von vielen hundert Meilen. Nach Osten und Westen ist eine Verbindung mit anderen Städten gar nicht möglich. Der einzige Verkehr entwickelte sich längs der Telegrafenlinie nach Süden nach dem Ende der Eisenbahnlinie, das waren immerhin 300 Meilen Luftlinie. Nach Norden gab es allerdings so etwas wie eine Verbindung, es führte eine Spur durch das Nordterritorium bis Katherine, zur Endstation der Eisenbahn von Darwin, 750 Meilen nördlich; aber da war so gut wie kein Verkehr. Alle sechs Wochen ging eine Post mit Packpferden hindurch, das war alles. Ab und zu fand ein Auto diesen Weg.

Warum sollten die Bewohner diese Stadt durch irgendeine nähere Bezeichnung besonders hervorheben, wo sie mit ihren 22 Einwohnern die einzige Stadt ihrer Art war? Und sie hat ihre Bedeutung, kamen doch die Bewohner eines Gebietes größer als das des Deutschen Reiches, um einzukaufen oder mal Menschen zu sehen.

Natürlicherweise war das Public House, der Pub, der Mittelpunkt des Lebens, wo sich alles traf, und die Bar übte unzweifelhaft eine große Anziehungskraft aus. Dem Professor war es nicht möglich gewesen, irgendeine Nachricht zu geben, und so mußte er es darauf ankommen lassen, ob er ein Bett bekam oder im Freien zu kampieren hatte.

Es war stockdunkel, als er in die Nähe des Hotels kam und der trübe Schein der Lampe, die bei keinem Pub fehlen durfte, ihm andeutete, daß er am Ziele war. Als das Rattern des Motors aufhörte, vernahm er ein merkwürdig starkes Stimmengewirr, das auf eine große Gästeschar schließen ließ und ihn überraschen mußte. Da war etwas Besonderes los; denn so viele Menschen gab's ja in ganz Stuart nicht!

»Hallo, da ist der Doktor«, begrüßte ihn eine Stimme von der Bartür her. Es war ein Passagier, der mit ihm bis Oodnadatta gefahren war. »Sie kommen gerade zur Zeit. Sie werden durstig sein. Was wollen Sie trinken?«

Der Professor kannte bereits das Leben in den Busch-Pubs, er wußte also, daß es da kein Entrinnen gab; jeder mußte mitmachen. Und wenn man wirklich sich hätte zurückziehen wollen, so hätte man einfach nicht schlafen können. Also hieß es, kein Spielverderber zu sein, und somit trat er in die Bar.

»Ich denke, wir nehmen einen Whisky«, sagte er in Erinnerung an das warme Bier, das man hier, wo es kein Eis gab, bekommen mußte. Die meisten der Anwesenden tranken auch Whisky, und mit geheimem Grauen zählte der Professor die Zahl der Männer in der kleinen Bar; denn jeder der Männer würde sich wahrscheinlich, der Sitte des Landes entsprechend, verpflichtet fühlen, eine Runde zu geben. Dem wollte er entgehen.

»Ich habe ja großes Glück, eine so lustige Gesellschaft hier zu finden, aber ich muß erst mal mein Gepäck verstauen und versuchen, ein Unterkommen zu finden.« [Gefeiert wurde in jener Nacht der Abschied vom Wirt, Mr. Norton.]

Am nächsten Morgen war es die erste Sorge des Professors, herauszufinden, ob sein Plan, wie er ihn sich ausgearbeitet hatte, um nach Darwin zu kommen, Aussicht auf Verwirklichung habe. Es war ein stiller Morgen im Pub, und auch im Ort selbst war das Leben noch kaum erwacht, und so machte er sich alleine nach Norden auf, wo etwa zwei Meilen nördlich die Telegrafenstation Alice Springs liegt.

Bald hinter der Stadt wird das Gelände zu beiden Seiten des Todd River flachkuppig, und nachdem man einen Nebenfluß des Todd überquert hat, führt der Weg durch ein enges Talstück des Hauptflusses hindurch, das auf beiden Seiten von Gneisen und Graniten eingefaßt ist. Die Felsen glitzern in der Sonne, daß der Uneingeweihte glauben könnte, sie seien voller Edelmetalle; es ist der außerordentlich große Gehalt an Marienglas [Glimmer], das weiter im Osten bei Arltunga bergmännisch gewonnen wird.

Nachdem man diese enge Stelle des Todd überschritten hat, kommt man in ein stark hügeliges Gelände und sieht sich inmitten von riesigen Granittrümmern, die sich in unübersichtlicher Weise auftürmen. Hält man sich aber nicht allzuweit vom Fluß, so wird man plötzlich einige Dächer aus dem Felsengewirr aufragen sehen, und bald ist man auf der Telegrafenstation.

Alice Springs' Telegrafenstation hat nicht nur eine zentrale Lage und ist deshalb als größte Verstärkerstation die wichtigste der Überlandstationen, sondern ihre Bedeutung ist auch durch ihre äußere Erscheinung deutlich hervorgehoben. Die größere Anzahl der Beamten erfordert eine größere Bereitstellung von Räumen, und so macht die Station einen äußerst stattlichen Eindruck.

Das Amtszimmer der Station war durch die einmündenden Drähte schnell gefunden, und der Professor stand bald vor dem obersten Telegrafen-Beamten, Mr. Allchurch, den er schon auf seiner ersten Reise kennengelernt hatte.

»Hier ist ein Telegramm für Sie!« empfing er den Professor. Dieser erbrach es sofort und stellte zu seiner Befriedigung fest, daß Captain Bagot ihn von Alice Springs nach Katherine mitnehmen wollte. Das war die Eisenbahnstation der Bahn nach Darwin. In zehn Tagen wollte er Alice Springs erreicht haben.

»Sie haben wirklich Glück, daß Sie eine so seltene Gelegenheit finden, nach Darwin zu kommen. Ich muß gestehen, daß ich das nicht für möglich gehalten habe.«

»Hoffentlich klappt alles, denn Sie dürfen nicht vergessen, daß ich den Dampfer *Bambra* erreichen muß, um nach Broome in Westaustralien zu kommen. Von dort will ich den Kontinent nach Süden durchqueren.«

»Wie lange Zeit haben Sie denn angesetzt für die Durchquerung?«

»Ich rechne mit zwei Wochen und habe dann noch eine Woche Zeit, mich in Darwin etwas umzusehen.«

»Es ist das nicht viel Zeit; freilich, wenn alles klappt, ist es gut, aber nun, ich will Sie nicht ängstlich machen. Von hier aus kommt es ja eigentlich nie vor, daß einer bis Darwin hinauf will. Die meisten gehen bis Barrow Creek oder auch bis Bonney Creek. Deshalb ist ja auch das Bestreben verständlich, daß sich Zentralaustralien selbständig machen will. Es besteht keine innere Verbindung mit Darwin. Das Gebiet ist ja auch zu groß!«

»Ich bin so begierig, den Norden kennenzulernen.«

»Es ist ein ganz anderes Leben dort. Wie hat Ihnen übrigens unser Land hier gefallen?«

»Oh, es ist einzigartig; ich mag diese unendlich weiten Flächen; es ist, als ob einem auch der innere Blick geweitet wird, wenn man so durch den ungeheuren Raum fährt oder reitet. Und dann die Farben!«

»Ich liebe Zentralaustralien. Als ich vor mehr als dreißig Jahren hier herauskam, da war es noch ein gutes Teil einsamer. Wie warteten wir wochenlang auf jeden, der uns von Oodnadatta oder gar Darwin gemeldet wurde. Wie bangten wir für ihn, wenn er nicht zu der vermuteten Zeit auf der nächsten Station aufgetaucht war. Erst seit etwa zwei Jahren ist es besser geworden, seit die Autos von Oodnadatta regelmäßig kommen. Es kommt doch wenigstens alle zwei Wochen eins; meist sind es mehr.«

»Das geht das ganze Jahr durch?«

»O nein, im Sommer, wenn das Thermometer tagein, tagaus 100° Fahrenheit [38° C] und mehr anzeigt, dann sehen wir für Monate überhaupt keinen Fremden.«

»Das muß einsam sein!«

»Um so mehr genießen wir den Besuch unserer Freunde, wenn sie da sind. Kommen Sie, ich will Sie meiner Frau vorstellen, und dann zeige ich Ihnen die Station.«

Damit wandten sich die beiden zum Gehen und hatten den Hof betreten.

»Was ist denn das? Musik? Wer spielt denn so schön Klavier?«

»Das ist meine Tochter«, sagte er mit stolzem Schmunzeln. »Das Klavier war das erste, das hier hinaus in die Wüste geschafft wurde. Das war vielleicht eine Schwierigkeit. Wir hatten es auf einen Leiterwagen geladen und sechs Pferde vorgespannt. Nachdem wir die Hälfte der Pferde besonders an Augenkrankheiten verloren hatten, kamen wir nach sechswöchiger Reise hier an. Das Instrument hat, wie Sie hören können, die Reise und den Aufenthalt in diesem heißen Lande mit dem Klimawechsel gut ausgehalten. Die Kosten des Transportes freilich waren höher, als das Piano in Adelaide gekostet hatte. Aber was macht das! Wir hatten uns ein Stück Kultur mit herübergerettet und haben manche schöne Stunde der Erbauung mit ihm erlebt.«

Frau Allchurch empfing den Gast in einem reizenden, gemütlichen Raum, so daß der Professor sich nach Adelaide versetzt glaubte. Hier in der Wildnis wirkte die Ausstattung, die an sich einfach war, ganz außerordentlich anheimelnd, und der Professor sagte gern zu, am Abend zu einer musikalischen Unterhaltung mit einigen Freunden aus Stuart herauszukommen.

Als der Professor nach Stuart zurückkam, herrschte wieder Leben in der Stadt. Eine große Karawane von hundert Kamelen war von Oodnadatta angekommen. Noch standen die Tiere auf dem freien Platze, und die Afghanen und Eingeborenen waren eifrig dabei, die Lasten von den Tragsätteln der Kamele abzunehmen. Es war ein ungemein bewegtes Bild. Zwischendurch liefen die Beamten der Firma Wallis Fogarty mit ihren Listen, um die Anzahl der Säcke festzustellen und Ordnung in die Lasten zu bringen.

Die Bewohner von Stuart waren an der Ankunft der Karawane auch sehr interessiert, aber weniger wegen des anziehenden Bildes der seltsamen Mischung von orientalischer und australischer Weit, sondern weil sie nun bald wieder frische Nahrungsmittel bekamen und auch mal etwas Besseres zur Abwechslung, nämlich Apfelsinen und Bonbons. Der General Store, der sich gleich hinter dem Pub befand, war seit Tagen von diesen seltenen Leckerbissen vollkommen ausverkauft, während man Ersatzteile für Sattelzeuge, Blechgefäße und Blendlaternen noch bekommen konnte. Auch einige Arbeitsblusen und sogar Stoffe für Kleider waren auf Lager.

Ganz Stuart war wieder auf den Beinen. Nachdem der Professor sich das bewegte Bild eine Zeitlang angesehen hatte, begann er, die Sache vom praktischen Standpunkte aus zu betrachten. Er hatte so alle bedeutsamen Leute der Stadt Zentral-Australiens beisammen und horchte nun herum, wie er am besten einen ungefähr sechstägigen Ausflug nach Osten unternehmen konnte. Autos standen nicht zur Verfügung, und sie wären wohl auch nicht so gut gewesen.

Canberra – die neue Hauptstadt

Mit Beginn des Jahres 1901 (damals wußte man noch, wann ein neues Jahrhundert anfängt) schlossen sich die bis dahin eigenständigen Kolonien zum Commonwealth of Australia zusammen. Diese neue Föderation brauchte eine Hauptstadt. Sydney und Melbourne, die beiden größten Städte, kamen dafür nicht in Frage – die Rivalität zwischen den beiden ließ nicht zu, daß die eine Stadt der Wahl der anderen zugestimmt hätte. Eine neue Hauptstadt mußte es sein, irgendwo in der Mitte zwischen beiden gelegen. Fast zehn Jahre hat es gedauert, bis Einigkeit erzielt und der Standort des heutigen Canberra festgelegt war. 25

Aus einem städtebaulichen Wettbewerb ging der Amerikaner Walter Burley Griffin, der das Gelände nie gesehen hatte, als Sieger hervor. Er hatte eine Stadt für etwa 50.000 Einwohner entworfen, großzügig angelegt und mit dem Regierungsviertel als Herzstück. Inzwischen gab es Autos und Straßenbahnen, deshalb war die Abkehr von der traditionellen verdichteten Stadt möglich; dies setzte ein Zeichen für Modernität und Aufgeschlossenheit gegenüber neuen technischen Entwicklungen.

Die Australier ließen sich sehr viel Zeit mit dem Bau ihrer neuen Hauptstadt. Erst 1927 zog das Parlament von Melbourne, seinem provisorischen Sitz, nach Canberra um; ungern sind die Staatsbediensteten dem Ruf ihres Dienstherrn gefolgt – warum, zeigt der folgende Bericht von dem deutschen Reiseschriftsteller Colin Ross, der im Jahr nach dem offiziellen Regierungsumzug die Stadt besuchte.

Das ursprünglich geplante Areal hat das Wachstum der Stadt bis um das Jahr 1960 aufnehmen können. Erst dann wurde ein erster zusätzlicher Vorort (Woden) angelegt.

Australien erhielt seine Hauptstadt wie ein Kind ein Sonntagskleid von einer allzu sparsamen Mutter, ein Kleid auf Zuwachs, das einstweilen noch um die Glieder schlottert, weil das Kind ja erst hineinwachsen soll.

Aber es war nicht nur Sparsamkeit, was die allzu weitläufige Raumbemessung für Canberra veranlaßte, sondern im Gegenteil eine verschwenderische Geberlaune, die aus dem optimistischen Glauben an das rasend rasche Wachstum Australiens und damit seiner Hauptstadt stammt.

Canberra erwuchs nicht aus natürlichen Bedingungen, sondern entstand als ein durchaus künstliches Gebilde. Und daß es entstand, und zwar wo und wie es heute steht, mehr als ein Rahmen für eine Stadt, ein Stadtgerippe, hat seinen Grund in der Entstehung des australischen Bundesstaates. Als es nach endlosen Verhandlungen endlich gelang, die in ihren Interessen auseinanderstrebenden australischen Kolonien zum Bunde, zum Commonwealth, zusammenzuschließen, war ihr Wettstreben untereinander doch noch derart, daß es unmöglich gewesen wäre, eine der bereits vorhandenen Hauptstädte zur Bundeshauptstadt zu machen.

Auf diese Weise entstand Canberra, halbwegs zwischen den beiden Nebenbuhlern Melbourne und Sydney, auf einem eigens geschaffenen Bundesgebiet, mitten in der Wildnis, in einer Gegend, in der es bisher höchstens ein paar Schaffarmen gab.

Canberra ist eine der seltsamsten Städte der Welt. Es ist nicht ganz leicht, sich einen richtigen Begriff von dieser jüngsten Hauptstadt zu machen. Man stelle sich vor, daß von Berlin nichts stünde als der Reichstag, das Auswärtige Amt, Hotel Adlon und zwei andere Hotels im Westen und Süden. Ferner ein paar Läden am Kurfürstendamm und schließlich einige Wohnhäuser in Grunewald, Friedenau, Karlshorst und Hermsdorf. Dann hat man Canberra.

Es ist die phantastischste Stadt auf Zuwachs, die man sich vorstellen kann. Man kommt auf dem Bahnhof an, einer kleinen verlorenen Station, und sieht in weites, ödes Feld. Weit und breit kein Haus. Ein Omnibus bringt einen nach einer Viertelstunde Fahrt zu einer Häusergruppe, nach einer weiteren zu einem einsamen Hotel, aber es steht ganz allein auf weiter Flur. Das heißt, nein, immerhin in Sichtweite befinden sich noch zwei große Gebäude, das Parlament und das Haus mit den Ministerialbüros. Aber wenn man seinen Kragenknopf verloren hat oder sich Briefpapier besorgen will, so muß man eine halbe Stunde ins Einkaufszentrum gehen. Zum Rathaus ist es eine Viertelstunde in einer anderen Richtung. Das einzige Kinotheater liegt wieder weit entfernt, ganz woanders. Hat man gar einen oder mehrere Bekannte unter den bisher 6.000 Einwohnern der australischen Hauptstadt, so ist man völlig verloren; denn die mögen verstreut wohnen in den verschiedenen der 22 »Vorstädte« von Canberra, die sich in einem Umkreis von fast 40 Kilometern um das Zentrum dehnen.

Diese Miniatursiedlung auf dem Areal einer Weltmetropole spielt ernsthaft Großstadt. Es wimmelt nur so von Einbahnstraßen, und es gibt strenge Verkehrsordnungen. Daß diese genau eingehalten werden, ersehe ich gerade aus der Zeitung. Da ist ein Automobilist bestraft worden, weil er auf einer Straße mit 45 Kilometern Stundengeschwindigkeit fuhr, auf der nur 15 Kilometer erlaubt sind, ebenso ein anderer, weil er 35 Minuten auf einer Stelle parkte, an der man seinen Wagen nur 30 Minuten lang stehen lassen darf. Dabei gibt es keine Straße in ganz Canberra, auf der man nicht – ohne einen der nicht vorhandenen Passanten zu gefährden – ruhig 80 oder 90 Kilometer in der Stunde fahren könnte. Ehe in irgendeiner Straße eine Parknot oder Verkehrsstörung eintritt, müßte sich die Zahl der Autos in Canberra mindestens vertausendfachen. Aber die Anlage all dieser Straßen und Plätze, dieser weitverzweigte Großstadtapparat von Gas-, Wasser- und Lichtversorgung haben ungezählte Millionen verschlungen. Da man in nichts anderem den Großstadtcharakter erkennen kann, muß man es wenigstens durch bürokratische Verkehrsordnungen tun.

Canberra ist ein Kind, dem man das Gewand eines Riesen übergezogen hat. Es ist für eine Millionenbevölkerung angelegt, und diese Weitläufigkeit erschwert Wohnen und Arbeiten in dieser Stadt in einer kaum vorstellbaren Weise.

So kommt es, daß niemand in der australischen Hauptstadt lebt, außer wer dazu verdammt ist, das heißt die unglücklichen Beamten all jener Ministerien, die nach und nach in die Bundeshauptstadt verlegt werden. Die Minister haben einstweilen ihre alten Wohnsitze in Melbourne oder Sydney behalten, ebenso der Generalgouverneur, ebenso der

Premier. Obwohl beide ihre Palais in Canberra haben und natürlich gleichfalls die konsularischen Vertretungen.

Nur wenn das Parlament tagt, müssen die Minister natürlich nach der Hauptstadt kommen. Aber übers Weekend fahren sie schleunigst wieder weg, ebenso wie die meisten Abgeordneten.

Dabei liegt Canberra gar nicht schlecht, auf einer kühlen großen Hochfläche zwischen lieblichen Hügeln, im Angesicht der Schneeberge der Australischen Alpen. Auch die Idee der Bundeshauptstadt auf einem neutralen Gebiet ist unbedingt richtig. Hier verwischen sich die noch vorhandenen Gegensätze zwischen den einzelnen Staaten viel rascher und wird viel eher ein gesamtaustralisches Bewußtsein unter den Abgeordneten erzeugt, als es in Melbourne oder Sydney möglich wäre.

Alles wäre gut, wenn man die Hauptstadt nicht in so phantastischen Ausmaßen angelegt hätte, die auch in 100 Jahren noch nicht ausgefüllt werden können. Man hätte bei der Anlage nicht so sehr an Washington denken dürfen, dessen Abmessungen man überdies noch bei weitem überschritt, sondern an eine der vielen jungen kalifornischen Städte, die zwischen Los Angeles und der mexikanischen Grenze aus dem Boden wachsen. Diese Städte werden auch mitten in der Wildnis angelegt, aber öffentliche Gebäude, Läden und Wohnhäuser werden so gruppiert, daß das Wohnen in ihnen nicht nur geräumig, sondern auch bequem und behaglich ist.

Canberra war als ideale Lösung der Bodenfrage und als Geschäft für den Staat gedacht, der das fast wertlose Land für ein Butterbrot übernahm. Alle Bodenspekulation sollte ausgeschaltet sein, aller Grund und Boden nur in Erbpacht vergeben werden. Aber die bittere Wirklichkeit ist, daß der Bund nicht nur Jahr für Jahr die 20 Millionen Zinsen für das unproduktive, in die Hauptstadt gesteckte Kapital zu tragen hat, sondern auch die sich nicht rentierenden kommunalen Anlagen betreiben, die Hotels führen, die Omnibuslinien übernehmen muß, da sich kein Privatunternehmen für all diese Verlustgeschäfte findet.

So ist es verständlich, daß es im Lande viel Opposition gegen die kostspielige Bundeshauptstadt gibt, die noch von dem Geld der gesamten Steuerzahler ausgebaut und erhalten wird. Ich fand sogar bei einzelnen Abgeordneten die Meinung, es sei besser, trotz aller in den Platz gesteckten Millionen Canberra wieder aufzugeben und in der Nähe Sydneys eine neue Hauptstadt zu gründen.

Aber derartige Ideen sind natürlich Utopien. Canberra ist nun einmal in den gegebenen Ausmaßen gegründet, und die jetzige und nächste und übernächste Generation muß in dem zu weiten Stadtgewand leben, bis die lebendige Stadt in dieses Kleid hineingewachsen ist.

Aber vielleicht täuscht der flüchtige Besuch und ist die hier lebende Generation gar nicht so unglücklich und wird es die nächste noch weniger sein. Wie ich jetzt einen Tag in diesem Parlament verbringe, das aus jedem einzelnen Fenster einen Blick in unbegrenzte Fernen erlaubt, will mir diese seltsame Hauptstadt als das richtige Symbol eines Landes vorkommen, dessen hervorstechendste Eigenschaften Weite und Leere sind. Australien heißt Grenzenlosigkeit, heißt unbekümmertes selbstsicheres Schreiten in ungewisse Zukunft. Nichts versinnbildlicht dies besser als die ins ungeheure angelegte Metropole. Und so ist Canberra – so wie es ist – vielleicht doch die richtige Hauptstadt.

1932 · Hans Bertram

Die Rettung

An der Küste der Kimberleys

26 *Im Februar 1932 starteten Hans Bertram und sein Kollege Klausmann in Köln mit ihrem Wasserflugzeug »Atlantis« zu einem Flug rund um Asien: »Ganz einfach, immer Land links, Wasser rechts.«*

Bis über die Timorsee ging alles gut. Beim Flug nach Darwin aber wurden sie vom Sturm abgetrieben und mußten nach sieben Stunden Flug in einer Bucht notlanden. Sie fliegen mit dem letzten Benzin noch ein Stück (in die falsche Richtung, weil sie ihre Abtrift falsch eingeschätzt hatten), sie laufen durch den Busch, sie kehren zurück zum Flugzeug, bauen aus einem Schwimmer ein Boot und müssen ein Schiff an sich vorbeifahren sehen, das von ihnen keine Notiz nimmt, sie gehen wieder an Land, ein Suchflugzeug fliegt über sie hinweg, ohne sie zu sichten, und erst am 40. Tag werden sie gerettet. Offiziell war die Suche allerdings längst abgebrochen; man hatte ihnen nur drei Tage zum Überleben gegeben.

Aborigines haben die beiden gefunden und dann aufgepäppelt mit vorgekautem Känguruhfleisch, ihnen einen Pfad durch den Busch gebahnt und wochenlang auf das Flugzeug aufgepaßt, bis Bertram zurückkehrte, um die Maschine zu holen.

Klausmann war krank, wurde in ein Hospital eingeliefert und kehrte per Schiff nach Deutschland zurück. Bertram brachte die »Atlantis« mit einem provisorischen Schwimmer heil aus der Notlandebucht. Dann begann der Flug rund um Australien, der mehr als vier Monate dauerte und mit dem er den Aborigines, den Patern von der Drysdale River Mission und allen anderen an der Suche Beteiligten seine Dankbarkeit ausdrücken wollte.

Er wurde wie ein Held gefeiert und fürchtete die Souvenirjäger, die ein Stückchen von seiner Junkers ergattern wollten. Er und seine »Atlantis« sind jedoch heil nach Hause zurückgekehrt.

Wer ruft mich? Wer weckt mich wieder? Ich wollte doch schlafen, einen langen, tiefen Schlaf. Es ist Klausmann. Er ist wieder erwacht. Warum nur? Weshalb ruft er mich in die Wirklichkeit zurück? Ich hatte die letzte Prüfung bestanden, war eingeschlafen, um nicht mehr zu erwachen. Jetzt werden meine Gedanken wieder klar, zu klar, alles steht jetzt nochmals in der furchtbaren nackten Wahrheit vor mir.

Hier liegen wir kraftlos in einer Höhle am Kap Bernier an der Nordwestküste Australiens, hier liegen wir, unfähig, uns zu bewegen.

Vierzig Tage haben wir kämpfen können gegen den Wahnsinn, gegen den Tod. Wie lange noch? Weshalb? Weshalb? Ich weiß, wo das Leben ist, die nächste Stadt. Wir aber sind verdammt, hier zu liegen, untätig, kraftlos, nur auf den Augenblick wartend, wenn das Herz aufhören wird, diesen toten Körper mit Blut zu versorgen.

Gestern war alles gut gewesen. Die Gedanken hatten sich verwirrt. Ich war ruhig eingeschlafen zu dem langen Schlaf. Es war so wundervoll schmerzlos. Und jetzt bin ich wieder wach. Wach ist das Hirn, die Augen leben noch, irren über die toten Felsen der Küste, suchen die Sonne, das Leben.

Dort drüben geht die Sonne auf. Wie glänzend ist das unendliche Meer in den goldenen Strahlen – Herrgott, das Leben, schenk' uns unser Leben wieder!

Das Auge starrt in die Sonne, in die Sonne, die dort drüben über die Felsen des Kap Bernier emporsteigt. – Und auf diesen Felsen in der Sonne steht ein Mensch!

Ein Mensch steht dort am Kap! Das Leben steht dort drüben, nur hundert Meter von uns entfernt!

Bin ich wahnsinnig? Nein, nein! Die Silhouette dort bewegt sich, springt über die Felsen der Küste, sucht etwas – ich brauche nur zu schreien –, und ich liege erstarrt, unfähig, mich zu bewegen, unfähig, zu rufen. Nur mit äußerster Kraft kann ich den Arm heben und hindeuten.

Klausmann sieht meine Bewegung, richtet sich auf, und dann höre ich einen Schrei, einen Schrei, der nie aus meinem Ohr verklingen wird. Alles Entsetzen der unendlichen Zeit unseres Kampfes ums Leben klingt in diesem unmenschlichen Ton. Grauenvoll ist dieser Schrei von Klausmann, aber er bringt uns die Rettung. Nur ein paar Sekunden später wäre der Mensch verschwunden gewesen, ohne uns in der Höhle gesehen zu haben.

Der Schrei hallt in den Felsen wider – die Silhouette drüben erstarrt, wendet sich, sieht uns, winkt, springt mit großen Sätzen von Fels zu Fels – und steht jetzt am Eingang der Höhle.

Ein Mensch steht am Eingang unserer Höhle und hat einen Fisch in seiner Hand. Mit einer unbeholfenen Handbewegung schenkt uns dieser Mensch den Fisch – schenkt uns das Leben!

An dieser Stelle habe ich Ihnen eine Erklärung zu geben.

Als wir gerettet waren und am dreiundfünfzigsten Tage nach unserer Notlandung zur Zivilisation zurückkamen, war der erste Mensch, der mich in Wyndham begrüßte, ein Reporter. Von der australischen Presse war dieser Mann seit Wochen nach Wyndham gesetzt, um die fortlaufenden Sensationsmeldungen von der Suche nach den beiden verschollenen Fliegern in alle Welt zu drahten. Wie es ihm seine Aufgabe vorschrieb, bestürmte er mich mit Fragen; das war zu ertragen, da es sein Beruf war und er sich als Reporter vorgestellt hatte. Von allen Seiten der Bevölkerung Wyndhams wurden wir äußerst herzlich aufgenommen, aber schon nach ein paar Stunden merkte ich, daß nahezu jeder Einwohner sensationelle Einzelheiten zu erfahren suchte, um aus den wenigen Antworten, um die ich nicht herumkam, nach kurzer Zeit bereits auf dem Telegrafenbüro eine wilde Mordgeschichte zu machen.

Da packte mich ein Ekel vor dem, worum ich während der furchtbaren Zeit in der Wildnis gekämpft hatte, mich packte ein Abscheu vor der Zivilisation. Verstehen Sie mich bitte: Wir kamen aus einer anderen Welt, wir hatten für Wochen in jeder Minute mit dem Wahnsinn und dem Tod ringen müssen, und nun kamen wir zurück zur Zivilisation und wurden überrannt von Menschen, die es sicherlich gut mit uns meinten, die sich aber um ein paar Goldstücke balgten, die unser Erlebnis zu Geld machen wollten. In diesem Augenblick, am ersten Tage in Wyndham, faßte ich den Entschluß, niemals in meinem Leben auch nur ein Wort über die Zeit an der Nordwestküste Australiens zu sprechen. Das Erleben war zu schwer gewesen.

In der Nacht – es war die erste Nacht wieder in einem Bett – lag ich wach bis zum Morgengrauen. An Schlaf war nicht zu denken, die Nerven wollten nicht mitmachen. In dieser Nacht durchdachte ich nochmals alle Einzelheiten der dreiundfünfzig Tage, vor allen Dingen die Geschehnisse, nachdem uns die Eingeborenen gefunden hatten. Und in dieser Nacht kam ich zu einem anderen Entschluß: Es wird meine Pflicht sein, allen Menschen von unserem Erleben zu erzählen, von jeder Einzelheit der Rettung und von unseren Rettern zu berichten.

Wir wurden von Eingeborenen Australiens gefunden, von nackten, schwarzen Naturmenschen. Wenn ich Ihnen im folgenden davon erzähle, wie uns diese Menschen gehegt und gepflegt haben, diese Samariter der Wildnis, dann werden Sie verstehen, daß ich der Welt ein Zeugnis geben möchte von dem Edelsten und Größten, das in der Seele des Menschen Platz haben kann, der Nächstenliebe!

Man schätzt die Zahl der australischen Eingeborenen auf rund fünfzigtausend. Diese Menschen, denen früher ein Erdteil von nahezu der Größe Europas gehörte, wurden nach der Besiedlung des australischen Kontinents in den Busch getrieben. Es ist nach meiner Meinung selbstverständlich, daß ein jeder, auch ein schwarzer, ungebildeter Mensch, den fremden Eindringling als Dieb seines Landes betrachtet. Wir brauchen uns nur an die Indianer Amerikas zu erinnern.

Die Meinung der Australier über die Ureinwohner des Landes ist sehr verschieden. Es blieb nicht aus, daß die Schwarzen, die nach ihrem ungeschriebenen Gesetz leben, gegen die Gesetze der Zivilisation verstießen. Man erlebte es des öfteren, daß die Eingeborenen eine Kuh von der Weide eines Farmers stahlen, so selbstverständlich, wie sie ein Känguruh ihres Landes jagten. Auf der anderen Seite bestand das Gesetz der Ansiedler, daß Viehdiebstahl schwer zu bestrafen sei. Es blieb also nicht aus, daß die nach ihrer Meinung mit Recht erbosten Farmer die Diebe verfolgten und vertrieben, zum Teil sogar erschossen. Für den Begriff der schwarzen Naturmenschen aber besteht das Wort Diebstahl nicht. Diese Menschen leben von der Hand in den Mund, jagen heute ein Känguruh, verzehren das Fleisch in den nächsten Stunden und hungern vielleicht drei oder vier Tage, bis sie einen Fisch fangen. Wenn diese Menschen dann eine Kuh töten und essen, so ist das eben nach ihren Begriffen kein Diebstahl, sondern ein einfaches Naturrecht.

Es bleibt sicherlich unserer Zivilisation überlassen, aus unserem Wissen heraus die primitiven Naturmenschen durch Güte unseren Gesetzen anzupassen.

In den letzten Jahrzehnten beschäftigten sich weite Kreise des australischen Volkes mit diesem Problem. Man gründete Schutzgesellschaften für die Eingeborenen, wies ihnen Schutzgebiete zu, wo kein Weißer ohne Regierungserlaubnis siedeln durfte, und vor allen Dingen bemühten sich Missionsgesellschaften um das Wohl der ehemaligen Eigentümer des australischen Kontinents.

Ich habe später bei meiner Reise rund um Australien, bei welcher Gelegenheit ich nahezu jede größere Stadt und jeden kleineren Ort besuchte, die verschiedensten Ansichten gehört. Die eine: »Nach meiner Meinung steckt in einem Eingeborenen nicht für fünf Cent Gutes. Man sollte diese Burschen ausrotten.« Die andere: »Diese einfachen Schwarzen sind sehr leicht zur Arbeit zu erziehen, und es ist unsere Aufgabe, diesen Menschen behilflich zu sein.«

Wenn ich hier meine Meinung äußere, so kann ich selbstverständlich nur aus eigener Erfahrung sprechen und davon erzählen, wie mich die Eingeborenen behandelten, und wenn ich das im folgenden versuche, so werden Sie sehen, daß in diesen nackten und schwarzen Menschen eine Seelengröße steckt, wie ich sie selten sonstwo gefunden habe.

Der zweite Grund, weshalb ich von unserem Australienabenteuer erzähle, ist der, aller Welt den Dank einer Mutter, den Dank meines Kameraden und meinen Dank abzustatten. Es war ein herrliches Gefühl nach der Rettung, von allen Seiten der Erdkugel Telegramme und Briefe zu erhalten, die von dem Mitgefühl zeugten, das man für uns gehabt hatte. Dieses Mitgefühl hat vor allen Dingen in den langen Wochen der Ungewißheit meiner alten Mutter viel Hoffnung und Hilfe gegeben. Und in den langen Nachtstunden im Busch haben wir gewußt, daß man draußen in der Welt an die beiden Verschollenen denkt und für ihre Rettung betet. Ich möchte versuchen, unseren Dank in der Form abzutragen, daß ich Ihnen das Wunder der dreiundfünfzig Tage erzähle.

Schließlich soll mein Bericht all denen danken, die uns gesucht haben, seien es Polizeibeamte, Missionare, seien es die Piloten, die tagelang über dieses wilde Land geflogen sind, wo ihnen bei einer Notlandung das gleiche Schicksal oder noch Schlimmeres zustoßen konnte als uns, oder seien es die Seeleute, die in einem kleinen, seeuntüchtigen Motorboot während einer Woche entlang der ungeschützten Küste gefahren sind auf der Suche nach den beiden Verschollenen. Allen, und in ihrer Verkörperung der australischen Regierung, versuche ich unseren Dank zu sagen.

Die Niederschrift dieser Erlebnisse soll ein Loblied sein für unseren Herrgott, der weiße und schwarze Boten aussandte, uns zu retten!

Der Mensch hat uns einen Fisch geschenkt. Wir verschlingen das rohe Fleisch. Was ist das? Mit jedem Bissen werde ich unruhiger, richte mich jetzt auf, krieche zum Eingang unserer Höhle. Das Auge irrt über die Felsen des Kaps, das Blut steigt zum Kopf, er schmerzt, dann wird es dunkel um mich.

Herrgott, nur das nicht! Nur nicht jetzt, wo du uns das Leben geschenkt hast, nur nicht jetzt die Nerven verlieren. Da ist noch das Tuch an meinem Hals, das Tuch der Mutter. Verzweifelt umklammere ich dieses Tuch, bete. Ich weiß genau, daß ich in diesem Augenblick den schwersten Kampf meines Lebens kämpfte, den Kampf gegen den kommenden Wahnsinn der Freude.

Ich knie am Eingang der Höhle, starre in die Sonne, die so grell in die Augen brennt. Ich fühle, wie mein Widerstand schwächer wird, erlahmt, fühle das Furchtbare kommen.

Da kniet jemand neben mir, stützt mich, reicht mir Wasser. Ein nackter, schwarzer Mensch kniet dort – und betet. Das ist die Rettung. Nie werde ich das Bild vergessen. Der Mensch neben mir weint Freudentränen, schluchzt und betet. – Dieser Mensch schenkt mir zum zweitenmal das Leben!

Um 1937 · Clyde Fenton

Mit dem fliegenden Doktor unterwegs

Northern Territory

27 *Über den Outback verteilt stehen heutzutage 3.500 Medizinkisten. Numerierte Medikamente und die Skizze des menschlichen Körpers mit ebenfalls numerierten Körperteilen helfen in akuten Fällen bei telefonischer Diagnose und Therapie durch die fliegenden Doktoren. Reicht das nicht aus, kommen sie angeflogen und transportieren den Patienten, wenn nötig, ins nächste Krankenhaus, das immerhin mehr als 500 km entfernt sein kann – in ganz Australien passiert das etwa sechzig Mal am Tag. Regelmäßige Sprechstunden an ausgewählten Orten im Outback helfen, daß es dazu nicht häufiger kommt.*

Der Missionar John Flynn hat diesen Dienst aufgebaut, ein Deutscher, Alf Draeger, hat eine kleine Sende- und Empfangsstation entwickelt, die Pedale hatte, damit man während des Betriebs den benötigten Strom für einen Notruf, der in Morsezeichen abzusetzen war, erzeugen konnte. Heute geht es per Sprechfunk oder Telefon.

1928 startete das erste Flugzeug des damals »Aerial Medical Service« genannten Dienstes. Es war ein Doppeldecker mit Platz für den Piloten, der in der Regel gleichzeitig der Doktor war, in einer offenen Kanzel und vier Passagiere.

Die heutigen Maschinen sind eher fliegenden Intensivstationen vergleichbar, und das Transportrisiko für Patienten wie Besatzung ist gegenüber der Zeit, in der der folgende Bericht spielt, drastisch zurückgegangen. In der Beschreibung wird auch klar, daß das Außendienstpersonal dieser segensreichen Einrichtung in den Pionierjahren nicht nur fliegen (insbesondere starten und landen) und Leute verarzten können mußte.

Hodgson Downs, eine Viehfarm 240 km südöstlich von Katherine, hatte kümmerliche Landemöglichkeiten. Als eine Radionachricht eintraf, daß die Frau des Farmleiters ernstlich erkrankt sei, hatte ich Befürchtungen, mit dem Ambulanzflugzeug dorthin zu fliegen. Leider befand sich die *Robin* zu jener Zeit gerade in Darwin, und sie zu holen, hätte eine Verzögerung bedeutet. Die Nachricht sprach von einem Rollfeld von 400 m, und ich glaubte, daß das für die *Fox* ausreichend sei, unter der Voraussetzung einer ungehinderten Annäherung an den Landeplatz. Und so verließ ich, von Schwester Smith begleitet, Katherine am frühen Nachmittag und langte gegen 16 Uhr an. Das Rollfeld befand sich direkt neben den Gebäuden; aus der Luft sah es ganz sicher aus, aber bei der Landung stellte ich fest, daß die Oberfläche weich, mit 65 cm hohem Gras bedeckt war und ein merkliches Gefälle hatte. Überdies machte die Windrichtung den Start bergauf notwendig, auf eine furchtbare Barriere von hohen Bäumen zu. Das waren keine guten Aussichten. Ich besuchte die Patientin; sie war seit einigen Wochen krank, und es schien ratsam, sie unverzüglich in das Krankenhaus zu schaffen. Das bedeutete drei Leute an Bord, und ich war besorgt. Mehrere Eingeborene wurden zum Bäume fällen angesetzt, aber die Zeit war knapp, und sie brachten nicht viel fertig. Ich mußte einen Entschluß fassen. Um in jener Nacht noch zurückzukehren, war es wesentlich, sofort aufzubrechen, und ich entschied mich für dieses Wagnis. Ich stellte die Maschine an der Startbahn auf, die einfach aus zwei Räderspuren durch das Gras bestand. Die Patientin wurde auf der Bahre an Bord gebracht, Schwester Smith kletterte hinein, und ich öffnete die Drosselklappe. Behindert durch das Gras, die weiche, sandige Oberfläche und das Gefälle, gewann die Maschine nur langsam an Geschwindigkeit. Nachdem wir zwei Drittel der Startbahn entlanggerollt waren, merkte ich plötzlich, daß wir – selbst wenn wir uns bald in die Lüfte erhöben – wenig Chance hatten, über die Baumwipfel hinweg zu gelangen. Ich machte rasch die Drosselklappe zu und zog die Bremsen an. Das brachte den Schwanz mit einem Satz hoch, und ich mußte sie eilig wieder lockern, um zu verhindern, daß das Flugzeug über seine Nase umkippte. Als der Schwanz sich senkte, zog ich die Bremsen wieder an, diesmal sanfter, und hoffte, daß wir kurz vor den Bäumen zum Stehen kommen würden. Sollte das nicht gelingen, dann wollte ich nach der einen Seite einschwenken. Wir waren noch 50 m von den Bäumen entfernt, als es plötzlich einen entsetzlichen Stoß sowie ein lautes Krachen gab und wir mit starkem Aufprall flach auf dem Boden aufschlugen. Das Fahrgestell war glatt abgerissen worden. Um ein Haar wäre mein Kopf auf das Instrumentenbrett aufgeschlagen. Voller Sorge um meine Passagiere sprang ich hinaus und öffnete die Kabinentür. Die Patientin, auf der Bahre sicher angeschnallt, war unverletzt. Schwester Smith aber war durch die ganze Kabine bis zum vorderen Ende geschleudert worden. Sie war arg zusammengestaucht und hatte Prellungen von Kopf bis Fuß (wie ich später entdeckte). Noch immer im unklaren darüber, was eigentlich geschehen war, ging ich um das Wrack herum und sah zu meinem Erstaunen und meinem Zorn, daß wir gegen einen Haufen von Holzklötzen gerannt waren. Der Stationsleiter hatte beim Herrichten seines sogenannten Rollfeldes diese verstreuten Holzstücke gesammelt und auf einem Haufen von etwa 10 m Länge, der gut unter dem Gras verborgen war, seitwärts aufgeschichtet. Die Bremsen hatten bewirkt, daß die Maschine eine leichte Seitenbewegung machte und mitten in diese furchtbare Falle hineinrannte. Ich war dankbar, daß niemand ernstlich verletzt war, aber angeekelt und wütend, als ich auf den Trümmerhaufen schaute, der einstmals eine schöne, elegante Maschine war. Das Fahrgestell hatte sich völlig vom Rumpf gelöst; Stücke davon waren umhergestreut und lagen zwischen den Holzklötzen. Der Propeller war heil geblieben, aber die untere Tragfläche ruhte auf dem Boden, und Gott allein wußte, welcher Art ihre Beschädigung war.

Der Höhepunkt unserer Schwierigkeiten wurde erreicht, als wir jetzt entdeckten, daß die Funkanlage der Station außer Betrieb war. Die Nachricht, die man uns gesandt hatte, war durch einen Reiter von einer benachbarten Station, Roper Valley, abgegangen, das auf dem Luftweg etwa 30 km, auf dem Landweg aber fast doppelt so weit entfernt war. Ich bat den Stationsleiter um ein Reitpferd und einen eingeborenen Führer. Während die Pferde eingefangen und gesattelt wurden, aß ich etwas. Bei Dunkelheit brachen wir auf. Es war ein düsterer Ritt. Stunde auf Stunde trabten wir mühsam durch die pechschwarze Nacht; der schweigsame Eingeborene wies den Weg, während ich mich bemühte, unsere Richtung aus den Sternen zu errechnen. Nach kurzer Zeit verließen wir die Straße;

der Farbige schlug eine Abkürzung ein, die er selbst ausfindig gemacht hatte, aber wie zum Teufel er in dieser Finsternis die Richtung einhalten konnte, war mir ein Rätsel. Von Zeit zu Zeit versuchte ich herauszufinden, wie weit wir noch vom Ziel entfernt seien, aber alles, was ich aus meinem schweigsamen Gefährten herausbringen konnte, war: »Weg noch weit.«

»Wie weit jetzt noch, Jimmy?«

»Weg noch bißchen lang.«

Jimmy war wirklich etwas zu wortkarg. Ich versuchte, mir aus dieser kärglichen Antwort so viel Trost wie möglich zu holen. Zum hundertsten Male veränderte ich meinen Sitz und trieb das Pferd vorwärts. Es war eine Offenbarung, dieses Kind der Steinzeit zu beobachten, wie es sich seinen Weg durch das Land in der rabenschwarzen Finsternis mit der Unbekümmertheit und Sicherheit einer heimkehrenden Brieftaube bahnte. Nicht ein einziges Mal war der Eingeborene unschlüssig, und so zuversichtlich und instinktsicher ritt er voran, daß es mir überhaupt nicht einfiel, seine Fähigkeiten anzuzweifeln. Sein Sehvermögen muß unheimlich gut gewesen sein, vermutlich stand es dem der wilden Tiere des Waldes nicht nach.

Was die Nacht so lang machte, war vor allem, daß es in der intensiven Dunkelheit nichts gab, worauf das Auge ruhen konnte; Jimmys Unterhaltung beschränkte sich auf einzelne Worte, und ich hatte keine Möglichkeit, mein Gehirn mit etwas anderem als meinen eigenen Gedanken zu beschäftigen und war ihrer herzlich überdrüssig. Viele Male drohte ich einzuschlafen und hatte große Angst, daß ich, falls ich einnickte, aus dem Sattel fallen könnte. Etwa eine Stunde vor Morgengrauen erreichten wir eine Einfriedung, Jimmy wendete und folgte ihr. Das war ein hoffnungsvolles Zeichen.

»Einfriedung gehört zu Roper Valley, Jimmy?«

»Ja.«

Das allererste Morgengrauen (die Eingeborenen nennen es »picaninny Tageslicht«) dämmerte schon herauf, als wir endlich die Lagerfeuer in der Nähe der Station erblickten. Als wir die Heimstätte erreichten, fand ich die Besitzer, Chisholm und Holt, noch im Bett, hatte aber keine Gewissensbisse, sie zu wecken. Mit offenem Munde starrten sie mich an.

»Beim Henker!« sagte Holt, »wo kommen Sie denn her?«

»Aus Hodgson Downs.«

»Großer Gott! Zu Fuß?«

»Nein, zu Pferd.«

»Das ist ja toll! Wie lange haben Sie gebraucht? »

»Die ganze, lange Nacht.«

»Wie sieht ihr Gesäß aus?«

»Ganz wund, scheußliche Sache.«

Ich erzählte die Geschichte meiner Bruchlandung und fragte nach den Sendezeiten. Es gab eine früh um 7 Uhr, und während wir darauf warteten, labte ich mich an einem sehr willkommenen Frühstück. Zur planmäßigen Zeit bekamen wir Verbindung mit Darwin, und ich sendete eine lange Nachricht über den Unfall und verlangte, daß meine *Motte* sobald als möglich von Roy Edwards, einem ortsansässigen Piloten, dem eine ähnliche Maschine gehörte, nach Roper Valley geflogen werde. Dann ging ich zu Bett.

Edwards traf am frühen Nachmittag ein. Ich übernahm die Maschine und flog nach Hodgson, wo ich nach fünfzehn Minuten anlangte – ein lächerlicher Kontrast zu der ermüdenden Reise in der Nacht zuvor. Zuerst beförderte ich Schwester Smith nach Roper Valley, da ich wußte, daß sie es dort bequemer haben würde als in Hodgson; wieder zurückkehrend, holte ich die Patientin und flog sie nach Katherine, wo ich gegen Sonnenuntergang ankam.

Am nächsten Tag flog ich nochmals nach Roper Valley, und da Schwester Smith die Erholungspause zu gefallen schien, holte ich zuerst Edwards und sie selbst erst am dritten Tag zurück. Sie brach widerstrebend von dort auf. Roper Valley war eine der komfortabelsten aller Stationen, die ich im Norden besichtigt hatte, und Chisholm und Holt hatten sich als liebenswürdige, gastfreundliche Wirte gezeigt. Der Platz eignete sich gut zu einer Rast, und wenige Reisende kamen dort vorbei, ohne einen Besuch abzustatten.

Nach dem Mittagessen sagten wir Lebewohl und brachen nach Katherine auf, das von hier 210 km entfernt war. Obwohl die zweitägige Ruhe ihr gut getan hatte, war Schwester Smith noch nicht wieder völlig erholt von dem heftigen Stoß, den sie erhalten hatte, und befand sich kaum in einem Zustand, um den neuen Schock auszuhalten, den das Schicksal für uns bereithielt. Es war ein sonniger Nachmittag und in einer Höhe von etwa 1.000 m windstill, während wir träge dahinflogen. Wir befanden uns etwa 50 km vor Katherine, als ich, zum Kompaß hinunterblickend, eine braune Schlange sah, die ihren häßlichen Kopf zwischen meinen Beinen aufrichtete. Einige Momente starrte ich wie hypnotisiert auf diese unglaubliche Erscheinung. Ich konnte es einfach nicht glauben. Dann richtete das Reptil seinen Kopf auf meine bloßen Knie, und wie elektrisiert sprang ich auf. Im Bruchteil einer Sekunde stand ich auf dem Sitz; den Steuerknüppel hielt ich mit nervöser Hand fest und schlug mit dem Fuß hinten aus nach dem pendelnden Schlangenkopf. Das Flugzeug, das sich jetzt nicht mehr unter fester Kontrolle befand, begann zu gleiten und in exzentrischer, alarmierender Weise umherzukarriolen. Von der Seite her sah ich, wie Schwester Smith sich umblickte und sich über die Kapriolen des Flugzeugs wunderte. Als sie mich auf dem Sitz stehen sah, von wo ich wie gebannt in die Kanzel starrte, während mein Kopf und meine Brust über den Flugzeugrumpf hinausragten, dachte sie wahrscheinlich, daß ich verrückt geworden sei. Ich konnte nichts daran ändern - ich war viel zu sehr beschäftigt. Ich hatte mehrere Schläge nach der Schlange versucht, aber es war, als wenn man nach einem schwingenden Seil schlüge, und die Fußtritte hatten ihr wenig Schaden zugefügt. Es muß ihr aber dadurch wohl schlecht geworden sein; denn jetzt zog sie sich dorthin zurück, woher sie gekommen war - nach unten, zu den Steuerpedalen! Und jetzt, ob ich wollte oder nicht, mußte ich einen Fuß auf jenes Pedal setzen: Das Flugzeug drohte nämlich ins Trudeln zu kommen. Ich gab dem Pedal einen plötzlichen Tritt und zog hastig meinen Fuß wieder zurück. In meiner Verzweiflung überlegte ich mir, was als nächstes zu tun wäre, als ich durch die Gnade des Himmels etwa 5 km seitlich einen Notlandeplatz namens Maranboy Siding erblickte. Ich schloß die Drosselklappe und glitt darauf zu, indem ich dem Steuer von Zeit zu Zeit hastige Fußtritte versetzte, um die Maschine auf dem Kurs zu halten. Ich konnte die Steuerpedale nicht sehen, und soviel ich wußte, befand sich das Reptil noch dort - ein häßlicher Gedanke. Sobald die Drosselklappe sich schloß, begann der Motor zu spucken, zu husten und am Auspuff zu knallen; er hatte das seit mehreren Wochen infolge eines obskuren Vergaser-Defektes getan. Die Schwester nahm aber natürlich an, daß irgend etwas mit dem Motor nicht stimmte und das der Grund für unser Hinabgehen sei. Sie blickte über die

Seite der Kanzel auf den Boden unter uns. Ringsum befand sich dichter Wald; die Flugzeugnase versperrte ihr den Blick auf die kleine Lichtung, nach der wir strebten. Was sie dachte, konnte ich gut erraten, aber sie saß gelassen auf ihrem Sitz und wartete auf den Aufprall. Wir näherten uns den Baumspitzen; hoffend und betend, daß die Schlange liegenbleiben würde, trat ich auf das Pedal, schwenkte nach der Lichtung ein und glitt zwischen ungefähr 1,80 m hohem Gras hinunter. Sobald die Räder den Boden berührt hatten, war ich heraus aus der Kanzel; ehe die Maschine ihren Lauf beendet hatte, stand ich schon auf der Tragfläche und sagte, so ruhig wie ich konnte: »Steigen Sie schnell aus, Schwester.«

Sie warf mir einen seltsamen Blick zu, aber als vernünftige Frau vergeudete sie keine Zeit mit Fragen; sie löste den Fallschirm und kletterte schnell heraus.

»Schwester, wir haben eine Schlange im Flugzeug.« Sie blickte mich wieder an, sehr eigenartig, fand ich.

»Sind Sie sicher?«

Das war es also. Sie glaubte mir nicht. Nun, ich konnte es ihr kaum verdenken, da ich es ja selbst kaum geglaubt hatte, als die Schlange zuerst auftauchte. Ich ging daran, die Schlange ausfindig zu machen. Um jeden Preis mußte ich sie finden, ehe sie in das lange Gras entkam.

Vergebens suchte ich oben und unten. Ich verschaffte mir einen Stock, sondierte damit jeden Zentimeter der Kanzel und stach, soweit ich reichen konnte, durch jedes Loch im Rumpf. Keine Schlange. Schwester Smith blickte mich mit einem rätselhaften Lächeln an. Abgesehen davon, daß ich mich von dem Verdacht reinigen mußte, Wahnvorstellungen zu haben, war ich entschlossen, nicht weiterzufliegen, ehe ich nicht den positiven Beweis hatte, daß der blinde Passagier sich nicht mehr an Bord befand. Als ich schon im Begriff stand, die Suche aufzugeben, öffnete ich eine kleine Klappe unter dem Kissen des Sitzes, auf dem Schwester Smith gesessen hatte. Und dort waren auf einer Querstrebe ein paar Zentimeter der zusammengerollten Schlange sichtbar. Vorn im Sitz befand sich ein kleines Loch; hätte die Schlange ihren Kopf hindurchgesteckt, dann hätte sie sich unmittelbar hinter der rechten Wade der Schwester befunden. Ich lud sie ein, einen Blick darauf zu werfen, und empfand eine boshafte Genugtuung darüber, den plötzlichen Wechsel ihres Gesichtsausdrucks zu beobachten.

Aus dem Gepäckkasten holte ich einen Hammer und einen Tomahawk hervor. Ich preßte die Schlange mit der Pinne des Hammers an der Querstrebe fest und versetzte dem Hammerkopf einen scharfen Schlag mit dem Tomahawk, in der Hoffnung, dem Reptil das Rückgrat zu brechen und es kampfunfähig zu machen. Aber als ich den Hammer hob, verschwand die zusammengerollte Schlange wie der Blitz. Ich mußte sie in der Nähe des Schwanzes getroffen haben. Angewidert nahm ich meine Zuflucht nochmals zu dem Stock und stocherte im Flugzeugrumpf herum, bis die Schlange auf dem Boden der hinteren Kanzel auftauchte. Hier griff ich sie mit dem Tomahawk an, machte sie mit einem gelungenen Streich kampfunfähig und schleifte sie fort, bis sie am Boden lag. Sie maß etwa 135 cm und hatte ein Paar scheußlicher Giftzähne.

Unser nächstes Problem war der Start in dem hohen Gras. Die Zivile Luftfahrtbehörde hatte sich nicht die Mühe gemacht, die Landefläche instand zu halten; offenbar erwartete sie, daß jeder Flieger, der sie benutzte, selbst dafür sorgte. Ich schnitt von einem Baum zwei lange Stöcke ab.

»Schwester«, fragte ich, »spielen Sie Golf?«

»Ja, warum?«

»Nun«, sagte ich und händigte ihr einen der Stöcke aus, »hier ist eine Chance, Ihren Schlag zu verbessern.«

Mit unserem behelfsmäßigen Gerät begaben wir uns an die Arbeit. Es war eine langweilige, ermüdende Sache. Bald zeigten sich Blasen auf unseren an solche Arbeit nicht gewohnten Händen. Das Gras ließ sich zwar leicht niederschlagen, aber es gab so viel davon.

»Es gibt nur einen Trost bei dieser Plackerei, Schwester.«

»Und das wäre?«

»Es ist besser, als zu Fuß nach Hause zu gehen. Ich habe große Lust, der Zivilen Luftfahrtbehörde für diese Arbeit eine Rechnung zu schicken. Wir werden halbpart machen.«

»Ist sie denn verpflichtet, das Gras schneiden zu lassen?«

»Natürlich. Aber sie ist zu knickerig, einen Mäher dafür einzustellen, oder aber sie ist zu sehr damit beschäftigt, den Piloten ihre Lizenzen zu entziehen und andere Leute daran zu hindern, ihrer Arbeit nachzugehen, so daß sie einfach nicht die Zeit hat, sich um ihre eigenen Angelegenheiten zu kümmern.«

Nach zwei Stunden waren wir beide erschöpft. Ein Pfad von etwa

100 m Länge war freigelegt in Breite der Flügelspanne; es war nicht viel, aber ich beschloß, es auszuprobieren. Mit einer in langer Praxis erworbenen Geschicklichkeit nahm ich 200 m weiter rückwärts Anlauf mit soviel Geschwindigkeit, wie in dem hohen Gras möglich war, und erhob mich in der freigelegten Schneise zu fliegendem Start. Am anderen Ende ließ ich den Steuerknüppel locker und zog die Maschine in die Luft, gerade über das Gras hinweg. Für diesen Tag hatte unser Pech aufgehört, und zwanzig Minuten später kamen wir nach Hause, müde, aber dankbar, daß wir die vergangenen Gefahren und Schwierigkeiten gemeistert hatten. Natürlich glaubten uns diese Geschichte nur wenige. Zahlreich waren die spöttischen Kommentare der Freunde in Darwin. Im Territorium wird nämlich vielfach die Ansicht vertreten, daß es dort keine Schlangen gäbe mit Ausnahme derjenigen, die aus einer Flasche herauskommen und in Deutschland Kater heißen.

Tauchen am Great Barrier Reef

28

Hans Hass (geboren 1919), Zoologe und Pionier der Unterwasserforschung, begann 1939 mit Tauchexpeditionen. Nach dem Zweiten Weltkrieg fanden seine Filme, in denen die Tierwelt der tropischen Meere, seine Frau Lotte und die weiße Yacht »Xarifa« die Hauptrollen spielten, ein begeistertes Publikum. Hass bekam sogar einen Oscar. Nachdem die »Xarifa« 1960 verkauft worden war und das Ehepaar das Tauchen aufgegeben hatte, wurde es ruhiger um sie.

Hans und Lotte Hass waren die ersten Taucher an der Außenkante des Riffs. Drastische Warnungen vor menschenfressenden Haien und die Prophezeiung, innerhalb von zwei Wochen wären sie tot, konnten sie nicht abhalten; sie haben dieses Abenteuer unbeschadet überstanden. Die Unterwasserkamera, die im folgenden Text eine wichtige Rolle spielt, war von Hass entwickelt worden und die erste Kamera ihrer Art.

Wenn man sich über Angriffe von Haien auf Menschen in Büchern oder dem Internet informieren will, fällt auf, daß die Geschichten um so blutrünstiger werden, je länger sie zurückliegen. In Australien sterben doppelt so viele Menschen an Bienenstichen (nämlich durchschnittlich zwei pro Jahr) wie durch Haifische. Verbesserter Schutz durch Netze an Badestränden und der Rückgang der Zahl der Haie haben dazu geführt, daß Unglücksfälle extem selten geworden sind.

James Cook hatte bei seinem Schiffbruch auf dem Riff die Schiffskanonen der »Endeavour« über Bord werfen lassen. Hans Hass hat nach ihnen gesucht, aber keinen Erfolg gehabt. 1969 wurden sie gefunden und sind jetzt im Museum von Cooktown ausgestellt.

Am zweiten Tag war wieder schönes Wetter. Zwar wehte noch immer heftiger Südostwind, aber für unser Ziel, das Hicks Reef, spielte das keine Rolle. Da die kleinen Einschnitte an der Außenseite, die wir vom Flugzeug aus entdeckt hatten, nach Norden lagen, mußten sie vom Wind geschützt sein.

Wir ankerten an dem nordwestlichen Zipfel, und ich kam im Tauchgerät in eine Landschaft von atemberaubender Schönheit. Durch eine gewundene, zwölf Meter tiefe Schlucht gelangte ich in einen wahren Meerestempel – er hatte etwa zwanzig Meter im Durchmesser –, dessen senkrechte Wände von blütenartigen Korallen wie mit phantastischen Ornamenten bedeckt waren. Der Plafond wurde durch die silberhelle Wellendecke gebildet, der Boden war ein in jeder Farbtönung schimmernder Blumengarten. So wie uns dieser Platz unter tausend anderen vom Flugzeug aus aufgefallen war, schienen sich auch die Fische aus weitem Umkreis gerade hier zu versammeln. In phantastischen Schwärmen und Mustern hingen sie fast bewegungslos in dem kristallklaren Raum.

Ich schwamm zurück und holte Lotte. Sie bewaffnete sich mit der neu eingetroffenen Rolleimarin-Blitzlichtkamera, und ich nahm eine Unterwasser-Leica mit einem Teleobjektiv, um Fischporträts zu knipsen. Am Eingang des Tempels blieben wir wie vor einem Kunstwerk stehen. Es erschien uns fast wie eine Entweihung, als erste Menschen diesen Frieden zu durchbrechen.

Dann schwammen wir hinein, mitten unter die Fische, und machten uns an die Arbeit. Ich benutzte meinen kleinen Speer als Maßstab für meine Aufnahmen. Um mit dem Teleobjektiv scharfe Bilder zu erhalten, mußte ich auf fünf Zentimeter genau die Entfernung treffen. Ich stellte auf die Länge meines Stockes ein, hielt ihn zur Seite und knipste, wenn ich den Fisch im gleichen Abstand sah.

Ein etwa eineinhalb Meter langer, ungemein schön geformter Hai jagte zweimal in atemberaubender Geschwindigkeit quer durch den Saal. Wie in einem bunten Feuerwerk stoben die Fischschwärme auseinander. Der Hai machte eine lässige Bewegung und entschwand durch eine der zum äußeren Riffabhang führenden Schluchten.

Inzwischen sah ich Lotte in der Nähe blitzen. Ihr erstes Objekt war ein Zackenbarsch, der über den Blitz so erschrak, daß er sich fast ebenso schnell wie der Hai und durch die gleiche Schlucht verzog. Dann schoß sie zwei Aufnahmen von Lippfischen, die merkwürdigerweise überhaupt nicht reagierten. Dagegen klappte eine danebenliegende Mördermuschel mit deutlich hörbarem Ruck zusammen.

Eine in der Mitte aufragende Koralle trug einen häßlichen grauen Klumpen. Ich stupste ihn mit meinem Stock an. Zu unserer Verblüffung hopste er herunter. Es war der giftigste aller Fische - der berüchtigte Steinfisch. Seine Rückenflossenstacheln übertragen ein Nervengift, das von tödlicher Wirkung sein soll. Das Tier ist sich seiner Abwehrwirkung so sicher, daß es sich kaum vom Platz rührt, wenn man unversehens hingreift oder daraufsteigt. Darin liegt die besondere Gefahr. Denn selbst mit sehr geübtem Auge ist ein Steinfisch kaum von seiner Umgebung zu unterscheiden.

Wir schwammen an der jenseitigen Wand des Saales hoch, überquerten eine schmale Barriere und gelangten in eine benachbarte Schlucht, deren Wände sechzehn oder achtzehn Meter steil abfielen. Der Boden war sandig, und die Schlucht erweiterte sich gegen ihr Ende zu. Dort unten lag ein etwa drei Meter langer grauer Hai, den ein kleiner umkreiste wie ein Junges seine Mutter.

Wir tauchten etwa fünf Meter abwärts, da bemerkte uns der kleine Hai und machte durch irgendeine Bewegung den großen aufmerksam. Dieser drehte und kam sofort und auf schnellstem Wege im schrägen Winkel zu uns empor. Wie ich an der Form des Schwanzes, der kurzen Nase und den vorstehenden Zähnen leicht erkannte, war es ein Grauer Ammenhai.

Hinter uns wurde die Schlucht enger. Ich schob mich vor Lotte und hielt dem Hai meinen Stock entgegen. Er kam mit seinem Kopf so nahe, daß ich ihn anstieß. Da schnellte er herum, schlug einen Bogen und versuchte es von der anderen Seite. An mir schien er nicht interessiert zu sein, sondern unbedingt zu Lotte zu wollen. Wahrscheinlich lockte ihn der Reflektor ihres Blitzlichtes an. Jedesmal, wenn ich ihn anstieß, riß er wie ein großer, bissiger Hund das Maul auf. Das Ganze ereignete sich so schnell und ohne Vorbereitung, daß wir den Ernst der Lage erst nachträglich begriffen. Plötzlich blitzte es hinter mir auf, und in wahnsinniger

Geschwindigkeit jagte der Hai schräg abwärts davon. Lotte hatte einen Blitz ausgelöst. Selten haben wir einen Hai so schnell und gerade davonschwimmen sehen!

Unten, in etwa dreißig Meter Entfernung, drehte er um und kam sehr rasch wieder zu uns zurück. Inzwischen hatten wir aber die obere Kante der Mauer erreicht und schlüpften über die seichte Barriere in den großen Saal zurück. Dort kletterten wir auf eine der oberen Kanten, so daß wir mit den Köpfen über das Wasser sahen, nahmen die Atemschläuche aus dem Mund und schnappten nach Luft.

»Hast du ihn erwischt?« fragte ich Lotte.

»Keine Ahnung. Ich habe die Kamera einfach vor mich hingehalten, und plötzlich ging der Blitz los. Hast du die Zähne gesehen?«

Die Sonne stand am Rand einer großen schwarzen Wolke. Nachdem wir uns etwas beruhigt hatten, gingen wir wieder unter Wasser und schwammen durch den Gang, der zum äußeren Abhang der Mauer führte. Vorsichtig an die eine Wand gedrückt, bogen wir um die Ecke.

Wir waren am Ziel! Dieses Riff war zwar eines der wenigen, dessen äußerer Abbruch nicht vom Passatwind getroffen wurde, trotzdem war es unzweifelhaft die äußere Mauer. Vor uns lag die unendliche Weite eines abgrundtief klaffenden Raumes. Unter Wasser wurde es plötzlich dunkel. Die Wolke hatte sich jetzt vor die Sonne geschoben. Düster und gespenstisch lag vor uns die Wirklichkeit dessen, was wir uns in so vielen Stunden ausgemalt hatten.

In einem steilen Winkel fiel die Riffmauer wie ein altes, von Sprüngen und Rissen durchzogenes und mit blühenden Kletterpflanzen umranktes Festungsbollwerk in die Tiefe. Es wuchsen hier nur kleine, derbe Korallenarten, die wie Moosklumpen am Felsen hafteten. Die Bildungen waren längst nicht so prächtig wie im geschützten Wasser unseres Tempels. Da das Streulicht der Sonne verschwunden war, konnten wir jetzt noch wesentlich tiefer hinabschauen. Weiter unten begann ein mehr plattenartiger Bewuchs. Dort paddelte auch langsam eine große Schildkröte ihres Weges.

Wir schwammen etwas tiefer und prüften alle Korallen und Fische, die wir sahen. Draußen zog gerade ein Schwarm von großen Königsmakrelen vorbei. Wir sahen sie durch einen Schleier kleinerer Fische hindurch, die wie festgefrorene Sternschnuppen im Raum hingen. Im übrigen war das Fischleben an der Großen Mauer nicht besonders interessant. Wir trafen auch keinen einzigen Hai. Da Lottes Manometer nur noch zehn Atmosphären Sauerstoff anzeigte, warfen wir einen letzten Blick auf dieses Werk der Jahrtausende, das wir als erste Menschen hatten betrachten dürfen, schwammen durch den hochführenden Gang in den düster gewordenen Meerestempel zurück und von dort, durch die gewundene Schlucht, wieder zum Boot. Zum erstenmal fühlten wir uns dem Great Barrier Reef gewachsen.

Autorennen mit Hindernissen

Marble Bar – Meekatharra – Perth

29 *Jack Brabham (1926 in Sydney geboren) lernte mit 12 Jahren das Autofahren und verließ die Schule im Alter von 15, um Automechaniker zu werden. Er ist bis heute der einzige Rennfahrer der Formel I und Autobauer, der sowohl die Fahrerweltmeisterschaft wie auch die der Konstrukteure gewonnen hat. Über zwanzig Jahre lang war er eine der großen Persönlichkeiten im internationalen Renngeschäft, bevor er sich 1970 zurückzog.*

Am Anfang seiner Fahrerkarriere, wie z. B. bei dem Rennen, von dem der folgende Text berichtet, fuhr er australische Autos der Marke Holden, die es seit 1917 gab, 1931 Teil von General Motors wurde und heute noch existiert. (Heute teilen sich hauptsächlich Ford, Toyota und Mitsubishi die australische Jahresproduktion von etwa 300.000 Stück.) 1947 hatte Brabham die New South Wales Motor Racing Championship gewonnen, 1955 fuhr er sein erstes Rennen in Europa.

Jeder Reiseführer betont die Notwendigkeit, Fahrten im Outback nur gut ausgerüstet und mit Notproviant und ausreichenden Wasservorräten anzutreten. Auch wenn der Great Northern Highway, auf dem sich das Rennen abspielte, heute asphaltiert ist, kann eine Unfallgeschichte ähnlich der, die im folgenden beschrieben wird, durchaus noch passieren.

Marble Bar und Meekatharra sind immer noch zwei kleine Orte, die weit von einer vierstelligen Einwohnerzahl entfernt sind. Marble Bar hält einen Rekord, der zum Glück schon lange zurückliegt: Im Jahr 1924 lag die Temperatur an 170 aufeinanderfolgenden Tagen nie unter 38° C.

Zwölf Meilen hinter Marble Bar mußten wir einen Creek durchqueren, der keinen Tropfen Wasser führte. Er bestand nur aus dem sandigen und felsigen Boden.

Plötzlich machte der Humber vor uns einen großen Satz; offensichtlich hatte sein Differential oder sonst etwas vom Unterboden einen großen Felsen getroffen und ihn aus dem Boden gehebelt; und da lag er nun mitten im Flußbett und wartete auf mich. Nach rechts oder links ausweichen konnte ich nicht, ohne einen noch schlimmeren Unfall zu riskieren, denn auf beiden Seiten ging es steil nach unten. Und so krachten wir voll auf diesen Felsbrocken. Der schlug das ganze Vorderteil des Autos kaputt – Vorderradaufhängung, Querträger, Räder und alles, was noch daran hing. Er schlug es nicht einfach ab, sondern drückte alles unter den Wagen; die Vorderräder waren nun unter den Vordertüren, was nicht gerade die übliche Stelle ist. Auf einer Seite konnten wir nicht aussteigen, weil ein Rad die Tür blockierte.

Da saßen wir nun mit zwei Rädern unter den Vordertüren und hielten so das ganze Rennen auf! Fünf oder sechs Autos erschienen bald darauf und konnten nicht vorbei. Wir mußten warten, bis genügend Muskelkraft zusammengekommen war, um das ganze Auto buchstäblich hochzuheben. Wir postierten Leute ringsherum, hoben es an und trugen es ans Ende der Furt; es müssen 25 m oder mehr gewesen sein, und sie ließen das Auto am Straßenrand einfach fallen. Dann stiegen alle wieder in ihre eigenen Autos und fuhren davon. Da waren wir nun, einsam und verlassen.

Es waren 12 Meilen bis nach Marble Bar, und es war mitten in der Nacht. Vor Tagesanbruch konnten wir nichts unternehmen, und was wir dann tun konnten, war auch noch nicht sicher; also legten wir uns erstmal im Auto schlafen, immer noch ganz allein; niemand machte sich Sorgen oder kam nachsehen oder ähnliches. Am nächsten Morgen stiegen wir aus und besahen uns den Schaden; es war klar, daß wir ihn ohne große Werkstattreparaturen nicht beheben konnten. Wir saßen eine Weile da und fragten uns, was um alles in der Welt wir denn jetzt tun sollten. Es kam niemand vorbei – die Rennwagen hatten alle passiert, und das hier war nicht gerade ein verkehrsreicher Teil der Welt. Ich entschloß mich, die 12 Meilen durch die Wüste nach Marble Bar zu laufen und Hilfe zu holen. Also ließ ich Harry beim Auto, und ich Dummkopf machte mich auf den Weg.

Nach fünf oder sechs Meilen begannen die Bussarde über mir zu kreisen in der Erwartung, daß ich bald zusammenbrechen würde. Die Sonne war unerträglich heiß, und überall sah ich eine Fata Morgana. Ich glaube, wenn ich weiter hätte gehen müssen, wäre ich irgendwo auf dem Weg nach Marble Bar umgekommen. Aber zum Glück sah ich weit weg einen kleinen Staubball auf mich zukommen; der stellte sich als das erste Auto heraus, das seit zwölf Stunden hier vorbeikam. Und dieses Auto kam näher, und hier war ich, zu Fuß allein mitten in der Wüste – meilenweit konnte man in jede Richtung sehen, und die Insassen wunderten sich ein bißchen.

Wie das Schicksal so spielt – es war ein Auto, das am Rennen teilgenommen hatte. Die Fahrer hatten Probleme gehabt und waren jetzt wieder in Gang gekommen. Es war ein Ford aus Perth mit vier Leuten. Sie hatten das Rennen aufgegeben und waren auf dem Rückweg nach Perth. Sie hielten an, suchten mit den Augen die Piste in beiden Richtungen nach meinem Auto ab und wunderten sich, wie denn um alles in der Welt ich hierher kam und den Anhalter spielte. Sie wollten in die andere Richtung.

Ich erzählte, was passiert war. Sie beschlossen, mich nicht den Bussarden in der Wüste zu überlassen, und fuhren mich nach Marble Bar, setzten mich ab und fuhren gleich weiter in Richtung Perth. Ich drehte eine Runde durch Marble Bar auf der Suche nach jemandem, mit dem ich reden könnte, und fand dann eine kleine Autowerkstatt, die aus einer kleinen Blechbude mit einem zerlegten alten Auto darin bestand, an dem sich aber niemand zu schaffen machte.

Während ich noch denjenigen zu finden versuchte, der in dieser kleinen Blechhütte an dem Auto gearbeitet hatte, fuhr ein Jeep vor. Der Fahrer arbeitete für die Blue Speck Gold Mine und war in die Stadt gekommen, um irgend etwas zu holen. Natürlich kam ich mit ihm ins Gespräch und erzählte ihm, was uns beim Rennen passiert war und wo das Auto lag, und fragte, wie wir eine Nachricht auf die andere Seite Australiens bekommen könnten; es sah alles nicht so einfach aus – viel gab es nicht in Marble Bar. Er machte mir klar, daß es Zeitverschwendung wäre, hier herumzulaufen, denn es würde mir sowieso niemand helfen. Ich glaubte, daß wir unser Auto wieder in Gang bekommen könnten, wenn wir ein paar Flaschen Sauerstoff und etwas zum Schweißen bekämen. Wir beide fuhren dann zur Mine, ein paar Meilen außerhalb der Stadt, denn der Fahrer hatte gesagt, es gäbe dort ein paar Flaschen. Bei unserer Ankunft stellte ich fest, daß die Flaschen dreimal so groß waren wie üblich – etwa 2,5 m hoch. Ich werde nie vergessen, wie die zwei Flaschen dastanden, uns wie Türme überragend.

In der Nähe eines Minenschachtes gab es einen Haufen Schrott. Ich kämmte ihn durch, um zu sehen, ob etwas zu finden war, woraus man neue Rahmen machen könnte, und sammelte alles ein, von dem ich dachte, es könnte brauchbar sein. Ich nahm auch einen Schweißapparat und die beiden Flaschen Sauerstoff mit; wir luden alles in den Jeep und fuhren zurück zum Auto.

Am Abend war ich mit den Flaschen und allem anderen beim Wagen. Wir hatten schon vorher beschlossen, den Holden so schnell wie möglich wieder in Gang zu bekommen. Auf dem Weg sagte der Mann im Jeep: »Mach' Dir bloß keine Sorgen. So was passiert hier im Busch dauernd. Ich helfe Euch, und wahrscheinlich ist alles in einer Stunde erledigt, und Ihr könnt weiter.« Aber als er einen Blick auf das Auto geworfen hatte, sagte er: »Also, hmm, ich muß aber weiter.« Und er fügte hinzu: »Ihr habt wirklich ein Problem!« Sehr hilfreich!

Mein Beifahrer hatte den ganzen Tag im Auto gesessen, wo es am kühlsten war. Die Regeln des Rennens besagten, daß jeder einen Sieben-Tage-Vorrat für den Fall einer Panne dabeihaben mußte. Und es wurde auch bei den Kontrollen überprüft, daß man diesen Vorrat wirklich mitnahm, denn jeder konnte in eine Situation kommen, wo er für Tage festsaß. Es sah ganz so aus, als ob wir jetzt einige Tage am Creek verbringen würden.

Kurz bevor es dunkel wurde, untersuchten wir das Auto und bereiteten die Arbeit ein bißchen vor, so daß wir am nächsten Morgen gleich früh loslegen konnten. Kurz nach Sonnenaufgang war das Auto aufgebockt; wir holten die Räder unter den Türen hervor und plazierten sie ungefähr da, wo sie hingehörten. Wir stellten fest, daß der Rahmen, an dem der Motor befestigt war, um gute 20 cm nach hinten versetzt war, und der Kühler war nach hinten um das Vorderteil des Motors gedrückt worden und war krumm wie eine Banane. Wir hatten einen Ersatzkühler dabei, deshalb nahmen wir den alten raus und brachten den neuen an eine Stelle, wo er dem Gebläse nicht im Weg war, stellten dann aber fest, daß wir ihn nicht befestigen konnten, denn der Rahmen war ja 20 cm weiter hinten!

So mußten wir also einen Rahmen basteln für den Kühler, und dann mußten wir Halterungen am Rahmen anbringen, der überall nach oben verbogen war, und mußten versuchen, den vorderen Querträger und die Räder an die richtige Stelle zu bekommen – was wohl die richtige Stelle sein könnte, versuchte ich festzustellen, indem ich mit einem Baumstumpf Maß nahm.

Alle Metallstücke, die ich von der Mine mitgebracht hatte, erwiesen sich als sehr nützlich, und eine Säge und einen großen Hammer und dies und jenes hatten wir an Bord. Fünf bis sechs Stunden arbeiteten wir, bis wir die Vorderräder so angebracht hatten, daß wir meinten, daß sie das Auto tragen könnten, und dann fingen wir an, die Steuerung zusammenzuflicken, und mußten feststellen, daß das Kugelgelenk einfach rausgerissen worden war. Wir fragten uns sehr, wie wir es wieder so an Ort und Stelle bekommen könnten, daß es auch dort blieb.

Etwas weiter weg gab es einen Zaun, der so aussah, als ob er aus gutem, starkem Draht bestünde. Also nahmen wir einen Drahtschneider, gingen zum Zaun und schnitten ein paar Stücke heraus. Dann gingen wir zurück und banden das Gelenk mit Draht fest – wir haben es richtig schön zusammengeschnürt.

Gegen vier Uhr nachmittags, als es fürchterlich heiß war und ich unter dem Auto schwitzte und schweißte, rief mein Beifahrer: »Ha! Da kommt jemand!« Das war das zweite Auto in zwei Tagen. Hier war jetzt richtig was los!

Es war auch ein Jeep. Der Fahrer war irgendwo oben im Norden gewesen, hatte Pferde gekauft und war jetzt auf dem Heimweg. Er hatte eine große Farm etwa 50 oder 60 Meilen weiter, nicht weit weg von dieser Hauptstraße, oder was wir zumindest so nannten – eigentlich war es nur eine Piste. Er kam angefahren, sah sich um und sagte: »Na, Jungs, Ihr habt aber wirklich Probleme!« Eine Untertreibung! Er sah sich an, was wir machten, und wir erklärten den Unfall mit dem Felsbrocken. Während wir so redeten, sah er die ganze Zeit die Sauerstoff-Flaschen an, die das

Auto um einen Meter überragten. Er war mächtig verblüfft, und zum Schluß konnte er nicht mehr anders, er mußte einfach fragen: »Entschuldigung«, sagte er, »wie sind diese Flaschen hierher gekommen? Ich kann mir nicht vorstellen, wie die ins Auto passen!« So erzählten wir ihm geduldig von dem anderen Mann mit Jeep, der sie bei uns gelassen hatte, und ich sagte: »Da Sie schon mal hier sind, könnten Sie uns vielleicht helfen. Der andere Mann kommt in zwei Tagen wieder, um nachzusehen, wie wir vorankommen, und um die Flaschen wieder mitzunehmen. Aber wir sind fast fertig und wollen bald weiterfahren.« In etwa acht Stunden, alles zusammengenommen, hatten wir das Auto zusammengeflickt und wollten es innerhalb der nächsten halben Stunde zum Laufen bringen.

Na, er kannte den Mann von der Goldmine, Kennedy hieß er, und er sagte, er würde warten, bis wir mit dem Schweißen fertig wären und dann die Flaschen mit zu einer Kneipe nehmen, die an Kennedys Weg zu uns lag. Er sagte, er würde sie auf der Veranda der Kneipe lassen, und er sei sich ganz sicher, daß Kennedy an dieser Kneipe nicht ohne Aufenthalt vorbeifahren würde.

Und so wurde es gemacht. Er lud uns ein, auf unserem Weg bei ihm vorbeizuschauen. Wir krochen in unserem »reparierten« Auto mit ungefähr 10 Meilen die Stunde davon und fragten uns, ob die Räder wohl bei uns bleiben würden, aber es schien alles gut zu gehen. Die Räder waren natürlich nicht in Spur, nicht einmal innerhalb von dreißig Zentimetern, aber wir waren wenigstens wieder unterwegs. Der Motor machte aber einen Höllenlärm. Es war folgendes passiert: Die Ölwanne war von unten eingedrückt, und die Ventilstößel schlugen dagegen. Wir mußten anhalten, die Ölwanne ausbauen, sie mit einem Hammer geradeklopfen und wieder einbauen; dabei stellten wir fest, daß sie verzogen und verbogen war und sich nicht mehr am Motorblock befestigen ließ. Zwischen Ölwanne und Motor lief Öl heraus, und an diesem großen Leck konnten wir nichts machen. Nach zwanzig oder dreißig Meilen kamen wir an die Kneipe, von der der Farmer gesprochen hatte, und bis dahin war uns das Öl zweimal ausgegangen. Wir hatten etwas Öl dabei, aber es war klar, daß wir viel mehr brauchen würden. Wir kauften in der Kneipe alles Öl, das es gab, 20 oder 25 Liter, luden es ein und mußten dann alle zwanzig oder dreißig Meilen nachfüllen.

Wir waren froh, als wir zu der Farm kamen oder Station, wie wir das in Australien nennen. Dies war eine Schafstation. Wir wurden erwartet, und uns zu Ehren war ein Schaf geschlachtet worden. Die Hausfrau war eine richtige Landfrau und empfing uns, dreckig und ölig wie wir waren, mit offenen Armen und kochte uns ein riesiges Essen. Das war die erste richtige Mahlzeit seit Tagen.

Am Abend fuhren wir weiter, nachdem die größte Hitze vorbei war, und krochen in Richtung Perth, das immer noch 1.000 Meilen weit weg war. Genau 500 Meilen vor Perth, auf halber Strecke, liegt ein Ort namens Meekatharra. Das war eine Stadt, die diese Bezeichnung verdient, in der Tat der einzige Ort überhaupt zwischen unserem Standort und Perth. Die Lenkung ging mindestens vier- oder fünfmal kaputt, und vor Meekatharra ging uns das Öl aus. Wir konnten die Stadt schon sehen, etwa 15 Meilen weit weg, aber wir kamen nicht mehr vom Fleck. Drei oder vier Stunden saßen wir am Straßenrand, bis schließlich ein Auto aus der Stadt gefahren kam, das wir anhielten; zum Glück hatte es eine Dose Öl dabei; wir kauften es, gossen es in den Motor und fuhren stotternd in Meekatharra ein – mit dem Ölstandsanzeiger im roten Bereich.

In der Stadt gab es mehrere Möglichkeiten, Öl zu kaufen, aber wir glaubten, daß wir nicht noch einmal 500 Meilen mit dem Auto in seinem jetzigen Zustand hinter uns bringen könnten und daß wir etwas unternehmen müßten. Was wir am nötigsten brauchten, war eine neue Ölwanne, aber es gab auch sonst vieles, was uns gut zustatten käme – der Keilriemen war zerfetzt, weil er nicht mehr richtig geführt wurde, der Kühler leckte, wo die Halterungen nicht gut genug waren, und wir hatten Mittel zum Leckabdichten und anderes hineingegossen, um das Auto in Fahrt zu halten. So beschlossen wir denn, in Meekatharra haltzumachen und festzustellen, wie wir den Holden in Schuß bringen könnten.

Seit dem Unfall waren nun vier oder fünf Tage vergangen, und niemand in Australien wußte, wo wir steckten. Es kursierten wohl alle möglichen Gerüchte, aber unsere Leute zu Hause wußten nur, daß wir vermißt wurden, und das Rennen war fast vorbei. Aber Meekatharra war immerhin eine richtige Stadt mit Telefon und anderen modernen Einrichtungen, und nach einer Wartezeit von einer Stunde bekamen wir ein Gespräch nach Sydney. Mein Vater war am anderen Ende und wäre fast durch die Leitung gekommen. Wo wir wären, wo wir gewesen seien, ob es uns gut ginge, warum wir uns nicht gemeldet hätten und so weiter. Wir erzählten ihm von unserem Trauerspiel und daß wir ein oder zwei Tage in Meekatharra bleiben würden, um das Auto so weit zu reparieren, daß wir damit bis nach Perth kommen könnten. Wir verabredeten uns mit ihm bei der General-Motors-Niederlassung in Perth, wo das Auto richtig repariert werden mußte. Er sagte, er würde versuchen, nach Meekatharra zu kommen, und legte auf.

Wir nahmen das Auto auseinander und untersuchten es genau. Der Motor war richtig krank; er zog nicht richtig, und es gab eine Menge Dreck in der Ölwanne, was nicht gerade hilfreich war. Wir riefen die Leute von der General-Motors-Niederlassung an und erfuhren, daß sie überall hin Kundschafter ausgeschickt hatten, die herausfinden sollten, wo zum Teufel wir geblieben wären. Sie waren recht erfreut, von uns zu hören, und sagten zu, eine neue Ölwanne und ein paar andere Ersatzteile per Flugzeug zu schicken; tatsächlich erwischten sie sogar gerade noch das Flugzeug am selben Tag, so daß wir die Teile schon am Abend hatten. Wir bauten die neue Ölwanne ein, erledigten noch ein Menge anderer Reparaturen und stellten dann fest, daß ein Teil der Radaufhängung angebrochen und gerade dabei war, ganz abzufallen. So konnten wir nicht losfahren und riefen deshalb noch einmal in Perth an. Sie wollten eine neue Radaufhängung per Flugzeug schicken, aber es dauerte noch einen Tag, bis das Flugzeug kam. Bis dahin hatte ich das Teil zusammengeschweißt und hielt es für gut genug. So entschieden wir uns, uns auf den Weg zu machen.

Wir beluden das Auto, machten es reisefertig und fuhren eine Proberunde um den Block – und stellten fest, daß der Motor nicht richtig lief. Die Zündkerzen verdreckten, und es funktionierten nicht alle sechs Zylinder. Den Rest des Tages verbrachten wir damit, den Motor besser zum Laufen zu bringen. Dann war das Flugzeug in ein paar Stunden fällig, und es schien vernünftig, darauf zu warten. Abgesehen von der Radaufhängung gab es noch andere Dinge im Flugzeug, die wir gut gebrauchen konnten. Wir fuhren hinaus zum Flughafen – der bestand eigentlich nur aus einem Streifen Gras –, das Flugzeug landete, die Tür ging auf, und in der Tür stand mein Vater. Wenn wir nicht auf dies und jenes gewartet hätten, wäre mein Vater in Meekatharra angekommen, nur um zu erfahren, daß wir schon wieder weg waren.

Jetzt wurde mein Vater das dritte Mitglieder der Mannschaft, und wir fuhren nach Perth. Diese 500 Meilen waren ganz gut, aber holprig, und das Auto verbrauchte immer noch eine Menge Öl. Es hatte kein Leck, aber der Motor verbrauchte mehr Öl, als er eigentlich sollte. Dem Luftfilter ging es auch ziemlich schlecht. Er war unterwegs herumgeschubst worden und saß nicht mehr richtig und muß auch undicht gewesen sein. Der ganze Dreck und Staub von der Straße waren in den Motor gekommen und hatten ihm zu schaffen gemacht.

Wir kamen ohne Problem nach Perth und fuhren direkt zur Werkstatt von General Motors. Dort blieben wir drei Tage und erneuerten das ganze Vorderteil des Autos bis zu den Türen. Wir bauten neue Träger ein, einen neuen Kühler und ließen die Kotflügel reparieren. Wir ersetzten alle unteren Teile, den Rahmen, die Aufhängung, Bremsen und Lenkung. Wir bauten den Motor aus und öffneten ihn; es waren schließlich noch 2.500 Meilen bis nach Sydney. Die Zylinder waren innen so sehr abgenutzt, daß wir nichts mehr machen konnten. Ein neuer Motor wäre ein bißchen viel verlangt gewesen, deshalb suchten wir uns bei den wiederaufgearbeiteten Motoren einen aus, der einigermaßen in Ordnung war. Wir nahmen ihn, benutzten aber die ursprünglichen Kolben, bauten neue Kolbenringe ein, eine neue Ölwanne und neue Dichtungen, machten alles tipptopp und öldicht und bauten dann den Motor ein. Er lief wie von Zauberhand, wie frisch aus der Fabrik. Wir verließen die Werkstatt mit einem Auto, das uns brandneu vorkam.

Olympiasieger auf eigene Kosten: Norman Read

Melbourne

30

Die ersten Olympischen Spiele auf der Südhalbkugel fanden in Melbourne statt. Gegen die Mitbewerber Buenos Aires, Mexico City und mehrere US-amerikanische Städte hatte sich die australische Stadt mit einer Stimme Vorsprung durchgesetzt. Im Verlauf der Vorbereitungen stellte sich heraus, daß wegen des australischen Quarantänezwanges für eingeführte Tiere (der in den schlimmen Erfahrungen mit importierten Landplagen begründet ist) die Reitwettkämpfe nicht stattfinden konnten. Sie wurden deshalb in Stockholm ausgetragen.

Knapp 3.400 Sportler aus fast aller Welt versammelten sich in Australien. Es war die Zeit des Ungarnaufstandes und der Suezkrise; deshalb boykottierten Länder wie die Volksrepublik China, die Niederlande, Spanien und die Schweiz die Spiele und ließen ihre Athleten nicht antreten.

Die gesamtdeutsche Delegation mit Sportlern aus der Bundesrepublik und der DDR (in Melbourne gab es sie zum ersten Mal) kam mit 169 Aktiven und brauchte mit dem Flugzeug in mehreren Etappen noch drei Tage für die Anreise. Die UdSSR und die USA traten mit jeweils etwa dreihundert Aktiven an.

Etwa 1.100 Journalisten waren akkreditiert, um von dem Ereignis weltweit zu berichten. Im Vergleich zu den Olympischen Spielen 2000 in Sydney (10.000 Sportler, 15.000 Medienvertreter) nehmen sich diese Zahlen bescheiden aus. Wenn sich die Entwicklung fortsetzt, werden die Fernseh- und Presseleute eines Tages Schwierigkeiten haben, im Pulk der Kollegen die Sportler überhaupt noch auszumachen.

Aber wenn es keine Journalisten gäbe, gäbe es auch Geschichten wie die folgende nicht.

Nicht lange nach dem Startschuß zum 50-Kilometer-Gehen sah man einen kräftigen Mann mit weißem Halstuch über dem schwarzen Trikot Neuseelands die Spitzengruppe erreichen. Dieser Mann hieß Norman Read. Er war aus England nach Neuseeland ausgewandert, und als er die Staatsbürgerschaft seiner neuen Heimat erworben hatte, hoffte er, die Farben Neuseelands in Melbourne tragen zu dürfen. Das Neuseeländische Olympische Komitee glaubte jedoch nicht, daß die verhältnismäßig geringen Reisekosten für Read lohnend angelegt wären. Er bekam eine Absage. Read kaufte sich seine Fahrkarten selbst, fuhr mit einem billigen Dampfer nach Australien, fand Arbeit als Gärtner in Melbourne und begann, in seiner Freizeit zu trainieren. Erfolg: Mit großer Überlegenheit Sieger in der Australischen Meisterschaft und Olympia-Ausscheidung über 50 Kilometer. Vor allem aber: Das Olympische Komitee von Neuseeland billigte nunmehr eine Meldung von Read für die Olympischen Spiele. Im Olympischen Dorf mußte er die ersten Tage seines Aufenthaltes noch aus eigener Tasche bezahlen, und später fühlte er deutlich, daß er noch immer nicht anerkannt wurde.

Während er in ständigem Kampf mit seinen berühmten Gegnern aus der UdSSR, der Tschechoslowakei und Ungarn in der Gluthitze über die weichen Asphaltstraßen der weitgedehnten Stadt ging, beherrschte ihn nur ein Gedanke: Ich werde es ihnen zeigen!

Read wußte genau, was er seinem Körper zumuten durfte, und so kümmerte er sich um keinen seiner Gegner, ließ sie davonziehen und folgte ganz seinem eigenen Tempogefühl. Wie in Trance registrierte er später nur im Unterbewußtsein die vielen dramatischen Bilder vor seinen Augen: Er sah die Favoriten stürzen: der Tschechoslowake Dolezal brach unter einem Hitzschlag zusammen, Klimov (Sowjetunion), Somogyi (Ungarn), Skront (CSR), sie alle sah er im gnadenlosen Kampf gegen Hitze, Staub und Durst unterliegen. Kurz vor der Wendemarke entdeckte er die roten Trikots und die weißen Mützen der beiden sowjetischen Geher Lavrov und Maskinskov wieder vor sich. Er hatte die Spitze erreicht. Noch immer beherrschte ihn das »Ich werde es ihnen zeigen« wie ein Wachtraum. Als Lavrov wegen unkorrekten Gehens disqualifiziert wurde, blieben nur er und Maskinskov. Während er Schulter an Schulter einen erbitterten Zweikampf mit Maskinskov austrug, begann sich ein neues Bild in ihm zu formen: Er sah sich im Stadion oben auf dem Platz des Siegers, die Goldmedaille in der Hand.

15 Kilometer gab keiner von beiden nach. Sie hetzten und sie jagten sich gegenseitig. Aber nichts von Erschöpfung, nichts von Schmerzen und nichts von dem brennenden Durst war bei Read zu sehen. Dann aber, fünf Kilometer vor dem Ziel, schüttelte er seinen großen Gegner in einem plötzlichen, fast verzweifelten Zwischenspurt von sich ab. Sein Traum stand vor der Erfüllung. Überschüttet von Beifall, wie nie zuvor der Sieger eines Olympischen Wettkampfes im Gehen, betrat er das Stadion. Es schien, als hätten die Hunderttausend begriffen, was hier geschehen war. Der Mann im schwarzen Trikot mit dem weißen Tuch um den Hals hatte es ihnen gezeigt. Nicht allein den Herren seines Auswahl-Komitees, sondern ihnen allen. Es war sein Wille, der über die physische Kraft des mit wissenschaftlicher Gründlichkeit vorbereiteten sowjetischen Gegners triumphiert hatte. Als Read überschäumend vor Freude im Ziel die Arme hochriß und dann strahlend vor Glück an den langen Reihen der Zuschauer entlang lief, da fühlte man, daß er am liebsten das ganze Stadion umarmt und geküßt hätte. Die Tage von Melbourne haben keinen fröhlicheren und sich in seinem Glück so ganz und gar natürlich gebenden Olympiasieger gesehen.

In zwei Welten

Darwin, Northern Territory

31 *Lange Jahre wurden die Aborigines – auch gegen ihren Willen – missioniert und zivilisiert. Zwischen 1910 und 1970 ist nach der Untersuchung einer Kommission jedes dritte Kind seiner Familie zwangsweise weggenommen worden, um in Missionsstationen nach westlichem Vorbild erzogen zu werden – normale weiße Schulen durften schwarze Kinder aber nicht besuchen.*

Aborigines, die keine Arbeit hatten oder nicht mit weißen Männern verheiratet waren, mußten in Reservaten leben, deren Grund und Boden ihnen jedoch nicht gehörte. 1982 wurde als erstes Gebiet ausgerechnet Maralinga Tjarutja Aboriginal Land, seit 30 Jahren ein Teil des Atomwaffentestgeländes bei Woomera, an die ursprünglichen Einwohner zurückgegegeben. Das oberste australische Gericht hat 1992 festgelegt, daß die Aborigines bei Kapitän Cooks Ankunft die rechtmäßigen Eigentümer des Landes gewesen seien – bis dahin galt, daß Australien herrenlos gewesen und deshalb frei besiedelbar gewesen sei. Damit ergab sich für die Ureinwohner die Möglichkeit, Nutzungs- und Besitzansprüche geltend zu machen, was natürlich bei den Farmern große Unruhe auslöste.

Waipuldanya vom Stamm der Alawa, mit englischem Namen Phillip Roberts, hat seine Lebensgeschichte dem Health Inspector und Schriftsteller Douglas Lockwood erzählt, der sie aufgeschrieben und im Stil einer Autobiographie veröffentlicht hat. Sie ist eine der frühen literarischen Belege für die Beschäftigung mit den Aborigines, die Verständnis für deren Kultur und Weltbild wecken will.

Heute nimmt man an, ich sei ein zivilisierter Mensch. Ich glaube, ich bin es. Ich kann lesen und schreiben. Ich spreche Englisch, als wäre es meine Muttersprache. Die Staatsbürgerschaft ist mir verliehen worden. Ich studierte die christliche Religion in der Roper-River-Mission und wurde getauft in der Anglikanischen Kirche. Ich habe eine Reihe von Fähigkeiten erworben: Ich bin Chauffeur einer Ambulanz, Automechaniker, medizinischer Assistent. Ich schlafe in einem Bett, esse mit Messer und Gabel, trage Anzüge und bade regelmäßig. Doch ich habe nie meine primitiven Instinkte verloren.

Am Wochenende nehme ich meine Frau und unsere sechs Mädchen mit zum Jagen und Fischen nach Buffalo Creek oder Casurina Beach oder Lee Point oder anderen hübschen Orten hinter Darwin. Nachdem ich in der Woche gearbeitet habe, wie es die Europäer tun, liebe ich es, die seidenen Fesseln der Zivilisation am Samstag wegzuwerfen. Ich streife durch den Busch mit Speer und Bumerang, meine Familie hinter mir mit Camping-Zubehör und Wasser.

Wenn ich mit dem Speer ziele, treffe ich nicht so gut wie einst, bei der mangelhaften Übung leicht erklärlich. Nichtsdestoweniger erwische ich noch gelegentlich ein kleines Känguruh, das leichtfertig die Hauptregel im Busch vergessen hat: Vorsicht. Wenn ich nichts erlege, macht es auch nichts. Ich verdiene Geld genug, um meine Familie mit Nahrung zu versorgen. Diese Ausflüge sind Feierstunden, ähnlich den Expeditionen der weißen Männer mit Büchse und Fischereigerät.

Und doch – und doch – sie sind obendrein viel mehr. Für mich sind sie ein Symbol der vergangenen Zeit.

Bei aller Zivilisation ringsum fühle ich mich am glücklichsten, wenn ich losziehe als spärlich bekleideter, mannhafter Jäger, Gegenwart und Zukunft vergesse und mich in die Vergangenheit versetze. Da nutze ich dann die ererbten Gaben als Buschgänger und Spurensucher aus. Das moderne Zeitalter vermochte sie uns nicht zu entreißen.

Und auf diesen Jagdausflügen geschieht es, daß ich mich mit meinen Vorfahren am engsten verbunden fühle. Ich lebe dann nach den Gesetzen, die meine Urahnen lehrten, hüte mich vor denselben Übeln, glaube an

Geister wie sie und bin immer noch erfüllt von Angst ...

Ja, Angst. Im Busch zwölf Meilen weg von Darwin bin ich instinktiv nicht weniger achtsam, als ich es in Arnhem Land war, wo ich von meiner Geschicklichkeit als Jäger lebte.

Warum sollte ich weiter achtsam und ängstlich sein, wo doch die Notwendigkeit, Nahrung zu finden, der Vergangenheit angehört und die Nähe der Stadt die bösen Geister verscheucht haben müßte?

Tatsache aber ist, daß ich auf meinen Märschen ständig anhalte und angestrengt lausche. Ich erstarre, werde unbeweglich wie ein Totempfahl bei der geringsten Bewegung eines Baumes oder im Gebüsch, die nicht augenscheinlich vom Wind verursacht worden ist.

Alle paar Schritte schaue ich mich um, weil ich glaube, es sei jemand hinter mir. Wenn ein Zweig knackt, kann es sein, daß ich mehrere Minuten lang auf derselben Stelle verharre, ehe ich weiterlaufe. Ich werde stets vermeiden, nahe an Höhlen oder kleinen Dschungelgruppen vorbeizugehen, aus Angst, dort könnte ein Hinterhalt sein.

In all den Jahren meines Jägerlebens habe ich nie etwas gesehen, das dieser Furcht Berechtigung gegeben hätte - aber ich weiß, daß irgend etwas, irgend jemand da ist. Ich muß wachsam sein, immer aufpassen auf - ich weiß nicht was.

Wer könnte da sein?

Vielleicht die Pygmäen, die kleinen Leute, die in den Bergen nördlich vom Roper leben. Wir nennen sie Burgingin. Meine Stammesgenossen haben sie gesehen.

Ich hörte zuerst von den Burgingin, wie ein leichtgläubiges weißes Kind vom Schwarzen Mann hört. Ein Junge oder ein Mädchen, deren Eltern ernsthaft vom Schwarzen Mann im Dunkeln erzählt haben, werden die Geschichte während ihrer ganzen Kindheit glauben. Besonders im Falle des Mädchens mag Angst vor dem Dunkeln das ganze Leben anhalten.

Genauso wurde ich von den Alten des Stammes vor den Pygmäen gewarnt.

»Sei sehr vorsichtig«, sagte man zu mir. »Laß nie einen hinter dir gehen! Sie sind klein, nur drei Fuß groß, aber sie sind ungeheuer stark. Ein Burgingin kann die Knochen eines Alawa zermalmen und ihn in zwei Hälften brechen. Ein Burgingin kann, wie eine Ameise es mit einem Käfer tut, einen Ochsen auf seinen Schultern tragen. Sei auf der Hut! Sieh hinter dich auf der Jagd! Paß auf, nimm dich in acht!«

In meinem ganzen Leben habe ich nicht einen einzigen gesehen, aber ich unterließ es nie, nach ihnen auszuschauen, wenn ich auf der Jagd war.

Die Fabel von den Burgingin – wenn es eine Fabel ist – erzählt man vom Roper abwärts nach Osten durch das Anula- und Garawaland bis nach Queensland. Sie wird geglaubt an der Lagune Turn-off und der Doomadgee-Mission, am Nicholson, wie wir es fünfhundert Meilen davon entfernt an den Grenzen von Arnhem Land tun.

Die Geologen behaupten, daß Australien und Neuguinea einst durch eine Landbrücke verbunden gewesen seien – und es gibt starke Pygmäenkrieger heute noch in Neuguinea. Warum sollen wir nicht glauben, daß es noch welche im Hauptland gibt, an Stellen, wo nur wenige Weiße bisher gewesen sind?

Vor meiner Einweihung erzählte mir ein alter Stammesgenosse folgende Geschichte: »Eines Tages gehen auf Jagd. Ich gehe, gehe und gehe. Ich setze mich. Lager.

Gut. Sonnenaufgang, ich gehe und gehe – ah, was ist das? Känguruh! Leise anschleichen – Speer auf Schleuder – lasse sausen – hab es!

Aber Känguruh nicht sofort tot. Hopst weg, Blutstropfen, Spur. Geh hier, geh da, geh überall. Ich renne hinterher. Ich renne und renne, verfolge Blutspur, es läßt auf Boden. Dann liegt ordentlich mausetot. Ich renne hin, sehe große Pfütze Blut, wo gestorben. Ich sehe Spuren vom Verenden, meinen Speer auch.

Doch Känguruh nicht da. Weg! Sehe näher hin und sehe Spur von Piccaninny [Kind] – nein, nicht Jungenspur – sehe ihn, den Pygmäen! Burgingin dieses Känguruh wegtragen. Ich richtig Schrecken. Renne und renne und renne, halte nicht an bis Dunkel. Und ganze Zeit ich Gänsehaut.«

Ich lachte laut, als der alte Mann mir seine Geschichte erzählte. Aber ich dachte trotzdem immer daran. Ich achte heute noch auf Pygmäen, besonders in der Regenzeit, wo sie hinter den dichten Wolken verborgen sein können, die tief auf die Hügel herabhängen.

Viele meiner Freunde am Roper erzählten mir, sie hätten Burgingin gesehen. Ich habe keinen Grund, ihre Worte zu bezweifeln. Überdies hätten uns die Ältesten kaum ermahnt, vorsichtig zu sein, wenn Pygmäen nicht existierten.

Ein Punkt der Burgingin-Fabel hat den jüngeren Mitgliedern des Alawa-Stammes immer zu denken gegeben, die vielleicht nicht mehr so blindgläubig sind, weil unsere Anschauungen indessen durch die Zivilisation verwässert wurden: In allen Geschichten von den Pygmäen gab es nie einen Hinweis auf deren Frauen oder Kinder.

Ohne Frauen gibt es keine Kinder. Ohne Kinder keine Männer. Uns war es besonders unerklärlich, weil unsere Jagdausflüge Familienangelegenheit sind. Alles ist auf den Beinen. Der Jäger in seiner Eigenschaft als Herr voraus, hinterher die Frauen, Piccaninnies und Hunde.

Wenn wir uns auch wunderten, der Glaube an die Geschichte wurde dadurch nicht zerstört. Ich glaube sie heute noch. Mein Onkel gab sie weiter an mich, und ich gebe sie weiter an meine Neffen. Sie wird ein Teil unserer Kultur bleiben, bis die Anpassung uns ihrer für immer beraubt.

Verspottet uns, wenn ihr wollt, weil wir an die Existenz eines solchen Volkes glauben. Aber denkt daran, daß Gespenster, Götter, Teufel, Zwerge, Riesen, Verstorbene, Schwarze Männer und Fliegende Untertassen auch die Erde von heute bewohnen sollen.

Eine andere unserer Parabeln betrifft die Malanugga-nugga, das Steinvolk, das in der Nähe der Ruinenstadt am Berghang von Arnhem Land wohnte.

Sie waren Eingeborene aus Fleisch und Blut, in jeder Hinsicht normal mit Ausnahme einer starken Scheu, die paradoxerweise mit mörderischem Blutdurst verbunden war. Sie waren echte Nomaden: Steinzeitvolk, das am felsigen Abhang hauste, aber selten lange an einer Stelle blieb. Ihre Abkömmlinge sind indessen in den Ritarrngu und Rembarrnga aufgegangen, die sich südlich vom Roper River niedergelassen haben, um den Entbehrungen in ihrem Stammland zu entgehen.

Der Abhang von Arnhem Land ist unglaublich zerfurcht. Er erinnert mich an Bilder von den Mondgebirgen. Gewundene Grate von teuflischer Tücke – bald treten Granit, bald Sandstein zutage – machen es für menschliche Wesen fast unpassierbar. Meiner Kenntnis nach ist es nur einmal von Weißen überquert worden, und sie folgten dabei den Flußtälern, um das eigentliche Betreten des Stein-Landes zu vermeiden.

Ungefähr alle fünf Meilen reißt die Kette jäh ab, geht in steilen, rasiermesserscharfen Grat über, der sich bis zum Horizont erstreckt. Vielleicht eine halbe Meile, manchmal eine ganze entfernt von der ersten Klippe gibt es eine andere gleich steile, identisch in ihrer abstoßenden Symmetrie. Die beiden bilden ein majestätisches Todestal, die Schlucht eines trockenen Flusses im Niemandsland.

Es ist ein unheimliches und häßliches Gebiet, und darin lebten die Malanugga-nugga. Wir liebten sie nicht. Nicht nur, weil sie oft die Alawa wegen der Frauen angriffen, sondern auch, weil wir den Bergabhang mit den bösen Geistern in Zusammenhang brachten.

Besonderen Abscheu hatten wir vor einem Ort, den wir als Burruindju, die Ruinenstadt am Rose River, kannten. Das war ein riesiger Steilhang aus weißem Sandstein, ähnlich der Fassade eines europäischen Schlosses. Es gab da nicht nur eins davon. Es gab Dutzende, jedes ein stummes Zeugnis für die Ursprünge der Architektur, ein jedes geometrisch vollkommen, aber unheimlich abstoßend.

Als ich eines Tages zu Pferde nach Burruindju kam – sogar für die Hornhaut meiner Füße war der Boden zu rauh –, wurde ich überwältigt von einer Vorahnung, daß ich hier, wenn ich nicht umkehrte, böse Geister und ihre Verkörperungen antreffen würde, die Malanugga-nugga.

Ich lagerte mit meinen Freunden auf einem Bergkamm, etwa zwei Meilen von der Stadt entfernt; aber sie lag deutlich vor uns. Wir hatten Furcht, nachts näher heranzugehen. Und nach allem, was wir hörten und sahen, war sogar eine Annäherung bei Tageslicht mit Furcht und Zagen verbunden.

Ich hatte mein Bündel noch nicht lange ausgerollt und mich gerade niedergelegt, Tee aus einem Kännchen schlürfend, als die Luft zerrissen wurde von einem schrillen, dämonischen Kreischen.

Mich überlief es eiskalt. »Teufel!« sagte ich.

»Ja«, sprach mein Freund Gurugul. »Schwarze Teufel! Was tun wir?«

Da blieb nichts weiter übrig als auszuharren. Der Bergabhang war kaum bei Tage passierbar. Nachts war er ein Labyrinth, aus dem es kein Entkommen gab.

Wir hatten uns noch nicht vom ersten Schreck erholt, als die Wände von Burruindju – an den Stellen, wo Fenster gewesen sein könnten – hell aufleuchteten. Ein unerhörtes Phänomen. Ich habe nie mehr so strahlende Lichter gesehen. Sie gingen an und aus, als wären sie elektrisch ein- und auszuschalten: erst ein Fenster, dann ein anderes und wieder ein anderes, unaufhörliches Neonlicht an einem Ort, wohin noch nie ein Elektriker seinen Fuß gesetzt hatte.

War das Kreischen in Wirklichkeit die Trauerklage einer Horde von Wildhunden, die den Mond anheulten?

Waren die Lichter, die bald eingeschaltet wurden, bald verlöschten, nichts weiter als riesige Leuchtkäfer, deren Glühen vielfach verstärkt wirkte in einem Land, dem künstliches Licht unbekannt war?

War es Radioaktivität?

Ich kann nur sagen, daß ich an eine Schwarze Messe der schrecklichsten Art und wahnsinnige Malanugga-nugga denken mußte, die mit riesigen Laternen umherrannten.

Mein Seelenfrieden ließ sich nicht wiederherstellen, zumal ich aus der Ferne ein Brausen vernahm, das unerklärlich war – bis ich merkte, daß es der Wind verursachte, der auf dem Grund des Tales entlangsauste, den Steilhang emporkletterte und uns erreichte. Auch der Anblick meines Pferdes vermochte meinen Mut nicht zu beleben, wie es stumpfsinnig dastand, den Nacken hilflos ausgestreckt, nicht schlafend und nicht munter, nicht grasend noch trinkend. Fügsam wartete es nur auf das Ende – auf diesem widerwärtigsten aller Weideplätze.

Nach den Ängsten der Nacht waren wir am nächsten Morgen alle ziemlich stolz auf uns selbst, als wir den Mut aufbrachten, hinabzureiten und Burruindju anzusehen.

Was wir fanden, war das, was wir erwartet hatten: Sandsteinwände, gemeißelt von dem Bauherrn Zeit, mit Zinnen versehen von den scharfen, schneidenden Winden, deren Schwall sich in der Unbeständigkeit der geologischen Form brach, riesige Höhlen mit hungrigen Mäulern – fähig, einen Mann und sein Pferd mit einem einzigen Biß zu verschlingen; eine Million stilisierter Malereien in Ocker und weißem Lehm, das Werk einer anderen Generation von Malanugga-nuggas, und menschliche Gebeine – aber keine Menschen!

Glaubt es mir, wenn ich behaupte, daß wir uns dort nicht aufhielten. Wir sahen es und gingen wie Männer, welche ein Schwindelgefühl am Abgrund einer Bergschlucht packt. Wenn unsere Pferde an diesem Tag schlimm die Sporen zu spüren bekamen, so deshalb, weil wir anderweitig dringende Verabredungen hatten. Dieses Anderswo mochte im Norden, Süden, Osten oder Westen sein, wenn es nur möglichst weit von Burruindju entfernt war.

Ich bin nie wieder hingekommen. Ich möchte es auch gar nicht.

Abschied einer Primadonna

Sydney Opera House

Die australische Regierung wollte der Welt zeigen, daß die Zeit der Buschläufer endgültig vorbei sei und daß auch bei ihnen Kunst und Kultur eine wichtige Rolle spielten. Deshalb beschloß sie, in Sydney ein Opernhaus zu bauen. 32

Der dänische Architekt Joern Utzon hat 1957 den Wettbewerb für das neue Opernhaus gewonnen. Sein Entwurf bedingte eine neuartige Konstruktion, für die es keine Beispiele und Erfahrungswerte gab. Deshalb hat die Oper statt der veranschlagten 7 Millionen Dollar am Ende, sechzehn Jahre später, 102 Millionen gekostet. Während des Baus erhob sich Widerstand gegen steigende Kosten und nicht eingehaltene Termine. Eine neu gewählte Regierung wollte sich mit einer Reduktion der Kosten für das Opernhaus zugunsten der Entwicklung ländlicher Gebiete profilieren. 1966 – nur der Rohbau stand – sah Utzon sich gezwungen, zurückzutreten und sein Werk von anderen weiterführen zu lassen. Er verließ Australien und kam nie wieder.

Joan Sutherland, geboren 1926 in Sydney, ist eine der großen Koloratursopranistinnen des 20. Jahrhunderts. Sie und Nellie Melba sind die bekanntesten australischen Sängerinnen. 1990 zog sie sich von der Opernbühne zurück, nachdem sie Abschiedsvorstellungen in Sydney und London gegeben hatte.

Das Sydney Opera House ist bei Künstlern als Arbeitsplatz nicht beliebt. Auch Miss Sutherland hat in ihren Memoiren angemerkt, daß es einiges zu wünschen übrig lasse. Spitze Zungen (wahrscheinlich in Melbourne beheimatet und Fans der dortigen Concert Hall) behaupten, die Australier hätten das schönste und größte Opernhaus der Welt: das Gebäude in Sydney, die Akustik in Melbourne ...

Plötzlich war der 2. Oktober gekommen und damit mein letzter großer Bühnenauftritt. Große Aufregung herrschte hinter der Bühne – jeder kam vor der Vorstellung kurz in meine Garderobe. Das hatte ich nie gemocht, aber dieser Abend war etwas Besonderes. Deshalb zwang ich mich, das Kribbeln im Bauch zu unterdrücken und nicht zu viel zu sprechen – eine übermenschliche Anstrengung. Meine große Arie und das Duett im zweiten Akt waren bestimmt nicht meine beste Leistung, ich sang wie im Traum. Aber der Applaus näherte sich einem Tumult, und ich stieß einen Seufzer der Erleichterung aus, weil ich nur noch einmal kurz auf der Bühne erscheinen mußte und damit diese letzte Herausforderung fast vorbei war.

Donald [McDonald, Generalintendant der Opera Australia] und Moffatt [Oxenbould, Künstlerischer Direktor] hatten sich viele Gedanken gemacht, wie die Feier an diesem Abend nach dem Ende der Vorstellung gestaltet werden sollte; sie waren dabei vom Regisseur und sogar von der ganzen Truppe unterstützt und angefeuert worden. Es war ein Triumph an Organisation und das Ergebnis aufsehenerregend.

Nach meiner letzten Szene war ich in meine Garderobe zurückgekehrt und hatte ein großes, schwarzes, glitzerndes Abendkleid angezogen. Die Künstler der Vorstellung kamen auf die Bühne, die Hauptdarsteller traten einzeln von den Seiten auf und bildeten eine Reihe. Nach mehreren Verbeugungen wurde die Bühne geräumt. Als sich der Vorhang wieder hob, stand ich allein mitten darauf, von einer Batterie von beweglichen Scheinwerfern angestrahlt. Ich ging langsam nach vorn, die Opernbesetzung begleitete mich, und die ganze Australian Opera Company folgte. Unter großem Applaus und Rufen wie »Brava«, »Stupenda«, »Diva«, »Joan«, Wolken von Blumen, Luftschlangen und herabschwebenden Luftballons (ich weiß nicht, in welcher Reihenfolge) gelang es mir irgendwie, »Home, sweet home« zu singen, wie es seit der Melba Tradition ist. Richard [Bonynge, Dirigent, Musikalischer Direktor und Ehemann der Sutherland] und das Orchester begleiteten mich. Noch mehr tumultartiger Applaus und Füßetrampeln, und ein großes Schild »Farewell« erschien quer über der Bühne. Nachdem Richard wieder auf die Bühne zurückgekehrt war, hielten Moffatt und Donald kurze Reden, und Donald überreichte mir eine riesige Kristallvase auf einem schweren Sockel - sie sah schon leer eindrucksvoll aus, später, mit Blumen gefüllt, aber einfach großartig. Natürlich mußte ich auch etwas sagen, aber ich habe keine Ahnung mehr, was es war - und dann erschrak ich zu Tode. Feuerwerk ergoß sich von Rängen, Logen und Proszenium. Es war wie bei der Zweihundertjahrfeier.

Und dann, als ob das nicht genug gewesen wäre, gab es noch einen herrlichen Empfang mit Dinner im Regent Hotel.

Die Quellen

1 ***Journal kept by Jan Carstensz on his Voyage to Nova Guinea***
in: Heeres, J. E.,
Het Aandel der Nederlanders in de Outdekking van Australie 1606–1765
(holländisch u. englisch) Leyden u. London 1899
Übersetzung: U. Keller
Abdruck mit freundlicher Genehmigung der Royal Dutch Geographical Society

2 Dampier, William
Neue Reise um die Welt (1679–1691)
Leipzig 1702

3 ***Leutnant Cook's Reise um die Welt in den Jahren 1768, 1769, 1770, 1771***
in: J. J. Hawkesworth,
Ausführliche und glaubwürdige Geschichte der neuesten Reisen um die Welt, welche auf Befehl und Kosten des jetzt regierenden Königs von England in den Jahren 1764 bis 1882 [...] unternommen worden sind
Band 4, Berlin 1775
Kürzung: U. Keller

4 ***An Authentic And Interesting Narrative Of The Late Expedition To Botany Bay As Performed By Commodore Phillips And The Fleet Of The Seven Transport Ships Under His Command, Containing A Circumstantial Account Of The Perillous Voyage, Dissentions On Board, And Safe Arrival On The Coast Of New Holland With Particular Descriptions Of Jackson's Bay & Lord Howe's Island, The Reception they Met With The Natives, Their Customs And Manners; Progress Of The Settlement, And Laws And Government Established For Their Further Improvements.***
Written By An Officer Just Returned From The Prince Of Wales Transport, Who Visited That Spot With Captain Cook And Dr. Solander In the Celebrated Voyages Around The World
London 1789
Kürzung und Übersetzung: U. Keller

5 Péron, François
Entdeckungsreise nach Australien 1800–1804
in: Bibliothek der neusten und wichtigsten Reisbeschreibungen zur Erweiterung der Erdkunde, Band 37
Weimar 1808

6 Flinders, Matthew
A Voyage to Terra Australis, undertaken for the Purpose of completing the Discovery of that vast Country, and prosecuted in the Years 1801, 1802, and 1803 in His Majety's Ship the Investigator
Band 1, London 1814
Übersetzung: U. Keller

7 Gunson, Niel (Editor)
Australian Reminiscences & Papers of L. E. Threlkeld, Missionary to the Aborigines, 1824–1859
Australian Aboriginal Studies No. 40.
Ethnohistory Series No. 2, 1974
Australian Institute of Aboriginal Studies, Canberra, Australia
Übersetzung U. Keller
Abdruck mit freundlicher Genehmigung des Herausgebers

8 Cunningham, Peter
Zwei Jahre in Neu-Süd-Wales oder: Nachrichten über den gegenwärtigen Zustand dieser Kolonie und die Vortheile, welche sie dem Auswanderer bietet; nebst topographischen, naturalistischen und anderen Bemerkungen
Leipzig 1829

9 Breton, William H.
Excursions in New South Wales, Western Australia, and Van Diemens Land During the Years 1830, 1831, 1832 and 1833
London 1833
Übersetzung: U. Keller

10 Darwin, Charles
Reise eines Naturforschers um die Welt
Stuttgart 1875

11 ***Bericht Sr. Hochehrwürden des Herrn Pastor Kavel***
in: Allgemeine Auswanderungs-Zeitung, Nr. 11, o. O., 1846

12 Neumayer, G./Leichhardt, O. (Hg.)
Dr. Ludwig Leichhardts Briefe an seine Angehörigen
Hamburg 1881

13 Gerstäcker, Friedrich
Reisen
Band 4, Stuttgart und Tübingen 1854

14 Bonwick, James
The Last of the Tasmanians; or, the Black War of Van Diemen's Land
London 1870 – Reprint New York 1970
Übersetzung: U. Keller

15 Carrington, George
Colonial Adventures and Experiences – by a University Man
London 1871
Übersetzung: U. Keller

16 ***The Burke and Wills Exploring Expedition: An Account of the Crossing of Australia from Cooper's Creek to Carpentaria***
Melbourne 1861
Übersetzung: U. Keller

17 Giles, Ernest
Geographic Travels in Central Australia 1872-1874
Melbourne 1875
Übersetzung: U. Keller

W. C. Gosse's Australische Reise
in: Petermann's Geographische Mittheilungen 1874

18 Anrep-Elmpt, Reinhold Graf
Australien – Eine Reise durch den ganzen Welttheil
Band 2, Leipzig 1886

19 Lumholtz, Carl
Unter Menschenfressern – Eine vierjährige Reise in Australien
Hamburg 1892

20 Broome, Lady Mary Anne
Letters to Guy
London 1885
Neuausgabe: Remembered with Affection, Melbourne 1963
Übersetzung: U. Keller

21 Hübner, Joseph Alexander Graf von
Durch das Britische Reich
Band 1, Leipzig 1886

22 Eisdell, John Warmington
Back Country or: The Cheerful Adventures of a Bush Parson in the Eighties
London 1936
Übersetzung: U. Keller
Abdruck mit freundlicher Genehmigung der Oxford University Press

23 Twain, Mark
Following the Equator
Author's National Edition – The Writings of Mark Twain, Vol. V
New York & London, o. J.
Übersetzung: U. Keller

24 Geisler, Walter
Durch Australiens Wildnis
Halle (Saale) 1928
Es ist nicht gelungen, einen Rechtsinhaber ausfindig zu machen. Berechtigte Ansprüche werden von der Herausgeberin abgegolten.

25 Ross, Colin
Der unvollendete Kontinent
Leipzig 1930
Abdruck mit freundlicher Genehmigung des Brockhaus Verlages

26 Bertram, Hans
Flug in die Hölle
München 1951/1999
Abdruck mit freundlicher Genehmigung der S.A. Herbig Verlagsbuchhandlung GmbH

27 Fenton, Clyde
Der Fliegende Doktor
Zürich 1954
Abdruck mit freundlicher Genehmigung des Verlages Orell Füssli

28 Hass, Hans
In unberührte Tiefen
München 1975
Abdruck mit freundlicher Genehmigung
des Autors

29 Brabham, Jack
When the Flag drops
London 1971
Übersetzung: U. Keller
Abdruck mit freundlicher Genehmigung
des Autors

30 ***XVI. Olympiade –***
Erlebnis und Erinnerung
Band 3: Melbourne
Band VII der Schriftenreihe des
Deutschen Sportbundes
Hg. Deutscher Sportbund;
Autoren: Robert Lemke, Gerd Mehl,
Herbert Zimmermann
Frankfurt/Main 1956
Abdruck mit freundlicher Genehmigung
des Limpert-Verlages

31 Lockwood, Douglas
Tabu: Ein Tatsachenbericht
Medizinmann und fliegender Doktor in
Australien am Roper River.
Waipuldanya = Phillip Roberts erzählt
das Abenteuer seines Lebens
Herrenalb 1964 (Buchreihe Geistige
Begegnungen des Instituts für Auslands-
beziehungen, Band 11)
Abdruck mit freundlicher Genehmigung
von Frau Charlotte Kabus

32 Sutherland, Joan
A Prima Donna's Progress
London 1998
Übersetzung: U. Keller

Alte Texte wurden behutsam heutigen
Lesegewohnheiten angepaßt.
Einschübe der Herausgeberin in den Original-
texten sind in eckige Klammern gesetzt.